Gwen Thomas

Vulva Voice
Starke Stimme. Starke Frau.

D1921007

GWEN THOMAS

HOLISTISCHE STIMMTHERAPIE

VULVA VOICE

STARKE STIMME. STARKE FRAU

GOLDEGG

Rechte Umschlaggestaltung: Simone Jauk
Projektmanagement: Kate Reiserer
Layout, Satz: Carolyn Magerle

Bildnachweis
Theresa Priewe (Umschlag außen), Miriam Becker (Umschlag innen, 15, 17, 34, 51, 60, 81, 94, 111, 113, 132, 180, 210, 232, 233, 270, 282)

Alle Rechte, insbesondere das Recht der Vervielfältigung und Verbreitung sowie der Übersetzung, vorbehalten. Kein Teil des Werks darf in irgendeiner Form (durch Fotokopie, Mikrofilm oder ein anderes Verfahren) ohne schriftliche Genehmigung des Verlags reproduziert werden oder unter Verwendung elektronischer Systeme gespeichert, verarbeitet, vervielfältigt oder verbreitet werden.

Die Autor*innen und der Verlag haben dieses Werk mit höchster Sorgfalt erstellt. Dennoch ist eine Haftung des Verlags oder der Autor*innen ausgeschlossen. Die im Buch wiedergegebenen Aussagen spiegeln die Meinung der Autor*innen wider und müssen nicht zwingend mit den Ansichten des Verlags übereinstimmen.

Der Verlag und seine Autor*innen sind für Reaktionen, Hinweise oder Meinungen dankbar. Bitte wenden Sie sich diesbezüglich an verlag@goldegg-verlage.com.

Die Goldegg Verlage achten bei ihren Büchern und Magazinen auf nachhaltiges Produzieren. Goldegg-Bücher sind umweltfreundlich produziert und orientieren sich in Materialien, Herstellungsorten, Arbeitsbedingungen und Produktionsformen an den Bedürfnissen von Gesellschaft und Umwelt.

FSC
www.fsc.org
MIX
Papier | Fördert gute Waldnutzung
FSC® C106954

ISBN: 978-3-99060-527-1

© 2025 Goldegg Verlag GmbH, Deutschland
Unter den Linden 21 • D-10117 Berlin
Telefon: +49 800 505 43 76-0

© 2025 Goldegg Verlag GmbH, Österreich
Mommsengasse 4/2 • A-1040 Wien
Telefon: +43 1 505 43 76-0

E-Mail: office@goldegg-verlage.com
www.goldegg-verlage.com

Herstellung: Goldegg Verlag GmbH, Wien
Printed in the EU

Ich widme dieses Buch meinem Mentor Jimmy Rivers.

Thank you, Jimmy. Forever you will be in my heart.
Danke für dein Ohr, deine Liebe, deine Stimme.

**Ich widme dieses Buch auch meinen Kindern –
meinem Sohn Amado und meinem Sternenkind Remy.**

Ihr habt mir geholfen, mich neu, anders und
tiefer mit meiner weiblichen Kraft zu verbinden.
Mit dem Leben als Frau in dieser Welt.
Mit all seinen Facetten – der Schönheit,
der Herausforderung, der Verantwortung.

Außerdem widme ich dieses Buch meiner Mutter.

Danke, dass du mir vorgelebt hast, was es heißt,
Frau zu sein – wild, kreativ, mutig, echt.

Inhaltsverzeichnis

Bei Überschriften mit dem Pfeilsymbol → findest du holistische Übungen, die dir helfen dich mit deiner Stimme zu verbinden und deine Urkraft wieder zu entdecken.

Deine Stimme – Deine Macht

Deine Stimme – Deine Tools

In diesem Buch teile ich persönliche Erfahrungen – auch solche, die schmerzhaft waren. Es geht unter anderem um Übergriffe, Tod und stille Geburt. Diese Themen können beim Lesen intensive Gefühle oder belastende Erinnerungen auslösen. Bitte achte gut auf dich und nimm dir die Freiheit, Pausen zu machen oder weiterzulesen, wenn es sich richtig anfühlt. Geh behutsam mit dir um.

Vorwort – starke Stimme, starke Frau

Ich schreibe dieses Buch, um der weiblichen Stimme Raum zu geben. Nicht nur metaphorisch, sondern ganz konkret – als Ausdruck und als Werkzeug der Selbstermächtigung. Denn eine Stimme, die gehört wird, kann etwas verändern. Eine Stimme, die gewürdigt wird, kann etwas bewegen.

Starke Stimme, starke Frau

Ich bin tief dankbar für die Generationen von Frauen, die vor uns da waren. Für die Feministinnen, die sich nicht zum Schweigen bringen ließen. Für die Suffragetten, die auf die Straßen gingen, kämpften, schrien, sangen und ihre Stimmen für das einsetzten, was ihnen jahrhundertelang verwehrt worden war.

Ohne diese Frauen wäre ich nicht hier. Ohne diese Stimmen wäre dieses Buch nicht hier. Und gleichzeitig sehe ich auch den Schmerz, den viele Frauen vor uns getragen haben. Den Preis, den sie zahlen mussten, um in einer patriarchalen Welt zu bestehen. Viele Frauen versuchten, sich anzupassen – sich zu beweisen, indem sie in einer Männergesellschaft Gehör fanden. Indem sie sich in ein System zwängten, das ihnen nicht diente. Indem sie ihre eigenen Körper überhörten, ihre Zyklen ignorierten, ihre natürlichen Rhythmen unterdrückten, um zu funktionieren. Stärke – um nicht zu fühlen, nicht schwach zu wirken – das bedeutete, sich zu härten, um bestehen zu können.

Ich glaube, es ist Zeit für ein weiteres und neues Bild der starken Frau. Eine starke Frau ist für mich nicht nur die Frau, die sich unnachgiebig beweisen muss oder sich in ein System zwängt, das sie nicht ehrt. Es bedeutet zu sein – mit ihrer Sinnlichkeit, ihrer Verletzlichkeit, ihrer Intuition, ihrer Wildheit – in allen ihren Facetten.

Eine starke Frau ist nicht die, die sich selbst abschneidet, sondern die, die sich fühlt. Die sich erlaubt, in den ganzen Farben ihrer Persönlichkeit zu leuchten – mal sanft, mal laut, klar, forsch, verspielt, fordernd. Eine Frau, die weiß, dass sie nicht nur eine Rolle zu spielen hat, sondern alle Archetypen in sich trägt, wie ein Blumenstrauß aus unzähligen Facetten.

Stärke bedeutet nicht, keine Angst zu haben. Stärke bedeutet, sich trotz der Angst zu zeigen und die eigene Stimme zu erheben.

Dabei geht es nicht darum, dass wir Frauen alles allein schaffen müssen. Es geht nicht darum, dass wir keine Unterstützung von anderen, von Männern annehmen wollen. Im Gegenteil – wir brauchen ehrliche, authentische Verbindungen. Beziehungen, in denen wir uns gegenseitig sehen, unterstützen und respektieren.

Auch eine starke Frau braucht eine Umarmung. Sehnt sich nach Liebe, Nähe oder auch nach Hilfe. Natürlich wollen wir uns als Menschen gegenseitig tragen – aber das kann nur auf Augenhöhe geschehen, von Herz zu Herz, mit offenen Ohren und Raum für Wahrheit. Frauen brauchen keine »Erlaubnis« für ihre Stärke, für ihren Ausdruck, für ihre Existenz. Sie brauchen auch keine Abwertung oder Korrektur, wenn ihre Art zu sein, zu arbeiten oder zu fühlen nicht den Erwartungen entspricht, die das System über Jahrhunderte für sie vorgegeben hat. Eine Frau ist anders als ein Mann. Sie funktioniert anders. Und genau das ist ihre Kraft.

Wenn wir als Gesellschaft lernen, Frauen in all ihren Facetten zu sehen und zu hören – nicht nur als Partnerinnen, Mütter oder Töchter, sondern als ganze, vollwertige Wesen –, dann kann sich ein neues Verständnis von Gemeinschaft entwickeln, welches schon lange überfällig ist. Eine Frau, die sich nicht zurücknehmen muss, die sich frei bewegen kann, wird auch für andere Raum halten können.

Nicht aus Erschöpfung oder Selbstaufgabe, sondern aus einer tiefen, authentischen Verbundenheit heraus. Und genau das ist es, was wir brauchen: eine neue Art von Miteinander.

Ich hoffe, dass dieses Buch dazu beiträgt, dass jede Frau und auch jede andere Person, die es liest, ihren eigenen, individuellen Zugang zu ihrer authentischen Stimme findet. Denn die Stimme ist mehr als nur Klang – sie ist der direkte Ausdruck unseres Innersten. Sie ist der Weg zu unserer Präsenz, unserer Würde, unserem selbstbestimmten Raum in dieser Welt. Und das ist wahre Stärke.

Wenn du deine Stimme freisetzt, setzt du dich selbst frei.

Was ist Holistisch Stimmtherapeutisches Coaching®?

Vielleicht hast du diesen Begriff noch nie gehört. Vielleicht spürst du aber schon jetzt, dass deine Stimme so viel tiefer geht. Dass sie etwas mit dir macht. Mit deinem Körper. Deiner Geschichte. Deiner Lust. Deinem Schmerz. Genau da setzt meine Arbeit an.

Holistisch Stimmtherapeutisches Coaching® bedeutet: Wir arbeiten mit deinem ganzen System – mit Körper, Stimme, Nervensystem, Emotionen, Energie. Wir arbeiten nicht in starren Schritten, nicht mit vorgefertigten Konzepten. Sondern mit dem, was da ist. Mit dem, was du fühlst. Und mit dem, was sich zeigen möchte, wenn du es zulässt. Ich arbeite somatisch, traumasensibel, intuitiv und gleichzeitig klar. Ich frage nicht nur, was deine Stimme kann, sondern: Was will sie dir sagen? Was wurde lange zurückgehalten? Wo drückt sie sich schon längst aus, obwohl du sie vielleicht nicht hören willst – in deinem Kiefer, deinem Nacken, deinem Becken?

Wir beginnen meist mit somatischem Emotionscoaching: Wie fühlt sich ein Gefühl an – und wie hängt es mit deiner Stimme zusammen? Wann wurde deine Stimme leiser, kontrollierter, angepasst? Von dort aus arbeiten wir mit deinem Nervensystem: Wir regulieren, wir entspannen, wir halten. Ich arbeite mit Berührung, Körperarbeit, Energiepunkten, Techniken aus der TCM (Traditionelle Chinesische Medizin), der Stimmenergetik und Qigong-inspirierten Haltungen.

Und dann darf deine Stimme fließen: mit meinem Vocal Energetic Release® und mit meiner Meridian-Sound-Tapping-Methode®, mit Intuitivem Sound Painting. Du brauchst keine Erfahrung. Keine perfekte Stimme. Keine Performance. Nur dich. Deine Bereitschaft, dir zu begegnen – mit deiner Stimme als Kanal. Als Wegweiserin. Als Spiegel deiner Lebendigkeit.

Ich wünsche mir, dass du dich von dem, was du hier findest, berühren lässt. Dass du dich inspiriert fühlst, mit anderen Frauen zu teilen, was Stimme bedeuten kann. Mit Partnern, mit Kindern, mit Kolleginnen. Und vor allem: mit dir selbst. Denn wenn du deine Stimme zurückholst, holst du dir dein ganzes Wesen zurück. Und das ist vielleicht der radikalste, liebevollste und mutigste Akt, den du in dieser Welt tun kannst.

Dieses Buch ist eine Einladung.

Eine Einladung, dich an deine Stimme zu erinnern.
An deine Wahrheit. An deinen Klang. An deinen Raum.

Warum schreibe gerade ich dieses Buch?

Ich bin Sängerin, Stimmtherapeutin, Mutter, ich bin Künstlerin, ich bin Frau. Ich bin jemand, die ihre Stimme über viele Jahre bewusst genutzt hat – und trotzdem habe ich mich in einer männlich geprägten Welt oft leer oder ausgebeutet gefühlt. Ich habe gelernt, wie ich meine Stimme nutzen kann, um auf einer Bühne zu bestehen, um als Sängerin gehört zu werden und um zu gefallen. Und doch gab es Zeiten, in denen ich mich als Frau nicht wirklich gehört fühlte. Ich bin dankbar, dass ich von einer Frau erzogen wurde, die sich nicht unterdrücken ließ. Meine Mutter war alleinerziehend mit drei Kindern, Künstlerin. Sie war eine Frau, die wusste, was es bedeutet, für den eigenen Ausdruck zu kämpfen, und mein erstes Vorbild. Dennoch musste ich mich immer wieder daran erinnern, dass ich diejenige bin, die entscheidet, was sich für mich stimmig anfühlt.

Dieses Buch ist eine Hommage an die Stimmen der Frauen. An die Frauen, die vor uns kamen. An die Frauen, die jetzt leben. An die Frauen, die noch kommen werden. Es ist ein Leitfaden, eine Einladung, eine Sammlung von Werkzeugen, um die eigene Stimme – die weibliche Stimme – in ihrer vollen Kraft zu entfalten – ohne Scham!

Es ist deine Stimme. Und sie verdient es, gehört zu werden.

Vulva Voice ist nicht nur ein Konzept, kein Klischee. Es ist ein Kraftort. Ein Ort der Selbstermächtigung. Ein Ort, an dem Stimme und Körper, Ausdruck, Lust, Resonanz und Feminismus sich verbinden.

DEINE STIMME
DEINE BASIS

Die Stimme der Frau

Über Jahrtausende wurden die weiblichen Lippen (Stimm- und Vulvalippen) unterdrückt, beschnitten, kontrolliert. Ich schreibe dieses Buch für die Frauen vor uns, die es nicht konnten. Für die Generationen, in denen Frauen gezwungen wurden zu schweigen. Und für die Generationen nach uns, damit sie wissen, dass ihre Stimme ein Werkzeug ist – nicht nur für den eigenen Ausdruck, sondern für gesellschaftlichen Wandel.

- Frauen, die laut waren, galten als gefährlich – ob in der Zeit der Hexenverfolgung oder in patriarchalen Gesellschaften, die Frauen zum Schweigen brachten.
- Frauen durften in einigen Teilen Europas erst in den 1970er-Jahren wählen – ihre politische Stimme wurde lange Zeit nicht ernst genommen.
- Bis heute kämpfen Frauen weltweit darum, über ihren eigenen Körper zu entscheiden.
- Noch immer wird eine Frau, die sich emotional äußert, als »hysterisch« abgestempelt, während ein Mann in der gleichen Situation als »leidenschaftlich« gilt.
- Und noch immer lernen wir, dass eine Frau nur dann ernst genommen wird, wenn sie ihre Stimme tiefer setzt, weniger emotional spricht, sich anpasst.
- Doch dieses Buch ist ein Aufruf, genau das nicht mehr zu tun.
- Es ist eine Einladung, die eigene Stimme nicht zu glätten, sondern zu erforschen.
- Wie klinge ich, wenn ich mich wirklich zeige?

- Wie klingt meine Stimme, wenn sie nicht gefiltert, gezähmt oder geschönt ist?
- Wie fühlt es sich an, mich selbst in meiner vollen Lautstärke, meiner vollen Kraft, in meinem vollen Ausdruck zu hören?

Die Stimme ist mehr als Körpererfahrung. Sie ist Resonanz, sie ist Leben. Sie ist Atem. Sie ist Energie und Freiheit! Sie ist das, was sich in uns bewegt und nach außen strömt – was gehört, gespürt und gefühlt wird.

Ich arbeite seit vielen Jahren mit Frauen, begleite sie als Holistisch Stimmtherapeutische Coachin® und bilde sie mit meiner eigenen Methode aus. Ich habe Frauen erlebt, die durch traumatische Erfahrungen verstummt waren, deren Nein nicht akzeptiert worden, deren Stimme gebrochen oder erstickt worden war – und ich habe erlebt, wie sie durch die bewusste Arbeit mit ihrer Stimme ihren eigenen Raum zurückgewinnen.

Wenn ich meine Ausbildungen, Retreats, Workshops oder Seminare gebe – ob live oder online –, ist es immer wieder überwältigend zu sehen, wie tief die holistische Stimmarbeit Frauen berührt, besonders in Verbindung mit dem unteren Bauch, dem Intimbereich, der Vagina, den Vulvalippen und dem freien Ausdruck.

Ich beginne oft mit einfachen Fragen. Wann sich die Stimme von ihnen abtrennte. In welchen Momenten des Lebens, mit welchen Menschen, in welchen Situationen sie sich nicht gehört fühlten und was sie sich für ihre Stimme wünschen. Die Antworten sind sehr bewegend. Frauen teilen, dass sie Angst haben, ihre Wahrheit auszusprechen, weil sie es als nicht sicher empfinden. Angst davor, unbequem zu sein. Davor, als »zu anstrengend«, »zu fordernd« oder als »bitchig« abgestempelt zu werden. Sie fürchten, dass ihre Stimme Konsequenzen hat – dass sie bestraft, ignoriert oder beschämt werden.

Frauen haben gelernt, ihren freien Ausdruck zu verstecken – hinter einer »braven« Fassade oder in passiver Aggressivität, weil sie ihrer Wut keinen Raum geben dürfen. Diese unterdrückte Energie zeigt sich oft nicht nur im Hals, sondern auch im Becken. Denn was im Beckenraum festhängt, hängt oft auch im Halsraum fest.

In meinen Ausbildungen und Retreats erleben Frauen, wie befreiend es ist, sich über die Stimme wieder mit sich selbst zu verbinden. Oft beginnt es zaghaft – mit vorsichtigem Summen, einem leisen Ton, einer Vibration, die sich ungewohnt anfühlt. Doch je mehr sie loslassen, desto mehr befreit sich der Teil von ihnen, der so lange geschwiegen hat.

Es sind Momente, in denen Scham transformiert wird, unterdrückte Wut ihren Ausdruck bekommt und Lust nicht mehr nur geflüstert, sondern getönt wird. Die Stimme wird zum Tor für mehr Lebendigkeit, für Selbstermächtigung, für die Frau, die nicht mehr zurückhält, sondern sich selbst erlaubt, alles zu sein: laut, leise, sinnlich, kraftvoll, wild – und frei.

**DENN WENN DEINE STIMME FREI IST,
IST DEINE LUST FREI.
UND WENN DEINE LUST FREI IST,
IST DEIN LEBEN FREI.**

Grenzen setzen, laut Nein sagen, klar Ja sagen – all das ist nur möglich, wenn wir unseren eigenen Raum spüren. Es geht nicht darum, lauter zu schreien oder Druck auszuüben. Es geht darum, in sich selbst sicher zu sein. Es bedeutet, sich selbst zu fragen: Möchte ich ein volles, lustvolles Ja sagen? Oder möchte ich für mich einstehen und Nein sagen?

Beide Antworten müssen gleich wertvoll sein. Doch das gelingt nur, wenn wir keine Angst mehr haben, uns hundertprozentig mit unserer weiblichen Kraft zu verbinden – mit der Kraft unserer Stimme, die oft auch höher ist als die eines Mannes. Das heißt nicht, dass sie »zu emotional« oder »hysterisch« ist. Es bedeutet, dass sie lebendig ist. Dass sie den Raum mit Gefühl füllt, mit Wahrheit, mit Präsenz. Und genau das muss normalisiert werden. Nicht als Ausnahme. Sondern als Selbstverständlichkeit. Weil es so ist.

Die Stimme der Frau ist von Natur aus höher – und das ist kein Zufall. Unsere Stimme ist ein evolutionäres Geschenk. Sie ist so geschaffen, dass sie hallend, durchdringend und kraftvoll ist, wenn es darauf ankommt. Wenn wir unser Kind rufen, geschieht das in einer Frequenz, die das Gehör des Kindes optimal erreicht. Es ist kein bassiges Grollen, sondern eine klare, tragende Resonanz, die selbst in lauten Umgebungen durchdringt. In Momenten der Gefahr kann eine weibliche Stimme sich in Höhen bewegen, die alarmierend und aufmerksamkeitsstark sind – genau so, wie die Natur es vorgesehen hat. Und doch wurde uns beigebracht, uns für diese höhere Stimmlage zu schämen. Tief, bassig, »männlich klingend« wird oft als seriös, sexy, autoritär oder angenehm empfunden, während Frauenstimmen kritisiert werden – sei es als »piepsig«, »hysterisch« oder »zu emotional«. Dabei ist es genau diese Frequenz, die uns auszeichnet, die unsere Präsenz verstärkt und die dafür sorgt, dass wir gehört werden.

Unsere Stimme ist nicht dazu da, angepasst zu werden, um in ein patriarchales Klangbild zu passen. Sie ist nicht dazu da, sich zu verstellen, um ernst genommen zu werden. Sie ist genau so gemacht, wie sie sein soll – und sie trägt eine tiefe Weisheit in sich. Es geht mir nicht darum, deine Stimme zu verändern, sondern sie heimzubringen. Deinen authentischen Stimmsitz zu finden, den Klang deiner eigenen Wahrheit zu fühlen und in die Welt zu schicken – voller Präsenz, voller Kraft und voller Vertrauen, in seiner Tiefe und Klarheit.

Die Ausdrücke »Crazy Bitch« oder »Mad/Angry Woman« werden beispielsweise oft verwendet, um Frauen zu diskreditieren, die es wagen, aus gesellschaftlichen Normen auszubrechen und ihren authentischen Ausdruck zu leben. Doch genau dieses mutige Überschreiten von Grenzen ist essenziell für die persönliche Freiheit und Selbstverwirklichung.

Die Unterdrückung des eigenen Ausdrucks hat tiefgreifende Auswirkungen auf die Gesundheit von Frauen. Studien zeigen, dass das Zurückhalten von Emotionen und das sogenannte »Self-Silencing« mit einer erhöhten Anfälligkeit für Depressionen, Angstzustände und posttraumatische Belastungsstörungen verbunden ist. Frauen erleben diese psychischen Erkrankungen doppelt so häufig wie Männer, was den gesellschaftlichen Druck aufzeigt, der uns Frauen dazu bringt, die eigenen und wahren Bedürfnisse zu unterdrücken. Es ist daher von entscheidender Bedeutung, dass Frauen ermutigt werden, ihre Stimmen zu erheben und ihre Wahrheit auszudrücken. Der Mut zur »Hässlichkeit«, also das Loslassen von Perfektionsansprüchen und das Zulassen von authentischem Ausdruck, ist ein Akt der Selbstermächtigung. Indem Frauen lernen, ihre Gefühle offen zu zeigen, zu verkörpern und ihre Bedürfnisse klar zu kommunizieren, können sie nicht nur ihre eigene Gesundheit und ihr Wohlbefinden verbessern, sondern auch gesellschaftliche Strukturen verändern, die uns Frauen bislang zum Schweigen gebracht haben.

Die Befreiung von restriktiven Schönheitsidealen und Rollenerwartungen, auch in Bezug auf die eigene Stimme, ermöglicht es uns Frauen, die volle Ausdruckskraft zu entfalten und ein erfüllteres Leben zu führen. Es ist an der Zeit, die Ketten der Unterdrückung zu sprengen und den eigenen Raum mit Stolz, voller Resonanz, Spiel-Freiraum und Authentizität einzunehmen.

Es gibt so viele Geschichten, die nicht nur schmerzhaft sind, sondern auch wütend machen. Und die Wut der Frau, die heute oft zu sehen ist, ist mehr als berechtigt. Eine »Mad Woman« zu sein, ist auch wichtig. Denn unsere Wut wurde über Generationen hinweg unterdrückt. Unsere Stimmen wurden zum Schweigen gebracht, abgetan, lächerlich gemacht. Wir werden immer noch nicht ernst genommen – es sei denn, wir passen ins System. Das bedeutet: Schön lächeln, sanft sein, aber nicht zu sanft. Es bedeutet, sich in eine einengende Choreografie einzufügen, in der eine Frau genau wissen muss, wie sie sich präsentiert, um gehört zu werden. Denn wenn sie es nicht tut, wenn sie nicht bereit ist, sich dieser Choreografie zu fügen, dann wird sie als »zu viel«, als »schwierig«, als »hysterisch« oder »bedrohlich« abgestempelt, was nicht sexy ist. Als wäre das Einzige, wozu wir als »gute Frau« hier sind, sexy oder nützlich zu sein.

Warum fühlt sich dieses System von einer Frau bedroht, die weiß, was sie will? Weil sie alles sein kann. Weil sie die sanfte Liebende und die wilde Kriegerin sein kann. Weil sie mit Intuition verbunden ist, mit ihrer Sinnlichkeit und ihrer Kraft. Weil sie Blutungen durchlebt, Leben auf die Welt bringt und trotzdem die volle Macht über ihren Körper beansprucht, weil sie bezaubernd sein kann und in der nächsten Sekunde unbequem, ehrlich, roh, durchsetzungsfähig. Okay, ja, das kann vielleicht beängstigend sein, aber es ist echt. Es bedeutet, dass eine Frau nicht kontrollierbar ist, und dieses System will kontrollieren. Es bedeutet, dass sie keine Erlaubnis braucht, um sich auszudrücken. Und genau deshalb hat dieses System über Jahrhunderte hinweg versucht, die Frau zu bändigen – durch Regeln, durch Sprache, durch Gewalt, durch die Abwertung ihrer Gefühle, Emotionen und Fähigkeiten. Es ist eine tief sitzende kollektive Angst vor einer Frau, die in ihrer vollen Kraft steht.

Aber wann – und wie – können wir als Gesellschaft an einen Punkt kommen, an dem diese Kraft nicht als Bedrohung, sondern als beeindruckend wahrgenommen wird?

Ja, ich sage es: Die Stimme der Frau – die Frau an sich – gehört auf ein Podest. Sie wurde viel zu lange unterdrückt, belächelt, ignoriert und kontrolliert. Die Stimme der Frau ist nicht nur ihre persönliche Freiheit – sie ist der Schlüssel für eine kollektive Heilung.

Wer sich mit der eigenen Stimme verbindet, verbindet sich mit sich selbst.

Das Zusammenspiel von Stimme und Körper

Ich habe meine Stimme immer als mein Zuhause betrachtet. Sie war mein Instrument, mein Ausdruck, mein sicherer Ort. Als professionelle Sängerin war mir die Verbindung zwischen Atem, Klang und Körper vertraut – dachte ich zumindest, doch irgendwann verlor ich meine authentische Anbindung.

Als Kind nutzte ich meine Stimme ganz intuitiv – wie viele von uns, bevor uns gesagt wird, wie wir klingen sollen. Ich erinnere mich genau daran, dass ich ein melancholisches Kind war. Natürlich auch voller Freude, aber diese Melancholie war eine meiner Facetten, die mir sehr in Erinnerung geblieben ist, und ich habe es geliebt. Ich lief barfuß durchs Gras, durch Kornfelder, ließ meine Stimme mit der Erde verschmelzen, als würde ich sie damit berühren können. Ich sang, und ich hatte das Gefühl, Engel würden mich beobachten – als wäre meine Stimme eine Brücke zwischen mir und etwas Größerem, das mich sah.

Ein Moment, der sich tief in mir verankert hat, geschah auf einer Klassenreise. Ich saß allein an einem Fluss, lauschte dem Wasser und begann, ohne nachzudenken, zu tönen.

Ich ließ meine Stimme mit dem Fluss schwingen, als würde ich mit ihm sprechen. Es fühlte sich nicht wie ein Spiel an – es war ein Gespräch. Eine Verbindung.

Wenn ich heute zurückblicke, sehe ich den Full-Circle-Moment. Denn genau das ist es, was ich heute in meiner Arbeit tue. Ich arbeite mit den Elementen der Stimme, mit dem freien, intuitiven Klang, der uns mit dem Leben verbindet. Mit der tiefen Körpererfahrung, dass Stimme nicht einfach nur Schall ist – sondern ein Dialog mit dem Leben.

UNGEFILTERT. ECHT. SPONTAN.

Dieser Dialog ist wie ein kreativer Prozess, wie das Schreiben eines guten Songs. Denn wir alle tragen eine Melodie in uns. Eine, die sich mit jedem Moment verändert, wie ein Soundtrack unseres Lebens. Doch oft verlieren wir den Zugang zu ihr. Wir verlernen, unseren eigenen Sound zu hören. Dabei hat jede Bewegung, jede Erfahrung, jeder Moment einen Sound – wenn wir unserem Körper als Instrument wieder die Erlaubnis und die Sicherheit geben, ihn frei zu spielen. Unsere Stimme ist eine lebendige Erfahrung. Wenn wir sie zurückholen, holen wir auch uns selbst zurück.

Während meiner Karriere bemerkte ich, dass etwas in mir abgeschnitten war. Mein Klang war klar, technisch ausgebildet, doch manchmal fühlte er sich wie eine isolierte Insel an, getrennt von meinem Körper, von meiner Tiefe, von meiner Essenz. Denn es gibt einen entscheidenden Unterschied zwischen der bewussten Nutzung der eigenen Stimme und ihrer Ausbeutung.

Ja, wir können unsere Stimme trainieren. Technik ist wertvoll – auch in meiner Arbeit. Doch die Stimme ist weit mehr als ein erlerntes Werkzeug. Sie ist ein Forschen nach uns selbst. Denn was ist Klang?

Klang ist nicht einfach nur ein Ton. Klang ist Atem, der sich durch uns bewegt. Er nimmt die Form unseres Körpers an, wird geformt durch die Art, wie sich unser Brustkorb hebt, wie unser Kehlkopf schwingt, wie unsere Stimmlippen vibrieren.

Doch das ist nur die physische Seite. Unser Klang trägt unsere Geschichte.

Wie wir leben. Wie wir über uns denken. Unsere Biografie, unsere Kultur, unsere Herkunft. All das beeinflusst, wie unser Atem sich zum Sound wandelt. Und wenn wir es wirklich erlauben – in dieser feinen Balance zwischen Tun und Nicht-Tun, zwischen Kontrolle und Hingabe –, dann geschieht etwas Magisches.

Dann beginnt die Stimme, sich wirklich zu entfalten. Dann legen wir eine Maske ab. Dann lösen sich vorgefertigte Rollenbilder – Bilder, in die wir uns selbst gesteckt haben oder in die wir von anderen gesteckt wurden:

- von der Gesellschaft
- von Mitschülerinnen und Mitschülern
- von unseren Eltern
- von Partnerschaften

Wir erlauben uns, fluide zu sein. Und trotzdem bleibt da eine unverrückbare Kraft in uns – etwas, das immer da ist, unabhängig von der Form, die es annimmt. Ein innerer Kern.

Ich beschreibe dieses Bild gern als unseren inneren See. Unsere Stimme fällt wie ein Tropfen in diesen See hinein und breitet sich aus, bewegt Schichten von uns, die wir vielleicht lange nicht gespürt haben. Sie bringt uns in Kontakt mit Facetten, die wir vergessen oder versteckt haben. Und genau in diesem Moment wird klar: Unsere Stimme ist kein Mittel zum Zweck. Sie ist ein Tor zu uns selbst.

Ich sang also viel zu lange nur aus meinem Brustkorb, aus meiner Kehle – doch mein Beckenraum? Mein Schoß? Ich spürte ihn kaum. Ich wusste nicht, dass mir diese Verbindung fehlte. Es war kein bewusster Mangel, eher ein leises, kaum wahrnehmbares Fehlen. Eine Abwesenheit, die ich erst spüren konnte, als sie sich eines Tages mit voller Wucht zurückmeldete.

Die erste echte Konfrontation mit dieser Verbindung – oder besser gesagt mit ihrer Abwesenheit – kam durch die Geburt meines ersten Kindes. Mein Sternenkind. Eine sogenannte stille Geburt im siebten Monat. Ich kann gar nicht in Worte fassen, was in diesem Moment geschah. Aber mein Körper, meine Stimme, mein Becken – alles sprach. Ich musste einen Schmerz durchleben, für den es keine vorgefertigte Melodie gab, keinen Song, keine Technik, die mich retten konnte. Meine Stimme war nicht mehr mein Instrument, wie ich es kannte. Sie war ein Echo meiner tiefsten Trauer. Sie war roh, gebrochen, echt. Es war das erste Mal, dass ich wirklich begriff, wie meine Stimme mit meinem Beckenraum verbunden war. Denn mein Becken hatte dieses Kind getragen, hatte es gehalten – und musste es nun gehen lassen. Und mit ihm all die unausgesprochenen Töne, die ungesungenen Lieder, die ich nie für dieses Kind singen durfte.

Nach dieser Geburt war ich stumm. Nicht weil ich nicht sprechen konnte, sondern weil ich nicht wusste, wie ich meine Stimme mit diesem neuen Körpergefühl verbinden sollte. Es dauerte, bis ich mich wieder traute, meinen Körper durch Klang zu erforschen. Und als ich es tat, geschah etwas Überraschendes: Ich spürte meinen Beckenboden und vor allem auch meinen Damm zum ersten Mal bewusst. Ich sang, und mit jedem Ton fühlte ich eine Bewegung tief in meinem Schoß. Als hätte meine Stimme eine Tür aufgestoßen, die lange verschlossen gewesen war.

Doch die wirkliche Wiedervereinigung mit meiner inneren Stimme – mit der Urkraft meiner Vulva – kam erst mit der Geburt meines zweiten Kindes.

Diese Geburt war eine alchemistische Erfahrung. Diese Geburt war noch mal anders. Ich war vorbereitet, ich hatte mich mit meinem Körper, meinem Atem und meiner Stimme beschäftigt. Ich hatte verstanden, dass Geburt nicht nur ein physischer Prozess ist, sondern auch eine klangliche und energetische Reise, gemeinsam mit meinem Kind.

Während der Wellen (Wellen = Wehen, ich nenne sie Wellen, wie sie in der ganzheitlichen Arbeit von Schwangerschaft und Geburt genannt werden) begann ich zu tönen. Tiefe, lange Laute, fast wie ein Summen. Es war kein willentlicher Gesang, kein künstlich produzierter Klang – es war eine Urstimme, die aus meinem Körper kam, direkt aus meinem Becken. Eine weibliche Kraft, die zur Stimme wurde. Ich spürte, wie mein Beckenboden auf die Vibrationen reagierte. Wie sich mein Muttermund mit jedem tiefen Ton öffnete, wie mein Körper nicht gegen den Schmerz arbeitete, sondern ihn durch Klang begleitete. Auch das Mittönen meiner Hebamme war mitunter die größte Hilfe in diesem Moment. Gemeinsam die Stimme zu nutzen, ein gemeinsamer Klang zu werden und mich über Klang mit meinem noch ungeborenen Kind zu verbinden. Mein Kind durch meine freie Stimme auf die Welt zu bringen – ein unvergesslicher Moment.

Und dann war da dieses überwältigende Gefühl von Einheit. Stimme und Vulva – zwei scheinbar getrennte Räume, die in Wahrheit nur ein einziger waren. Als mein Kind geboren wurde, wusste ich: Ich hatte nicht nur ein Baby geboren, ich hatte mich selbst neu geboren.

Nach dieser Erfahrung begann ich, mich tiefer mit der Anatomie und Embryologie zu beschäftigen. Und was ich herausfand, ließ mich sprachlos zurück: Stimmlippen und Vulvalippen sind aus demselben embryonalen Gewebe geformt.

LIKE WTF?!

Stimmlippen vs. Vulvalippen

Stimmlippen
elastisches, vibrierendes Gewebe, das durch Luftdruck zum Klingen gebracht wird

Vulvalippen
hochsensibles, elastisches Gewebe, das sich mit Blutfluss, Hormonen und Berührung verändert

Die Parallele, die ich zwischen den Stimmlippen und den Vulvalippen ziehe, ist nicht nur symbolisch, sondern physisch real. Kein Wunder also, dass Frauen berichten, dass ihre Stimme sich während des Zyklus verändert. Dass sie anders singen, wenn sie erregt sind. Dass tiefe Töne eine direkte Wirkung auf den Beckenboden haben.

Und dann gibt es noch die Verbindung zur Speiseröhre und zum Gebärmutterhals – zwei Tore, die sich reflexartig öffnen und schließen, je nach physiologischer Notwendigkeit.

Ösophagussphinkter
steuert den Zugang zum Magen

Zervikalkanal
steuert den Zugang zur Gebärmutter

Beide haben eine ähnliche Struktur, beide reagieren auf hormonelle und nervale Signale. Und beide sind mit dem Vagusnerv verbunden – der großen Brücke zwischen Stimme, Verdauungssystem und Beckenraum.

Es machte plötzlich so viel Sinn. Die Stimme als Verbindung zum Becken – und umgekehrt.

Nach der Geburt meines zweiten Kindes begann ich, anders mit meiner Stimme zu arbeiten. Ich ließ sie tiefer in meinen Körper sinken. Ich summte, wenn ich Anspannung in meinem Becken spürte. Ich spürte, wie Klang mich regulierte, wie er mir half, traumatische Erinnerungen sanft zu integrieren, ohne dass ich sie in Worte fassen musste.

Ich erkannte, dass ich nicht allein war. In meinen Workshops begannen Frauen zu weinen, wenn wir tiefe Töne sangen. Manche fühlten eine plötzliche Wärme im Becken. Andere spürten eine Art von Loslassen, das sie nicht in Worte fassen konnten.

> **Die Stimme ist nicht nur Ausdruck. Sie ist eine Medizin, die wir in uns haben.**

Hier beginnt die Reise – eine Reise zurück zu unserer Urstimme, zu unserem Urkörper, zu unserer Urkraft. Ich lade dich ein, deine eigene Stimme zu erforschen. Sie nicht nur als Klang zu hören, sondern als eine Brücke zu deinem tiefsten Selbst. Denn in dieser Verbindung zwischen Stimme und Vulva liegt eine Wahrheit, die wir als Frauen seit Generationen vergessen haben. Doch jetzt ist die Zeit, sie wiederzuentdecken.

Meine Arbeit mit der Stimme ist nicht nur aus einer einzigen Quelle gespeist. Sie ist ein Mosaik – geformt durch meine Herkunft, meine Erfahrungen und meine unstillbare Neugier darauf, was es bedeutet, eine Frau mit einer freien Stimme zu sein.

Ich bezeichne mich selbst nicht als Yogi. Ich bin spirituell, wurde aber auch katholisch erzogen, ich bin Hip-Hop und Hippie. Meine Wurzeln sind vielfältig: Ich komme aus einer Künstlerfamilie. Mein Großvater, meine Oma, meine Mutter und auch mein Vater – sie alle waren Künstlerinnen und Künstler. Und doch habe ich als Kind regelmäßig in der Kirche gesessen, gesungen, gebetet – während ich zeitgleich in Swasiland (Eswatini) und Südafrika mit Energiearbeit und rituellen Praktiken in Berührung kam. Zu Hause bei meiner Mutter gab es Sammlungen alter Knochen auf den Wandschränken. Mein Vater – als er noch bei uns lebte – sammelte Poster von der Straße, kratzte sie mit seinem Taschenmesser ab und tapezierte damit unser Zuhause. Es gibt viele Einflüsse in meinem Leben, und so wie sich meine Herkunft nicht in eine Schublade stecken lässt, ist auch meine Stimme nicht einseitig.

Durch meine Frauen-Retreats mit meiner Freundin und Businesspartnerin Sofia Tsakiridou und durch unser somatisches Studio in der Hamburger Sternschanze bin ich mit verschiedenen Yoga-Philosophien und -Praktiken in Berührung gekommen. Ich habe mich davon inspirieren lassen, tiefer hineingeforscht. Doch was mich wirklich fasziniert, sind nicht nur die Techniken, sondern die Geschichten. Die Mythen. Die Göttinnen. Die Archetypen.

Kali, die ihre Zunge herausstreckt. Die Göttin der Zerstörung und des Neuanfangs. Die, die nicht brav ist. Die nicht nur weich und liebevoll ist, sondern auch chaotisch, wild, unkontrollierbar. Für eine Neugeburt braucht es nämlich auch Chaos. Und genau das gilt auch für die Stimme. Wir sind nicht nur sanft. Wir sind nicht nur angepasst. Wir sind nicht nur »schön« im Sinne der Gesellschaft. Wir sind auch roh. Wir sind wild.

WIR SIND EINE URGEWALT.

Deshalb sind viele meiner Stimmübungen darauf ausgerichtet, Masken abzulegen, sich mit der eigenen Wildheit zu verbinden – nicht nur über Klang, sondern auch in Verbindung mit Bewegung, über die Zunge, über die Mimik. Grimassen schneiden. Die Zunge rausstrecken. Den eigenen Ausdruck erforschen. Sich selbst immer wieder neu gebären. Die Stimme nicht nur »benutzen« – sondern sie entfesseln. Denn hier beginnt die wahre Freiheit.

Dieses Buch soll dazu anregen, für die Stimme der Frau aufzustehen und sich mit der eigenen freien Stimme auseinanderzusetzen – nicht nur als Frau, sondern als jede Person, die sich für eine gerechtere und freie Welt einsetzen möchte. Es geht darum, die eigene Wahrheit auszusprechen und das Ungleichgewicht, in dem wir seit Jahrtausenden leben, bewusst zu erkennen und nicht länger hinzunehmen.

Es gibt kein Richtig oder Falsch im Feminismus. Jede Person, die sich mit den Fakten beschäftigt, die Statistiken betrachtet, in den eigenen Freundeskreis, die Familie oder Partnerschaften schaut, wird erkennen: Es ist unabdingbar, die weibliche Stimme zu befreien. Ob wir auf Demonstrationen gehen, Riots planen, singen, tanzen, mit Frauen arbeiten, Bücher schreiben oder andere Formen des Ausdrucks wählen – jede Handlung, die den weiblichen Ausdruck stärkt, trägt dazu bei, die Wahrheit der Frau sichtbar zu machen.

Die Befreiung der weiblichen Stimme braucht uns alle.

Jede Stimme, die sich erhebt,
bringt das System ins Wanken.
Jede Stimme, die sich erhebt,
verändert die Gesellschaft.

Anatomie, Physiologie und die weibliche Stimme

Vulva Voice – Verbindung von Vulva und Stimme

Wenn ich von Vulva Voice spreche, dann meine ich nicht nur die anatomische Verbindung zwischen Vulvalippen und Stimmlippen. Ich spreche von einem tieferen Prinzip – einer uralten Weisheit, die in vielen spirituellen und tantrischen Traditionen verwurzelt ist, die aber auch ganz körperlich zu erforschen und zu spüren ist.
In der tantrischen Philosophie gibt es den Begriff »Yoni« – ein Sanskrit-Wort, das weit mehr umfasst als nur die anatomische Bezeichnung für Vulva oder Vagina.

YONI IST EIN KANAL. EIN PORTAL FÜR SCHÖPFUNG. EIN RAUM, DURCH DEN DAS LEBEN FLIESST.

Und genau das ist auch die Stimme. Beide sind Kanäle für Ausdruck. Wenn wir sprechen, gebären wir Gedanken in die Welt. Wenn wir atmen, nähren wir diesen Ausdruck. Wenn wir tönen, setzen wir Energie in Bewegung. Diese Verbindung ist spirituell und auch physiologisch spürbar.

Wie ich bereits angedeutet habe, ist die Stimme nicht nur ein Klang, sondern eine physische Erfahrung – eine, die bis tief in unser Becken reicht. Ich habe beschrieben, wie die Stimmlippen und Vulvalippen aus demselben embryonalen Gewebe entstehen, wie sich diese Verbindung nicht nur anatomisch, sondern auch energetisch zeigt. Doch was bedeutet das konkret für unseren Körper? Warum können wir unsere Stimme im Becken spüren? Warum lösen sich Verspannungen im Beckenboden, wenn wir tönen? Warum ermutigen Hebammen Frauen unter der Geburt, den Kiefer zu entspannen, um den Muttermund zu öffnen?

In diesem Kapitel gehen wir noch etwas tiefer. Wir betrachten nun, wie diese Verbindung spürbar wird – nicht nur als Konzept, sondern als gelebte Erfahrung in unserem Körper.

Becken – Fundament der Stimme

Was bedeutet es, dass unsere Stimme im Becken verwurzelt ist? Die Antwort liegt in der Art, wie unser Körper Spannung speichert – und loslassen kann.

Ich habe mit vielen Frauen gearbeitet, die genau diese Verbindung erlebt haben. Frauen, die spürten, dass ihre Stimme »stecken blieb«, dass sie nicht frei sprechen oder singen konnten, dass sich ihre Kehle eng anfühlte – und die dann merkten, dass diese Enge nicht nur im Hals lag, sondern auch im Beckenraum.

POWER FACTS

Die Verbindung von Atem und Beckenboden

Beim Einatmen senkt sich das Zwerchfell nach unten und übt Druck auf die Bauchorgane aus, wodurch sich der Beckenboden ausdehnt und nach unten senkt.

Beim Ausatmen hebt sich das Zwerchfell wieder, die Beckenbodenmuskeln ziehen sich zusammen, und der Beckenboden steigt nach oben.

Dieses Zusammenspiel zeigt, wie eng Atmung und Beckenboden miteinander verknüpft sind.

In der Redewendung »einen Stock im Arsch haben« ist diese Verbindung wiederzufinden. Sie verdeutlicht, wie körperliche Anspannung im Beckenbereich mit emotionaler und stimmlicher Ausdruckskraft zusammenhängt. Frauen neigen oft dazu, unbewusst Spannung im Beckenboden zu halten, was nicht nur körperliche Beschwerden verursachen kann, sondern auch die freie Entfaltung der Stimme beeinträchtigt.

Um unsere Stimme voll entfalten zu können, ist es essenziell, den Beckenboden bewusst wahrzunehmen und auch zu entspannen. Den Arsch wortwörtlich zu lockern. Durch gezielte Atemübungen und das Lösen von Spannungen im Beckenbereich können wir nicht nur körperliches Wohlbefinden fördern, sondern auch unsere stimmliche Ausdruckskraft stärken. Ein entspannter Beckenboden, ein entspannter Bauch und ein entspannter Arsch ermöglichen nämlich auch eine tiefere Atmung, was wiederum die Grundlage für eine resonante und kraftvolle Stimme bildet.

Indem wir lernen, loszulassen und Vertrauen in unseren Körper zu entwickeln, schaffen wir die Basis für einen authentischen und freien Selbstausdruck. Mit einer Stimme, die aus der Tiefe unseres Beckens kommt, sind wir sicherer und freier.

Eine Frau erzählte mir einmal: *»Ich hatte immer das Gefühl, als würde mir jemand die Kehle zuhalten, wenn ich spreche. Dann habe ich mit meiner Stimme gearbeitet – und plötzlich habe ich eine tiefe Anspannung in meinem Becken gespürt, die mir vorher nie bewusst war.«*

Diese Blockaden sind kein Zufall. Sie sind ein Muster, das sich in unserem Körper wiederholt. Wir haben bereits über die Tabuisierung der weiblichen Stimme gesprochen – darüber, dass Frauen über Jahrhunderte hinweg zum Schweigen gebracht wurden, dass ihre Stimmen als gefährlich oder unkontrollierbar galten. Diese Kontrolle hat sich nicht nur in unseren Köpfen verankert – sie hat sich in unsere Körper eingeschrieben. Sie beeinflusst, wie wir atmen, uns bewegen und sprechen.

Wenn Frauen lernen, sich zurückzunehmen, lernen sie nicht nur, ihre Stimme zu drosseln – sie lernen ihren Beckenboden anzuspannen, ihre Lust zu unterdrücken, ihre Wahrheit zurückzuhalten, Impulse zu kontrollieren. Und genau deshalb ist die Arbeit mit der Stimme so befreiend: weil sie tief in den Körper hineinwirkt.

Wie wichtig die Befreiung der eigenen Stimme ist, finden wir also in vielen Beispielen und auf vielen Ebenen. Ein für mich faszinierendes Beispiel ist eines aus der japanischen Kultur. Dort legt man(n) großen Wert auf Zurückhaltung, Höflichkeit und das Vermeiden von Konfrontationen. Insbesondere von Frauen wird erwartet, ruhig und bescheiden aufzutreten. Diese kulturellen Normen führen dazu, dass Emotionen wie Ärger oder Frustration unterdrückt werden. Solche unterdrückten Emotionen beeinflussen die Gesundheit der Schilddrüse. Die Schilddrüse wird auch als »Spiegel der Emotionen« bezeichnet, und unterdrückte Gefühle können hier zu Dysfunktionen führen.

Ja, da gibt es bestimmt noch viele Möglichkeiten, zu erforschen, woran all das liegen kann. Ich glaube aber schon und bin fest davon überzeugt, dass unterdrückte Meinung, die eigene Wahrheit zurückzunehmen oder das Nicht-Grenzen-Setzen nicht nur zu einem Räuspern, Heiserkeit oder einem flachen Atem führt, sondern auch tiefgreifendere Auswirkungen hat – unter anderem auf unsere Schilddrüse.

Wenn wir unsere Stimme nicht nutzen, wenn wir unsere Wahrheit verschlucken, wenn wir unsere Grenzen nicht kommunizieren, dann setzt sich das fest. Nicht nur energetisch, sondern ganz konkret in unserem Körper. Hashimoto, eine Autoimmunerkrankung der Schilddrüse, betrifft überdurchschnittlich viele Frauen, vor allem auch in Japan leiden mehr Frauen als Männer unter Schilddrüsenerkrankungen – und wenn wir die Schilddrüse als das Zentrum unseres Ausdrucks betrachten, ergibt das absolut Sinn. Die eigene Wahrheit nicht auszusprechen, der Stimme keinen Raum zu geben, ist also tatsächlich gesundheitsschädigend.

Und genau deshalb gibt es Vulva Voice. Es geht nicht nur darum, dass du schön klingst oder laut bist. Es geht um deinen Raum. Um die Verbindung zu dir. Um das Lösen von Stauungen, die sich über Jahre in deinem Körper festgesetzt haben.

Ein weiteres Muster, das sich durch unseren Körper zieht, ist die Verbindung zwischen Kiefer und Beckenboden. Bestimmte Muskelschichten spiegeln sich, und unser Körper hat Systeme geschaffen, die sich gegenseitig beeinflussen. Diese Verbindung zeigt sich besonders deutlich im Zusammenspiel von Stimme, Kiefer und Becken.

POWER FACTS

Die Verbindung zwischen Kiefer und Beckenboden

Der Kiefer und der Beckenboden sind über das fasziale System verbunden. Beide reagieren reflektorisch – wenn sich der eine entspannt, entspannt sich oft auch der andere. Und beide speichern Emotionen, besonders unterdrückte Wut, Angst oder Scham.

Unter der Geburt wissen Hebammen genau um diese Verbindung. Sie sagen Frauen oft: »Lass den Kiefer los, öffne den Mund, töne tief.« Denn wenn wir den Mund bewusst öffnen und tönen, kann sich der Muttermund leichter öffnen.

Ich habe Frauen begleitet, die unter chronischer Kieferverspannung litten – als sie begannen, mit ihrer Stimme zu arbeiten, spürten sie plötzlich Veränderungen in ihrem Beckenboden. Sie bemerkten, dass ihr Becken weicher wurde, dass eine angespannte Sexualität begann sich zu lösen, dass sich ihre Haltung veränderte.

Eine Klientin beschrieb es so: *»Ich hatte immer Schmerzen beim Sex und dachte, es läge nur an meinem Körper. Doch als ich begann, meine Stimme ohne Zurückhaltung zu nutzen, spürte ich, wie sich mein Becken mit jeder Übung entspannte. Ich hätte nie gedacht, dass meine Stimme mein Körpergefühl verändern kann.«*

Hormone – Kraft der weiblichen Wut

Wenn wir über Zykluswissen sprechen, dann geht es nicht darum, »perfekt« zu funktionieren oder hormonelle Schwankungen zu eliminieren, nur um wieder in eine lineare, patriarchale Produktivität zu passen. Der weibliche Zyklus ist nicht dafür gemacht, konstant gleich zu sein – und das ist unsere größte Stärke. Ich persönlich habe keine körperlichen Beschwerden während meiner Menstruation, was ich auch meiner Arbeit mit der Stimme, dem Nervensystem und dem Schoßraum zuschreibe. Aber es gibt einen Aspekt in der Phase in meinem Zyklus, die ich früher als »Problem« angesehen habe: meine prämenstruelle Wut.

Es gab eine Zeit, in der ich dachte, ich müsste diese Intensität in mir »heilen« oder »wegbekommen«. Ich hielt mich selbst für zu emotional, zu explosiv, zu launisch. Ich versuchte, meine PMS-Symptome zu minimieren, mich wieder »unter Kontrolle« zu bringen. Doch irgendwann begriff ich: Diese Wut ist keine Krankheit. Sie ist kein Fehler in meinem System. Sie ist meine größte Verbündete.

In den Tagen vor meiner Menstruation spüre ich all das, was sich über den Monat hinweg angesammelt hat. Alles, was nicht ausgesprochen wurde, was mich gestresst hat, was nicht in Ordnung war. Mein Körper reinigt sich nicht nur körperlich, sondern auch emotional und energetisch. PMS ist für mich keine Belastung mehr, sondern ein Portal. Ein Feuer, das brennt, um Raum für Klarheit zu schaffen. Warum sollte ich das loswerden wollen? Ich möchte diese Wut nicht lindern oder verstecken. Ich möchte sie nicht unterdrücken, nur um »einfacher« für mein Umfeld zu sein. Diese Wut ist meine Lehrerin. Sie zeigt mir, wo meine Grenzen überschritten wurden, wo ich nicht für mich eingestanden bin, wo ich mich selbst verraten habe.

Und wenn ich dieser Wut mit Bewusstsein begegne – wenn ich ihr eine Stimme gebe, ihr erlaube, sich in Klang, Bewegung und Ausdruck zu entladen – dann transformiert sie sich. Sie wird nicht zu Zerstörung, sondern zu Schöpfung. Zu einer Klarheit, die mir hilft, Entscheidungen zu treffen. Zu einer Wahrheit, die mir zeigt, wo ich hinschauen muss.

UNSERE GESELLSCHAFT HAT ANGST VOR WEIBLICHER WUT. SIE WIRD ALS »HYSTERISCH«, »IRRATIONAL«, ÜBERTRIEBEN« ABGETAN.

ABER GENAU DIESE WUT HAT REVOLUTIONEN ENTFACHT. GENAU DIESE WUT HAT FRAUEN DAZU GEBRACHT, IHRE STIMME ZU ERHEBEN, GRENZEN ZU SETZEN, NEUE WEGE ZU GEHEN.

Die sogenannte »Angry Feminist« ist ein Klischee, das uns Frauen kleinhalten soll. Bis heute gibt es dieses Bild der angeblich frustrierten, verbitterten, männerhassenden Frau, die »zu laut« ist. Sie wird ins Lächerliche gezogen, indem man sie als »Katzenlady« bezeichnet, die keinen Mann »abkriegt«.

Männer dürfen Wut haben – sie gilt als »stark«, »durchsetzungsfähig«, »charismatisch«. Frauen, die wütend sind, gelten als »hysterisch«, »übertrieben«, »zickig«. Aber weibliche Wut ist nicht destruktiv – sie ist revolutionär. Die Angst vor weiblicher Wut ist die Angst vor Veränderung. Denn wenn Frauen beginnen, ihre Wut immer mehr als Motor statt als »Problem« zu begreifen, so gerät das gesamte patriarchale System ins Wanken. Deswegen ermutige ich dich, wenn du das nächste Mal in deiner prämenstruellen

Phase spürst, dass etwas in dir brodelt – dann halte nicht dagegen an. Spür hinein. Hör ihr zu. Gib ihr eine Stimme. Töne sie. Schreibe sie. Tanze sie. Lasse sie sich durch dich bewegen, anstatt sie in dir einzusperren.

Wenn du deiner Wut Raum gibst, gibst du dir selbst Raum. Und das ist das größte Geschenk, das du dir machen kannst.

POWER FACTS

Die Phasen deines Zyklus

Menstruationsphase – die Stimme der Stille

Tag 1–5

Hormonelle Veränderung

Östrogen und Progesteron sind auf dem Tiefpunkt.
Der Körper entlässt, was er nicht mehr braucht.
Ein innerer Reset beginnt.

Stimme und Gefühl

Die Stimme klingt oft tiefer, leiser, zurückhaltender.
Emotionale Tiefe, Träume, Intuition – alles wird spürbarer.
Rückzug, Ruhe und Innenschau stehen im Vordergrund.

Tipp für die Praxis

Mach so wenig wie möglich.
Lausche deiner inneren Stimme.
Seufze. Summe. Töne weich.
Nimm bewusst Raum in der Stille ein.
Lass deine Gebärmutter zuhören.
Deine Stimme darf sich zurücklehnen.

Follikelphase – die Stimme des Neubeginns

Tag 6–13 (bis zum Eisprung)

Hormonelle Veränderung
Östrogen steigt.
Der Körper bereitet sich auf einen möglichen Eisprung vor.
Energie und Klarheit nehmen zu.

Stimme und Gefühl
Die Stimme wird klarer, heller, resonanter.
Du fühlst dich kreativer, organisierter und zukunftsorientierter.
Neues darf entstehen.

Tipp für die Praxis
Beginne Projekte. Singe, töne, sprich Visionen aus.
Nutze deine Stimme für Struktur und neue Ideen.
Übe klare Artikulation und Präsenz. Deine Stimme trägt dich.

Ovulationsphase – die Stimme der Sichtbarkeit

Tag 14–16 (um den Eisprung)

Hormonelle Veränderung:
Östrogen ist auf dem Höhepunkt.
Luteinisierendes Hormon (LH) steigt.
Höchste Fruchtbarkeit.
Kommunikation ist jetzt auf einem Hoch.

Stimme und Gefühl
Die Stimme ist am strahlendsten –
kraftvoll, charmant, voller Ausdruck.
Du bist magnetisch, extrovertiert, in deiner vollen Ausstrahlung.
Sichtbarkeit fällt leicht.

Tipp für die Praxis

Sprich in der Öffentlichkeit.
Halte wichtige Gespräche. Teile dich mit.
Nutze deine Stimme bewusst, um zu leuchten –
sei es auf der Bühne, in Beziehungen oder in deinem Business.

Lutealphase – die Stimme der Wahrheit

Tag 17–28
(nach dem Eisprung bis zur Menstruation)

Hormonelle Veränderung

Progesteron steigt, dann fällt es langsam ab.
Der Körper zieht sich energetisch zurück,
prüft, was bleiben darf.
PMS-Zeit möglich.

Stimme und Gefühl

Die Stimme wird manchmal empfindlicher,
emotionaler oder kantiger.
Du fühlst dich introvertierter, ehrlicher,
wacher für das, was nicht stimmig ist.
Bullshit-Detektor an.

Tipp für die Praxis

Sprich deine Wahrheit. Setze klare Grenzen.
Töne kraftvoll, erlaube dir wilde Klänge, Klagelaute, Urlaute.
Lass deinen Körper mit der Stimme entgiften.
Jetzt zeigt sich, was echt ist.

Auch die Menopause bringt erhebliche hormonelle Veränderungen mit sich, die nicht nur den Körper insgesamt, sondern auch die Stimme beeinflussen können. Hier sind einige zentrale Power Facts.

POWER FACTS

Menopause und Stimme

Der Rückgang des Östrogenspiegels in den Wechseljahren führt zu strukturellen Veränderungen der Stimmlippen, was die Stimme beeinflussen kann.

- Durch hormonelle Veränderungen kann sich die Stimme um eine Terz bis Quinte absenken.
- Die Auswirkungen der Menopause auf die Stimme variieren individuell. Faktoren wie allgemeine Gesundheit, Lebensstil und genetische Veranlagung spielen eine Rolle.
- Gezielte Stimmtherapie und Übungen können helfen, die stimmliche Leistungsfähigkeit während und nach der Menopause zu erhalten oder zu verbessern. Gleichzeitig kann die bewusste Nutzung der Stimme – insbesondere durch summende, tönende und resonanzfördernde Übungen – dazu beitragen, die Durchblutung und Feuchtigkeitsregulation im Intimbereich zu unterstützen. Die Vibrationen, die durch Stimmarbeit erzeugt werden, können das Becken und den Schoßraum sanft massieren, was wiederum die natürliche Lubrikation anregen und die Libido in der Menopause und darüber hinaus positiv beeinflussen kann.

Die weibliche Stimme und der Hormonhaushalt sind wie wir erkennen eng miteinander verknüpft, auf verschiedenen Ebenen. Hormonelle Schwankungen während des Menstruationszyklus beeinflussen also auch die Stimmqualität und -stabilität.

In der ersten Zyklushälfte, wie in den Power Facts aufgelistet, insbesondere um den Eisprung herum, erreicht die Stimme oft ihre Höchstleistung. In der zweiten Hälfte, wenn das Progesteron dominiert, kann die Stimme unzuverlässiger und rauer klingen. Während der Menstruation selbst sind sowohl Östrogen als auch Progesteron niedrig, was ebenfalls die Stimmleistung beeinträchtigen kann.

Leider ist die Menstruation in vielen Gesellschaften immer noch ein Tabuthema, was zu Scham und Unwissenheit führt. Viele Frauen trauen sich nicht, über ihre Beschwerden zu sprechen, was die Diagnose von Erkrankungen wie Endometriose erschwert.

Ich erinnere mich noch sehr genau an einen Moment als Teenager. Ich war mit meinem Bruder im Einkaufszentrum. Ganz normale Situation. Ich meinte zu ihm, dass ich mir Slip-Einlagen kaufen wollte. Er schaute mich an.

»Hast du deine Tage?« Ich antwortete: »Nein, aber ich habe ja auch so einen Ausfluss.« Seine Reaktion? Widerwille. Ekel. Abwehr. Er drehte sich weg, hielt sich die Ohren zu und wollte nichts mehr hören.

Warum ist das so? Warum ist das immer noch so? Ich kann es noch nachvollziehen, wenn ein Junge mit dreizehn Jahren nicht versteht, was Ausfluss ist. Was ich aber nicht nachvollziehen kann, ist, dass erwachsene Männer sich auch heute noch mit genau demselben Unwohlsein verhalten. Männer, die Sex mit Frauen haben, die in Beziehungen mit Frauen leben, die von Frauen geboren wurden – und trotzdem keine Ahnung von den biologischen Prozessen des weiblichen Körpers haben oder sie am liebsten ausblenden.

Ich habe mit vielen Männern gesprochen. Sie wissen oft nichts über den Zyklus einer Frau. Sie wissen nicht, wann oder warum eine Frau Eisprung hat. Sie wissen nicht, dass Ausfluss völlig normal ist und sich während des Zyklus verändert. Oder dass die Periode nicht einfach »rote Tage« sind, sondern ein komplexer hormoneller und emotionaler Prozess. Sie wollen es oft nicht sehen, nicht hören, nicht wahrhaben.

Doch wenn Blutung ein Tabu bleibt, bleibt Scham bestehen. Das Wort »Blutung« wird oft umgangen. Es heißt dann »die Tage«, »Erdbeerwoche«, »die rote Tante ist zu Besuch«. Aber nein. Ich blute. Das ist, was passiert. Mein Körper durchlebt einen tiefen Reinigungsprozess. Meine Hormone verändern sich. Mein Nervensystem reguliert sich neu. Meine Gefühle schwanken – nicht, weil ich irrational oder hysterisch bin, sondern weil mein gesamtes System mit einer massiven biologischen Umstellung arbeitet. Und ja, es kann Schmerzen bedeuten. Es kann Rückenschmerzen bedeuten, emotionale Prozesse anstoßen, alte Themen hochbringen, Energie loslassen. Es ist viel mehr als nur ein »weiblicher Zustand«. Es ist eine Transformation. Und genau deshalb ist es so absurd, dass Frauen von klein auf lernen, dass ihre Blutung peinlich ist.

Männer müssen nicht durch diese monatlichen Prozesse gehen. Das ist okay. Aber was nicht okay ist, ist das fehlende Bewusstsein dafür, dass Frauen es tun. Es gibt Männer, die eine Erkältung haben und zwei Tage komplett ausfallen. Frauen bluten jeden Monat und ziehen trotzdem alles durch. Sie stehen auf. Sie gehen arbeiten. Sie kümmern sich um ihre Kinder. Sie haben Meetings, führen Gespräche, funktionieren. Nicht weil es ihnen leichtfällt. Sondern, weil es von ihnen erwartet wird.

Viele Länder erkennen inzwischen an, dass Frauen während der Menstruation zusätzliche Ruhetage brauchen – und das ist kein Privileg, sondern eine notwendige Anpassung an die Realität eines weiblichen Körpers.

Frauen und Männer sind nicht gleich – aber gleichwertig. Ich will nicht wie ein Mann sein. Ich bin dankbar, dass ich eine Frau bin. Aber es gibt einen riesigen Unterschied zwischen Gleichberechtigung und Gleichwertigkeit. Ich möchte nicht so tun, als hätte ich keinen Zyklus. Ich möchte meine Blutung nicht verstecken, damit Männer sich wohler fühlen. Ich möchte nicht den gleichen Arbeitsalltag haben wie ein Mann, wenn mein Körper andere Bedürfnisse hat. Aber ich will Respekt. Ich will Anerkennung. Ich will Raum für die Realität meines Körpers. Und das beginnt damit, dass wir offen darüber sprechen.

Mein Sohn wächst mit diesem Bewusstsein auf. Er ist fünf Jahre alt, während ich dieses Buch schreibe und weiß, dass ich blute. Er weiß, dass ich dann mehr Ruhe brauche und dass ich mir in dieser Zeit mehr Selbstfürsorge erlaube.

Ich sage nicht: »Mama hat ihre Tage.« Ich sage: »Mama hat ihre Blutung.«

- Ich will nicht, dass mein Sohn ein Mann wird, der sich davor ekelt.
- Ich will nicht, dass er mein Sohn wird, der darüber lacht.
- Ich will nicht, dass er mein Sohn wird, der nichts darüber weiß.

Denn irgendwann wird mein Sohn in die Welt hinaus gehen. Er wird Beziehungen haben. Er wird mit Frauen arbeiten, mit ihnen leben, sie auch lieben. Und dann wird er hoffentlich einer von denen sein, die verstehen. Die zuhören. Die respektieren. Die einen Raum halten können.

Denn ja, du wirst als Mann nie wissen, wie es sich anfühlt. Aber du kannst anerkennen, dass es existiert. Du kannst ein Bewusstsein aufbauen, das über dein eigenes Erleben hinausgeht.

- Als Mann lebst du in einem anderen Körper.
- Als Mann funktioniert dein Hormonhaushalt anders.
- Als Mann ist deine Realität eine andere als die einer Frau.

Und genau das bedeutet nicht Trennung, sondern die Möglichkeit, Verbindung zu schaffen. Ein wirklicher Mann, aus meiner Sicht, ist nicht derjenige, der sich davon abgrenzt oder es belächelt. Ein wirklicher Mann ist derjenige, der nicht in Abwehr geht, wenn eine Frau ihren Raum einnimmt. Der nicht in Scham verfällt, wenn eine Frau ehrlich über ihre Prozesse spricht. Der nicht nur »Ich bin Feminist« sagt, sondern versteht, dass Feminismus auch seine eigene Befreiung ist:

- ein Mann, der zuhört.
- ein Mann, der nicht kleinredet.
- ein Mann, der nicht wegguckt.
- sondern ein Mann, der da ist.

Und genau das wünsche ich mir. Für meinen Sohn. Für seine Generation. Für unsere Gesellschaft.

Erst wenn wir die Wahrheit nicht mehr verstecken, wenn wir unsere innere und äußere Stimme ernst nehmen, dann haben wir die Chance, eine Gesellschaft zu schaffen, die nicht nur funktioniert, sondern wirklich lebt.

Frauen, die sich mit ihrem Zyklus verbinden, können ihre Stimme gezielter einsetzen.

Sei es für Business, Ausdruck oder Intimität.

Intuition und Stimme

Frauen wird oft eine ausgeprägte Intuition zugeschrieben, die sich in einem feinen Gespür für zwischenmenschliche Nuancen und emotionale Schwingungen äußert. Diese intuitive Fähigkeit ist nicht nur kulturell verankert, sondern findet auch eine Grundlage in der Biologie und den hormonellen Prozessen des weiblichen Körpers.

Die zyklischen Schwankungen weiblicher Hormone, insbesondere von Östrogen und Progesteron, beeinflussen nicht nur den physischen Körper, sondern auch die emotionale Wahrnehmung und Sensibilität. Während des Menstruationszyklus variieren die Hormonspiegel, was sich auf die Stimmung und das emotionale Empfinden auswirken kann. Diese hormonellen Veränderungen beeinflussen die Wahrnehmungsfähigkeit und beeinflusst damit auch die Intuition. Studien haben außerdem gezeigt, dass hormonelle Schwankungen die Kooperationsbereitschaft und das Sozialverhalten von Frauen stark beeinflussen. Die Intuition einer Frau manifestiert sich oft als »innere Stimme«, die tief mit ihren Gefühlen, Emotionen und Erfahrungen verwoben ist.

Wenn Frauen ermutigt werden, diese innere Stimme auszudrücken, stärkt dies nicht nur ihr Selbstbewusstsein, sondern bereichert auch das kollektive Bewusstsein der Gesellschaft. Ein Umfeld, das Frauen Sicherheit und Wertschätzung bietet, ermöglicht es ihnen, ihre intuitive Weisheit frei zu teilen, was zu allgemein kreativeren und harmonischeren Gemeinschaften führt.

In einer Welt, die oft von rationalen und analytischen Denkweisen dominiert wird, bietet die weibliche Intuition eine ergänzende Perspektive. Sie fördert Empathie, Mitgefühl und ein ganzheitliches Verständnis komplexer Zusammenhänge. Indem wir die intuitive Kraft der Frauen anerkennen und schätzen, öffnen wir Türen zu innovativen Lösungen und fördern ein tieferes menschliches Miteinander. Es liegt im Interesse der gesamten Gesellschaft, diese intuitive Weisheit zu integrieren und zu nutzen, um gemeinsam zu wachsen und zu gedeihen.

Unterstützung des Hormonhaushalts

Durch gezielte Stimmübungen und Vibrationen im Beckenbereich können Verspannungen gelöst und die Durchblutung gefördert werden, dies hilft auch bei Menstruationsbeschwerden. Diese Tools können helfen, Schmerzen zu reduzieren und das allgemeine Wohlbefinden sowie die bewusste Verbindung zur inneren Stimme zu steigern.

Die Vibrationen, die beim Singen oder Tönen entstehen, können als sanfte Massage für das umliegende Gewebe wirken. Sie fördern die Durchblutung und können helfen, Verspannungen im Beckenbereich zu lösen. Ein entspannter Beckenboden kann wiederum zu einer Harmonisierung des Hormonhaushalts beitragen, da Stress und Anspannung bekannte Faktoren für hormonelle Dysbalancen sind.

Leichtes Hüftkreises oder sanftes Schwingen des Beckens, während wir dabei singen oder einfach nur bewusst summen, können diese entspannende Wirkung verstärken.

Das ist der Moment, in dem die Brücke zu Vulva Voice entsteht. Denn genau das schafft meine Methode: Sie macht die Verbindung von Stimme und Schoßraum durch gezielte Übungen erfahrbar.

POWER FACTS

Warum ist deine Stimme Medizin?

Für dein Nervensystem

Die Stimme reguliert das Nervensystem, denn deine Stimme ist wie eine Massage für deine Zellen. Die Vibrationen der Stimme durchdringen das Körpergewebe – besonders Faszien, die den ganzen Körper vernetzen. Der Kehlkopf und die Stimmlippen erzeugen durch Klang feinste Schwingungen, die sich über den Brustkorb, den Bauchraum, den Beckenboden und durch den ganzen Körper ausbreiten. Und besonders tiefe Töne wirken wie eine innere Klangmassage, lösen Verspannungen und fördern den Energiefluss im Körper.

Beim Singen, Summen oder Tönen wird so also der Vagusnerv stimuliert – der wichtigste Nerv für Entspannung und Selbstheilung. Ein aktivierter Vagusnerv beruhigt das Nervensystem und hilft, aus dem Kampf-oder-Flucht-Modus (Sympathikus) in einen entspannten Zustand (Parasympathikus) zu kommen.

Für dein Herz

Studien zeigen, dass Menschen, die regelmäßig summen oder singen, eine niedrigere Herzfrequenz und einen stabileren Blutdruck haben.

Für den Hormonhaushalt

Ausschüttung von Oxytocin – das Hormon für Entspannung, Verbundenheit und Geborgenheit und regelmäßiges Singen kann den Cortisol-Spiegel (Stresshormon) senken und das Immunsystem stärken.

Frauen, die viel mit ihrer Stimme arbeiten, haben außerdem einen ausgeglichenen Östrogen- und Progesteron-Haushalt.

Das wirkt sich positiv auf den Zyklus, die Menstruation und die Libido aus.

Für deine Gefühle

Der eigene freie Klang gibt uns ein Gefühl von Identität, Selbstsicherheit und Erdung – besonders wenn wir ihn bewusst aus dem Bauch oder Beckenraum holen.

Key Insight

Summen, Tönen und Singen helfen, Angstzustände zu reduzieren und das Nervensystem aus einer Stressreaktion herauszuführen.

HOLISTISCHE ÜBUNG

Vulva Voice Soft Opening

Diese Übungen sind nicht nur für Sängerinnen. Sie sind für jede Frau, die spüren will, wie kraftvoll ihre Stimme ist – nicht nur nach außen, sondern auch nach innen.

Tieftönen im Schmetterlingssitz

Der Schmetterlingssitz hilft, das Becken zu öffnen. Jetzt verbinden wir ihn mit Klang.

- Setze dich mit aufrechter Wirbelsäule hin, bringe die Fußsohlen aneinander.
- Atme tief in deinen Bauch und lasse beim Ausatmen einen tiefen Ton erklingen, z. B. ein langes »Ooooh«.
- Spüre, wie die Vibration durch deinen Beckenraum fließt.

Kiefer- und Beckenboden-Entspannung

- Lege eine Hand auf deinen Unterbauch, die andere an deinen Kiefer.
- Atme tief ein, öffne beim Ausatmen sanft den Mund und seufze mit einem weichen »Aaaah«.
- Spüre nach – gibt es eine Verbindung zwischen diesen beiden Bereichen?

Summende Vulva-Vibration

Summen ist eine der kraftvollsten Methoden, um Spannung im Körper zu lösen.

- Lege eine Hand auf dein Herz, die andere auf dein Becken.
- Summ ein langes »Mmmm« und spüre, wo sich die Vibration in deinem Körper ausbreitet.
- Stelle dir vor, dass dein Schoßraum sanft mitschwingt.

Schönheitsideale – Einschränkung des freien Ausdrucks

Schönheitsideale sind nicht nur ein ästhetisches Konstrukt, sie beeinflussen, wie wir uns bewegen, sprechen und unsere Stimme in der Welt nutzen. Unsere Mimik wird kleiner, unsere Bewegungen zu kontrolliert. Wir passen uns an, halten fest, nehmen uns zurück – manchmal, ohne es überhaupt zu bemerken.

Ich bin selbst nicht frei davon, aber ich habe das Glück viel freier zu sein als der Großteil der Gesellschaft, in der ich lebe. Immer wieder gibt es Momente, in denen ich mich erinnere und rückverbinde: Was fühle ich? Was möchte ich sagen? Was möchte ich in die Welt bringen? Und genau das ist der Punkt: Wenn unser Ausdruck durch Angst, Scham oder äußere Erwartungen geformt wird, sind wir nicht wirklich frei.

Schönheitsideale sind ein Käfig für die Stimme

Unsere Stimme ist ein körperliches Instrument. Sie braucht Raum, um frei zu schwingen. Doch wenn der Körper festhält – durch Unsicherheit, Selbstzweifel oder den Wunsch, bestimmten Idealen zu entsprechen – dann wird auch die Stimme eng. Ich sehe es in meiner Arbeit mit Klientinnen immer wieder:

- Die Schultern sind angespannt.
- Der Bauch ist eingezogen.
- Der Po ist fest.
- Der Kiefer hält fest.
- Die Stimme wird eng, klein, kratzig und arbeitet mit zu viel Druck.

Das alles verhindert, dass die Stimme resoniert – dass sie in Einklang mit unserer Wahrheit, unserem inneren Raum und unserem Ausdruck kommt.

Mut zur »Hässlichkeit«

Ich setze »hässlich« bewusst in Anführungszeichen. Denn was bedeutet das eigentlich? Ist es hässlich, Grimassen zu schneiden? Ist es hässlich, eine bewegte, ausdrucksstarke Mimik zu haben? Sind Falten hässlich? Oder sind sie Ausdruck eines gelebten Lebens, einer Präsenz, die größer ist als ein normiertes Ideal?

Ich erinnere mich an eine Schauspielerin, die ich als junge Frau am Theater bewunderte. Sie war über sechzig, eine erfahrene, starke Frau mit einer vollen, resonanten Stimme. Sie trug große Ohrringe, hatte rötliches Haar, ging aufrecht und nahm ihren Raum. Ihre Falten machten sie nur noch schöner, weil sie Ausdruck, Geschichte und Tiefe trugen. Sie wirkte so selbstverständlich in sich, so sinnlich, so präsent.

Das war für mich ein Aha-Moment. Schönheit ist kein glattes Gesicht. Schönheit ist, wenn eine Person sich selbst annimmt, ihre Stimme mit vollem, resonantem Klang in die Welt gibt.

Ich merke bei mir selbst, dass Schönheitsideale oft in Verbindung mit Männern stehen. Natürlich hat das auch mit meiner eigenen Biografie zu tun, mit dem System, in dem wir aufgewachsen sind, und mit kollektiven Erwartungen. Doch ich bin mir dessen bewusst. Und genau darum geht es – hinzufühlen.

Sich selbst zu fragen: Wo ist meine Wahrheit? Wo ist meine Intention? Wie kann ich meinen eigenen Ausdruck von Schönheit finden – frei von dem, was andere von mir erwarten?

Wenn wir beginnen, uns selbst Raum zu geben, dann verändert sich alles. Die Stimme wird freier. Der Körper entspannt sich. Die Resonanz mit uns selbst und anderen vertieft sich. Und wir finden eine Schönheit, die nicht gemacht, sondern gelebt wird.

Ich wünschte, ich könnte meinem Teenager-Ich sagen: Du bist so schön. Genau so, wie du bist. Du musst dich nicht anpassen, nicht kleiner machen, nicht warten, dass jemand von außen dir sagt, dass du genug bist.

Und ich weiß, dass so viele Frauen genau das hören müssen. Deshalb tue ich, was ich tue. Mit jedem Post, den ich auf Instagram teile. Mit jedem Seminar, das ich gebe. Mit jeder Frau, die in meinen Ausbildungen sitzt und spürt, wie ihre Stimme sich befreit.

Tief in meiner Arbeit liegt der Wunsch, die weibliche Stimme, den weiblichen Ausdruck, die weibliche Kraft zu befreien.

Nicht für ein äußeres Ideal, nicht um jemand anderem zu gefallen – sondern um bei sich selbst anzukommen.

Ich möchte, dass jede Frau sieht, wie wunderschön sie ist, genau so, wie sie ist. Dass sie keine Kompromisse eingeht, die ihre Kraft mindern. Dass sie nichts akzeptiert, was sie nicht empowert, unterstützt und bestärkt. Dass sie aufhört, sich für ihre Imperfektionen zu schämen – denn genau die machen sie wunderschön, einzigartig und lebendig. Und ich meine das aus tiefstem Herzen.

Ich wünsche mir, dass du siehst, wie kraftvoll, wie wunderschön und wie sexy du bist, wenn du einfach du selbst bist.

Geschichte, Zukunft und die weibliche Stimme

Frauenstimmen im patriarchalen System

Die tragische Geschichte der weiblichen Stimme im patriarchalen System unserer Gesellschaft ist eine, über die kaum gesprochen wird. Sie ist so alltäglich, so tief verankert, dass wir sie oft gar nicht hinterfragen. Eine Tragik, die über Generationen hinweg weitergegeben wurde – subtil, aber wirkungsvoll. Sie beginnt schon in unserer Kindheit, mit den Märchen, die wir hören, den Filmen, die wir schauen, den Büchern, die wir lesen.

Uns wird beigebracht, dass wir als Frau erst dann vollständig sind, wenn uns ein Mann liebt. Dass unser Wert, unser Glanz, unsere Schönheit und unsere Bedeutung davon abhängen, ob wir von einem Mann erwählt werden. Wir wissen es vielleicht rational besser, lesen feministische Bücher, sprechen über Unabhängigkeit. Wir verdienen unser eigenes Geld, bauen unsere eigene Welt auf. Und trotzdem gibt es in so vielen von uns diesen unbewussten Anteil, der sich nach der Bestätigung eines Mannes sehnt – nicht weil wir schwach sind, sondern weil wir es so gelernt haben.

Wir wachsen mit Geschichten auf, die uns lehren, dass der männliche Blick entscheidet, ob wir wertvoll sind. Dass der Mann die Frau rettet, dass die Liebe des Mannes das ultimative Ziel ist. Selbst in modernen Geschichten, in denen Frauen vermeintlich stark und unabhängig sind, bleibt der

Subtext bestehen: Die wahre Erfüllung kommt erst, wenn »der Richtige« dich sieht und erwählt.

Doch was, wenn dieses ganze Narrativ ein fataler Irrtum ist? Männer wurden in einer anderen Frequenz sozialisiert. Sie wurden nicht mit der gleichen Feinfühligkeit, dem gleichen intuitiven Zugang zu Emotion und Energie großgezogen. Stattdessen wurde ihnen beigebracht, dass Macht bedeutet, nicht zu fühlen. Dass Klarheit etwas ist, das sie nicht geben müssen. Dass Frauen sich anpassen werden. Dass sie für Care-Arbeit und Mental Load nicht verantwortlich sind. Dass Treue etwas ist, das optional bleibt, solange die Frau sich weiter um alles kümmert.

Und die Frauen? Sie zweifeln an sich selbst. Sie fragen sich, warum sie nicht genug sind. Warum sie nicht »richtiger«, »leiser«, »entspannter« oder »weniger emotional« sein können, damit er bleibt, damit er sie wählt, damit er klar wird.

Wir leben in einer Zeit, in der diese Disharmonie immer sichtbarer wird. Es fühlt sich an wie eine Krankheit, die sich durch unsere Gesellschaft zieht. Eine kollektive Dysregulation, eine Angst vor wahrer Begegnung. Davor, sich wirklich zu öffnen. Die Angst davor, hinzuhören – nicht nur mit den Ohren, sondern mit dem ganzen Körper, mit dem Herzen und davor, in Resonanz zu gehen mit dem, was wirklich ist. Genau deshalb wünsche ich mir, dass Frauen aufhören zu warten. Dass sie sich vollwertig fühlen – mit oder ohne Mann. Dass sie sich als vollständig erfahren und verbunden fühlen mit ihrer eigenen Kraft, ihrer eigenen Frequenz, ihrer Sexualität. Ich wünsche mir, dass sie nicht mehr die sind, die sich kleiner machen, um eine Verbindung aufrechtzuerhalten. Sondern dass alles, was nicht auf ihrer Frequenz ist, sich darum bemühen muss, auf ihre Höhe zu kommen.

Ich möchte, dass Männer – oder jede andere Person, die sich angesprochen fühlt – aufhören, sich von der weiblichen Kraft eingeschüchtert zu fühlen, und beginnen, sie zu verstehen. Sich bemühen, mit ihr zu wachsen, statt sie zu kontrollieren. Dass sie begreifen, dass Intuition, Emotionalität, Gefühlstiefe keine Schwächen sind, sondern eine Stärke, die getragen werden muss, nicht abgewertet. Dass wir aufhören, uns als Frauen zu drosseln, damit er sich nicht verunsichert fühlt.

Denn genau das ist es, was uns als Gesellschaft kleinhält. Wie sollen wir wachsen, wenn eine Hälfte der Menschheit sich immer wieder zurücknimmt? Wenn wir kollektiv glauben, dass das sanfte, intuitive, emotionale Wissen der Frau weniger wert ist als die kühle Rationalität? Dass das lineare, zielgerichtete Denken über der zyklischen Weisheit steht und Kontrolle über Hingabe?

Wir können nicht wachsen, solange wir unterdrücken und besitzen wollen, was uns eigentlich trägt.

Und es ist an der Zeit, diesen Kreislauf zu durchbrechen. Nicht, indem wir gegen etwas kämpfen. Sondern indem wir unser eigenes Licht so hochdrehen, dass es nicht mehr zu übersehen ist, unsere Stimme freilegen und nutzen, sodass sie nicht mehr überhört werden kann. Indem wir uns nicht mehr kleiner machen – weder in unserer Stimme noch in unserer Präsenz oder in unserem Sein.

Denn wir sind nicht hier, um angepasster zu werden. Wir sind hier, um eine neue Frequenz zu setzen. Eine Frequenz, in der Frauen nicht mehr um ihren Platz bitten müssen. Sondern sich einfach nehmen, was schon immer ihnen gehört hat.

Die Stimme der Frau geht uns alle etwas an.

Scham – Weg zur Selbstermächtigung

Ich habe früh gelernt, dass meine Stimme eine Gratwanderung ist.

- Zu laut – du bist bedrohlich.
- Zu leise – du bist unsichtbar.
- Zu sexy – du bist ein Objekt.
- Zu aggressiv – du bist eine Bedrohung.

Diese Lektionen waren nicht abstrakt. Sie waren real. Sie waren die Luft, die ich atmete, während ich in der Hip-Hop-Szene versuchte, mir einen Platz zu erkämpfen. Sie waren die Blicke, die mich musterten, die Stimmen, die mir sagten, wie ich sein sollte, die Hände, die zu weit gingen. Sie waren die Geschichten meiner Mutter, die als alleinerziehende Frau ständig sexuelle Übergriffe abwehren musste. Sie waren die gesellschaftlichen Muster, die tief in meine eigene Körperhaltung, in meinen Atem, in meine Stimme eingraviert waren.

Ich bin in den 90ern aufgewachsen: einer Zeit, in der Frauen auf Hochglanzmagazinen retuschiert wurden, in Musikvideos halbnackt um Männer herumtanzten und in Filmen meist nur eines sein durften: begehrenswert, gefügig, dekorativ.

Wir haben damals nicht hinterfragt, warum es so war. Warum Frauen in der Popkultur vor allem als Objekte dargestellt wurden. Warum ihre Stimmen entweder süß und sexy oder laut und schrill sein mussten – aber nie einfach echt. Und natürlich war es das Gleiche in Pornos. Frauen waren vielleicht laut, aber nur so, wie der Mann es auch mochte. Wir sind in einer Generation aufgewachsen, in der

Frauen gelernt haben, dass ihre Stimme nur dann gehört wird, wenn sie sich in ein bestimmtes Bild einfügt:

- nicht zu fordernd.
- nicht zu ungehalten.
- nicht zu unbequem.

Und wenn doch? Dann war sie entweder »zu zickig« oder »zu viel«.

Diese Konditionierung ist kein Zufall. Sie ist ein jahrhundertealtes System, das sich durch jede Generation zieht – und in den 90ern und 2000ern eine neue Verpackung bekam: das scheinbar befreite, hypersexualisierte Frauenbild, das nichts mit echter Selbstermächtigung zu tun hatte. Frauen in den 90ern waren begehrt, aber nicht gehört.

Wenn wir uns die Popkultur der 90er anschauen, dann sehen wir ein klares Muster:

- Frauen wurden nicht für ihre Stimme bewundert, sondern für ihr Aussehen.
- Weibliche Sängerinnen wurden auf ihr Sex-Appeal reduziert, während männliche Künstler ernst genommen wurden – selbst, wenn sie weniger Talent hatten.
- Schauspielerinnen mussten jugendlich, begehrenswert und »pflegeleicht« sein, um Karriere zu machen.

In dieser Zeit haben wir gelernt, dass die weibliche Stimme nur dann Platz hat, wenn sie Männern dient. Dass Frauen laut sein dürfen – aber nur sexy laut. Dass Frauen Nein sagen dürfen – aber besser nicht zu oft, sonst gelten sie als kompliziert. Dass Frauen in Beziehungen nicht nur Liebe geben, sondern bitte auch emotional versorgen und sich anpassen. Auch jetzt gilt noch: Eine Frau, die sich Raum nimmt – mit ihrem Körper, mit ihrer Stimme – wird als gefährlich betrachtet. Warum? Weil sie sich der Kontrolle entzieht. Weil ihre Stimme nicht mehr nur ein Objekt ist, das betrachtet oder ausgebeutet werden kann.

Auch in der Kunst- und Musikwelt sehen wir dieses Muster noch immer: Eine Sängerin, die ihre Stimme mit Kraft nutzt, wird oft sexualisiert – als Objekt betrachtet, nicht als Künstlerin. Frauen in der Musikindustrie werden entweder als »unschuldig« oder als »provokant« vermarktet. Ein freier, kraftvoller Ausdruck, der nicht in ein Schema passt, wird als irritierend empfunden. Eine Künstlerin, die ihre Stimme erhebt, wird entweder begehrt oder als Bedrohung wahrgenommen – beides reduziert sie auf das, was andere in ihr sehen wollen.

Das spiegelt sich auch in den Erwartungen an Frauen im Alltag wider:

- Eine Frau, die laut spricht, ist »schrill«.
- Eine Frau, die ihre Meinung sagt, ist »aggressiv«.
- Eine Frau, die performt, ist »ein sexuelles Wesen«.

Wenn wir über Stimme, Unterdrückung und weiblichen Ausdruck sprechen, kommen wir an der Geschichte von Camille Claudel nicht vorbei. Eine Frau, die in einer Zeit lebte, in der Männer nicht nur die Kunstwelt dominierten, sondern auch darüber entschieden, welche Frauen gehört – oder eben nicht gehört – wurden.

Camille war eine brillante Bildhauerin. Sie traf als junge Frau auf Auguste Rodin, der bereits ein gefeierter Künstler war. Aus ihrer Begegnung wurde mehr: sie wurde seine Muse, Geliebte, Mitgestalterin seiner Werke – und eine ernstzunehmende Künstlerin mit ganz eigener Handschrift. Doch statt als gleichwertige Kollegin anerkannt zu werden, blieb sie im Schatten seines Ruhms. Wie so oft bei Frauen, die eigentlich zu groß, zu frei, zu kraftvoll sind, um nur Anhängsel zu sein.

Rodin versprach ihr viel. Doch das Versprechen, sie zur einzigen Schülerin zu machen, wurde nie eingelöst. Die Beziehung zerbrach – und mit ihr ein Teil von Camille. Sie zog sich zurück, kämpfte mit psychischen Spannungen, die vielleicht auch das Ergebnis eines Systems waren, das Frauen wie sie lieber wegsperren wollte, als ihnen Raum zu geben. Statt für ihr Talent gefeiert zu werden, wurde sie zur »Hysterischen« erklärt – ein Wort, das so viele Frauen über Jahrhunderte in den Wahnsinn treiben sollte. Ihre Familie ließ sie in eine psychiatrische Klinik einweisen, in der sie über dreißig Jahre ihres Lebens verbrachte. Eingesperrt. Obwohl die Ärzte mehrmals schrieben, dass es keinen medizinischen Grund mehr gab, sie festzuhalten.

Wenn man sich eines ihrer Werke anschaut – »Das reife Alter« –, sieht man, wie sehr sie gefühlt hat. Die kniende, flehende Frau, der Mann, der sich abwendet, das Ringen zwischen Hingabe und Selbstverlust. Es ist ein Kunstwerk, das berührt, weil es so ehrlich ist. Weil es von einer Frau kommt, die ihre Wahrheit in Stein gemeißelt hat.

Camille Claudel war keine Hysterikerin. Sie war kraftvoll, empfindsam, leidenschaftlich. Eine Frau mit einer eigenen Stimme, die nicht nur künstlerisch, sondern menschlich gesehen und gehört werden wollte. Und weil das System keine Frau duldete, die so stark fühlte, wurde sie weggesperrt. Ausradiert.

Doch heute ist sie nicht vergessen. Heute sprechen wir über sie. Heute holen wir sie zurück. Und mit ihr all die Stimmen, die zu viel fühlten, zu laut waren, zu echt waren – für eine Welt, die lieber schweigende Frauen hatte. Die Geschichte von Camille ist ein Spiegel. Und sie ist ein Aufruf: Lass dir deine Stimme nicht nehmen – egal, wie sehr sie andere verunsichert. Lass dich nicht wegsperren. Nicht körperlich, nicht emotional, nicht energetisch. Du hast das Recht, gehört zu werden. So wie du bist.

Camille Claudel steht nicht allein. Ihre Geschichte ist eine von vielen – Frauen, die nicht in Schubladen passten, die zu wild, zu leidenschaftlich, zu kraftvoll waren, zu tief geliebt haben. Frauen, die nicht nur Kunst machten, sondern sich selbst zur Kunst erklärten, weil sie wussten, dass ihr Ausdruck kein Bonus ist, sondern ihr Überleben sichert.

Frida Kahlo war auch so eine Frau. Sie wurde körperlich zerbrochen – durch einen Busunfall mit achtzehn Jahren, durch die vielen Operationen, durch ein Leben in Schmerzen. Und trotzdem hat sie sich nie brechen lassen. Ihr Körper war ihr Gefängnis und ihre Leinwand zugleich. Sie hat sich selbst gemalt. Immer wieder. Nicht um zu gefallen, sondern um zu überleben. Um zu sagen: Ich bin da. Ich bin real. Ich blute. Ich leide. Ich liebe. Ich begehre. Frida war laut, auf ihre ganz eigene Art. Politisch. Wild. Direkt. Sie trug Männerkleidung, dann wieder die traditionellen Kleider mexikanischer Indígena-Frauen, sie hatte Affären mit Männern und Frauen, liebte Diego Rivera und hasste ihn zugleich, immer im Spannungsfeld zwischen Hingabe und Selbstbehauptung. Sie war nicht angepasst – sie war revolutionär. In ihrer Liebe. In ihrer Kunst. In ihrer Präsenz.

Und ja – Frauen zahlen dafür, wenn sie ihren Platz einfordern. Mit Isolation, Ablehnung, Verrat. Mit diesem uralten Label: zu viel, zu intensiv, zu emotional. Zu frei. Aber genau diese Frauen inspirieren. Ihre Werke hängen in Museen, ihre Zitate werden auf T-Shirts gedruckt, ihre Gesichter auf Notizbücher. Frauen, die ihren Raum einnehmen, verändern etwas. Weil sie etwas verkörpern, das uns für immer bewegt: den Mut, sich nicht kleiner zu machen als sie sind.

Wir dürfen niemals vergessen: Viele der Frauen, die wir heute bewundern, wurden zu ihrer Zeit bekämpft, verspottet oder verbannt. Und deshalb ist es unsere Aufgabe, nicht nur ihre Kunst, ihre Lieder, sondern auch ihre Stimme weiterzutragen. Laut. Unbequem. Mitten ins Herz. Denn wenn wir das tun, dann geben wir auch uns selbst die Erlaubnis, ganz da zu sein. Mit unserer Wut, unserer Lust und unserem Schmerz. Mit unserer Kraft. Und mit unserer Liebe.

Und vielleicht berühren mich die Geschichten von Camille Claudel und Frida Kahlo auch deshalb so sehr – weil sie etwas in mir zum Schwingen bringen, etwas, das ich kenne.

Ich bin selbst mit Kunst groß geworden. Meine Mutter: Künstlerin. Mein Vater: Bildhauer. Sie haben sich im Kunststudium in Südafrika kennengelernt. Zwei Menschen mit Vision, Kreativität, Leidenschaft und ganz unterschiedlichen Wegen. Mein Vater ging. Meine Mutter blieb. Sie hat uns drei Kinder großgezogen – allein. Ohne Netz, Sicherheit oder doppelten Boden. Mit Phasen, in denen sie nicht wusste, wie sie den nächsten Einkauf stemmen sollte. Und trotzdem war da immer etwas Unbeugsames in ihr. Eine leise, unbeirrbare Kraft.

Ich erinnere mich, wie ich als Kind durch ihr Atelier gestapft bin. Der Geruch von Leinöl, überall Pinsel, Farben, unfertige Werke. Ihre Hände waren oft rau und voller Farbe, ihre Gedanken woanders – bei ihren Bildern, bei der nächsten Idee. Und zugleich war da diese bedingungslose Liebe, dieses Dasein, dieses Kämpfen. Für uns. Für sich. Für ihren Ausdruck. Sie hat ihre Stimme vielleicht nicht immer laut eingesetzt. Aber sie war da – in ihren Bildern. In ihrem Blick. In der Art, wie sie uns Kinder angeschaut hat, wenn wir auf der Bühne standen, getanzt, gesungen, getobt haben. Sie hat uns nie gebremst. Sie hat uns Raum gegeben. Und bestimmt ist das der Ursprung von all dem, was ich heute tue.

Vielleicht arbeite ich mit der Stimme, weil ich gelernt habe, dass Kunst ein Zuhause ist. Und dass Stimme Kunst ist. Vielleicht ist mein tiefster Ruf, Frauen zu erinnern, dass sie sich ausdrücken dürfen. Dass sie alles sein dürfen – wild, roh, laut, leise, zart, heftig. Dass sie nicht ihre Lust zügeln, ihre Wut verstecken oder ihre Stimme runterschlucken müssen. Weil ich gesehen habe, was es bedeutet, sich selbst treu zu bleiben. Was es kostet, wenn man es nicht tut. Und dafür bin ich sehr dankbar.

Humor und weibliche Stimmen

Für mich ist Humor in meiner Arbeit und in meinem Privatleben pure Medizin. Wenn es mir schlecht geht – wenn das Leben zu viel wird, wenn der Schmerz zu groß ist, wenn ich das Gefühl habe, unter all den Erwartungen, Zuschreibungen und Erinnerungen zu ertrinken – dann schaue ich Stand-up-Comedy. Und zwar von Frauen. Frauen, die ihre Geschichte erzählen. Die das Patriarchat auseinanderschrauben, die Mutterschaft, Scham, Sex, Wut und das ganze verrückte Frausein in Pointen packen. Es bringt mich nicht nur zum Lachen – es bringt mich zum Heilen. Weil ich mich gesehen fühle. Weil ich spüre: Ich bin nicht allein.

Auch Frauen in der Comedy-Szene sahen sich und sehen sich oft mit erheblichen Herausforderungen konfrontiert. Ein Beispiel ist Elayne Boosler, die in den 1970er- und 1980er-Jahren als eine der wenigen Frauen im Stand-up-Bereich tätig war. Sie finanzierte 1985 ihr eigenes Comedy-Special »Party of One«, nachdem Fernsehsender ihr mitgeteilt hatten, dass niemand eine Frau sehen wolle, die eine Stunde Comedy macht.

Darüber hinaus berichten viele Komikerinnen von sexuellen Übergriffen und einem feindseligen Arbeitsumfeld. Jane Curtin, ein ursprüngliches Mitglied der »Not Ready for Prime Time Players« von »Saturday Night Live«, sprach darüber, dass weibliche Autoren mit erheblichen Schwierigkeiten konfrontiert waren, insbesondere wenn männliche Kollegen wie John Belushi aktiv gegen sie arbeiteten. Belushi glaubte fundamental, dass Frauen nicht humorvoll seien, und sabotierte Stücke, die von Frauen geschrieben wurden.

Die Geschichte der weiblichen Comedy ist geprägt von Frauen, die trotz gesellschaftlicher Widerstände ihre Stimme erhoben und Humor als Mittel des Ausdrucks nutzten. Eine der frühesten bekannten Komikerinnen war Moms

Mabley, die als erste afroamerikanische Stand-up-Komikerin gilt. Ihre beliebteste Rolle war die als »Moms«, eine Frau mittleren Alters, die offen über zur damaligen Zeit kontroverse Themen wie Rassismus und weibliche Sexualität sprach.

Eine weitere Komikerin war Phyllis Diller Sie war für ihren selbstironischen Humor bekannt, der oft ihre vermeintlichen Unzulänglichkeiten als Hausfrau und Ehefrau thematisierte. Ihre Darbietungen öffneten Türen für nachfolgende Generationen von Komikerinnen. Bis in die 2000er-Jahre hinein schien es aber in der Comedy-Welt oft nur Platz für eine erfolgreiche Frau zur gleichen Zeit zu geben. Dieses »Ein-Frau-Prinzip« förderte Konkurrenzdenken und erschwerte Solidarität unter Komikerinnen. Diese künstliche Verknappung von Möglichkeiten führte dazu, dass Frauen gegeneinander ausgespielt wurden, anstatt gemeinsam für mehr Sichtbarkeit und Gleichberechtigung zu kämpfen.

Humor ist ein unverzichtbares Werkzeug – nicht nur in der Comedy, sondern auch in der traumasensiblen Arbeit, der Persönlichkeitsentwicklung und im Feminismus. Gerade in der Arbeit mit der weiblichen Stimme spielt Humor eine essenzielle Rolle. Er hilft uns, Schwere zu transformieren, Spannung abzubauen und Themen, die oft als »unangenehm« oder »tabu« gelten, auf eine Art zu präsentieren, die zugänglich und einladend ist. Besonders im Feminismus kann Humor eine Brücke bauen. Viele Männer hören Frauen erst dann zu, wenn sie auf eine Art und Weise kommunizieren, die nicht direkt als »Bedrohung« für das System wahrgenommen wird – und genau hier kann Humor einen intelligenten Trick darstellen. Durch Satire, Ironie und spielerischen Witz können wir tiefgreifende Missstände aufzeigen, ohne dass sich unser Gegenüber sofort in die Defensive begibt. Heute sehen wir immer mehr Stand-up-Komikerinnen, die mutig über Themen wie Mutterschaft, Ungleichberechtigung, weibliche Lust und gesellschaftliche Doppelstandards sprechen – Themen, die lange als »unangebracht« galten. Ihre Bühnenpräsenz zeigt, dass feministische Inhalte in der Comedy nicht nur Platz haben, sondern auch ein Publikum erreichen, das diese Themen sonst vielleicht nicht so bewusst reflektieren würde.

Humor ist daher nicht nur eine Ausdrucksform, sondern eine Art Widerstand. Eine Form der Befreiung. Eine Möglichkeit, unserer Stimme Gehör zu verschaffen und gleichzeitig Leichtigkeit in ernste Themen zu bringen. Denn Lachen verbindet und öffnet – genau das brauchen wir, um den gesellschaftlichen Wandel aktiv zu gestalten.

Ich werde auf das Thema Humor auch im Kapitel über traumasensible Arbeit eingehen, denn eine Art inneres Lächeln, ein Öffnen für neue Perspektiven ist nicht nur essenziell für unseren individuellen Heilungsweg, sondern auch für uns als Gemeinschaft, als Kollektiv, als Gesellschaft. Lachen ist eine der tiefsten Formen der Verarbeitung. Es ist eine Möglichkeit, Spannung aus dem Körper zu lösen, neue Blickwinkel zu integrieren und selbst in den dunkelsten Zeiten eine Tür zur Befreiung zu öffnen.

In der traumasensiblen Arbeit ist es entscheidend, das Nervensystem sanft durch herausfordernde Emotionen zu begleiten – und Humor kann genau das tun. Er gibt uns die Erlaubnis, durch die Schwere zu atmen, ohne sie zu negieren.

Wenn wir uns die Geschichte der weiblichen Stimme ansehen, erkennen wir auch hier wieder das Muster der Unterdrückung. Frauen, die ihre Stimme humorvoll, laut und direkt nutzen – sei es auf der Bühne, in der Politik oder in den Medien – werden bis heute oft kritisiert, verspottet oder nicht ernst genommen. Sie werden entweder als unweiblich, verbittert oder »zu viel« wahrgenommen. Das Phänomen, dass es in der Comedy lange Zeit immer nur »eine« Frau gab, während Männer die gesamte Szene dominierten, zeigt, wie tief dieses Muster verankert ist. Genau deshalb ist es so wichtig, dass Frauen sich trauen, auf die Bühne zu gehen – ob im Comedy-Bereich oder auf anderen gesellschaftlichen Plattformen. Humor ist eine Waffe des Wandels. Eine Möglichkeit, ernste Themen so zu verpacken, dass sie durchdringen, aufrütteln und Gehör finden. Er zeigt uns auf unterhaltsame Weise die Absurditäten unseres Systems, dekonstruiert patriarchale Strukturen und gibt der weiblichen Stimme eine Plattform.

Die Stimme der Frau wurde über Jahrhunderte unterdrückt, verstümmelt, missbraucht – und genau deshalb braucht es eine Veränderung. Mehr Sichtbarkeit. Mehr Frauen, die sprechen, singen, lachen und sich zeigen. Und wenn wir dabei noch lachen können, dann umso besser – denn jede echte, freie Stimme ist ein Akt der Revolution. Es gibt kein neutrales Terrain für die Stimme der Frau. Doch genau deshalb ist es so wichtig, dass wir unsere Stimmen bewusst nutzen.

Stimme als Befreiung – Ein Statement setzen

Ich weiß, wie es sich anfühlt, wenn die eigene Stimme nicht ernst genommen wird. Ich weiß, wie es ist, wenn Männer entscheiden, wie laut, wie sexy, wie aggressiv ich sein darf. Doch ich habe auch erlebt, was passiert, wenn Frauen ihre Stimme für sich selbst zurückholen. Wenn sie beginnen, ihren Körper nicht als Last oder Gefahr, sondern als Quelle von Kraft zu begreifen. wenn sie genau das tun, was sie möchten, was für sie authentisch ist. Wenn sie merken, dass ihre Stimme nicht nur da ist, sondern Ausdruck, Widerstand, Heilung. Das ist keine Einladung zur Anpassung. Es geht nicht darum, »richtig« laut zu sein oder sich auf eine bestimmte Art zu präsentieren. Es geht darum, deine Stimme bewusst zu nutzen – als Werkzeug der Selbstermächtigung.

- Wenn du tief atmest und tönst, sendest du eine Botschaft an dein Nervensystem: Ich bin sicher. Ich bin hier. Ich bin lebendig.
- Wenn du singst oder sprichst, ohne dich zurückzunehmen, erweiterst du den Raum, den du für dich beanspruchst.
- Wenn du deine Stimme findest – sei es auf einer Bühne, in einem Gespräch, in deinem Alltag – erschaffst du eine neue Realität.

Eine Frau, die ihre Stimme erhebt – sei es durch Worte, durch Gesang, durch die bloße Weigerung zu schweigen – ist keine Gefahr. Sie ist frei.

Frauen lernen oft nicht, wie man klar Nein sagt. Nicht weil wir es nicht wollen, sondern weil es uns von klein auf anders beigebracht wird. Wir lernen früh, dass unsere Grenzen verhandelbar sind. Dass unser Nein oft nicht reicht. Dass wir erst Begründungen liefern müssen, erst Verständnis zeigen, erst abwägen sollen, bevor wir einfach nur sagen: »Das will ich nicht.« Genau das ist das Problem, wir müssen unserer Weiblichen Wut unsere Stimme geben.

Befreiung statt Last

Das ganze Buch ist eigentlich eine Aufdeckung von konditionierter Scham. Diese Scham umhüllt uns, sie ist in unserer Stimme, in unserem Körper, in den Blicken, die wir vermeiden, in den Worten, die wir nicht aussprechen. Sie ist da, von klein auf eingeprägt, von Familie, Schule, Gesellschaft, Partnerschaften. Sie ist wie ein unsichtbares Korsett, das unsere Bewegungen und Stimme einschränkt. Wir schämen uns, wenn wir zu sexy sind. Wir schämen uns, wenn wir zu brav sind, wenn wir genießen, wenn wir wütend sind.

Wir schämen uns, wenn wir weinen, und wir schämen uns, wenn wir Nein sagen. Die Liste ist endlos.

Vor Kurzem saß ich mit einer Freundin – eine Frau in ihren Fünfzigern – in einem Restaurant. Wir gönnten uns Champagner, Hummer, Wein. Wir sprachen über Scham. Über die Selbstverständlichkeit des Mannes, einfach zu sein, während wir Frauen uns immer wieder anpassen, zurückhalten, abmildern. »Du kannst dir gar nicht vorstellen, wie viele Männer einfach durch die Welt laufen, als hätten sie ein Recht darauf, sie zu besitzen«, sagte sie und lachte. »Die wissen gar nicht, was Scham ist.«

Ich erzählte ihr von einem Mann, den ich getroffen hatte. Ein Latino, Kinky-Party-Gänger, voller Selbstbewusstsein. Wir hatten Sex, und ich ließ mich einfach fallen. Mein Körper war völlig präsent, meine Lust frei. Und dieser Mann? Er kannte es nicht. Er war es gewohnt, dass Frauen performen, sich anpassen. Mein ungeschönter, natürlicher Ausdruck war für ihn faszinierend – und gleichzeitig verstörend.

Beim zweiten Mal sagte er mir, dass er es schön fände, wie sehr ich bei mir bin. Aber dass ihm etwas fehle: mehr Bewunderung – für ihn. Dann kam die Sprachnachricht einen Tag später. Sieben Minuten lang. Und darin erklärte er mir, dass ich ihm »meinen Allerwertesten hätte anbieten sollen«. Weil er beim zweiten Mal nicht gekommen sei.

Die Audacity. Die Frechheit. Ich bin immer noch verblüfft darüber.

Ich erzählte meiner Freundin von dieser Nachricht, und es ließ sie nicht mehr los. Die Selbstverständlichkeit, mit der Männer fordern, die Unverfrorenheit, mit der sie sich die Welt nehmen – während Frauen immer noch darüber nachdenken, ob sie »zu viel« sind. Aber ich, Gwen, schäme mich nicht. Ich schäme mich nicht für meine Lust. Ich schäme mich nicht für meine Grenzen und nicht für meine Stimme. Das ist das Zentrum meiner Arbeit.

Wir Frauen wurden über Jahrhunderte hinweg systematisch in Scham getränkt. In Religionen, in der Familie, in der Gesellschaft. Doch Lust ist das Gegenteil von Scham. Lust ist Präsenz. Lust ist Lebendigkeit. Und wenn wir uns erlauben, uns zu nehmen, was wir brauchen – im Bett, in Beziehungen, in unserem Job, in unserer Stimme – dann gibt es kein Zurück. Lust bedeutet für mich nicht, mit jeder Person ins Bett zu springen. Lust bedeutet nicht, wahllos von einer Person zur nächsten zu wechseln. Lust bedeutet auch nicht, sich selbst in der Idee von Freiheit zu verlieren, wenn diese Freiheit eigentlich nur ein neuer Käfig ist. Lust beginnt mit dir, mit deinem Wert. Mit deinem Raum.

Genau hier liegt das Missverständnis: Viele Frauen denken, Feminismus bedeutet, wie Männer zu sein. Unverbindlich, wahllos, emotionslos. Feminismus bedeutet, zu wissen, was du willst – und es nicht zu verhandeln, es bedeutet der Wahrheit der Frau eine Stimme zu geben. Kollektiv und Individuell. Feminismus bedeutet nicht, alles über Bord zu werfen. Feminismus bedeutet, deine Wahrheit zu kennen – und sie nicht kleinzureden. Ich bin keine Befürworterin von Sprunghaftigkeit. Wenn ich einen Mann kennenlerne, dann will ich Exklusivität. Ich will ausgeführt werden und ich will gesehen und wertgeschätzt werden. Ich will, dass die Energie, die ich gebe, auch zurückkommt und ich stehe zu meiner Wahrheit und nehme meine Wahrnehmung sehr ernst.

DEINE WAHRHEIT ZU KENNEN, IST EIN FEMINISTISCHER AKT. DEINE BEDÜRFNISSE AUSZUSPRECHEN, IST EIN FEMINISTISCHER AKT. DEINE LUST ZU EHREN, IST EIN FEMINISTISCHER AKT.

Scham löst sich nicht durch Vermeidung oder Anpassung. Sie löst sich, wenn wir ihr direkt ins Gesicht lachen. Scham, ich lache dir ins Gesicht und sage: Nein, nein, nein und nochmal nein. Wenn wir unsere Stimme nicht klar für uns selbst einsetzen, wenn wir unser Nein immer wieder abmildern, anpassen, entschärfen, dann verlieren wir nicht nur unsere Kraft – wir verlieren die Verbindung zu uns selbst.

Über Jahrhunderte hinweg wurde Frauen das Recht auf ihre eigene Stimme, ihre Wahrheit und ihre Emotionen abgesprochen. Besonders ihre Wut – eine Emotion, die Grenzen setzt, Missstände aufzeigt und Veränderung anstößt – galt schon je her als gefährlich, weil sie unbequem ist. Anstatt Frauen ernst zu nehmen, wurde ihr emotionaler Ausdruck sogar als medizinisches Problem betrachtet. Der Begriff »Hysterie« stammt aus dem Griechischen (hystera = Gebärmutter) und basierte auf der Annahme, dass die Gebärmutter im Körper der Frau umherwandern könne und dadurch psychische »Störungen« verursache. Hallo?!

Die Lösung? Frauen sollten sich »beruhigen« – durch Heirat, Kinder oder »Behandlungen«, die sie wieder fügsam machten – ja, so tief sitzt es.

Im 19. und 20. Jahrhundert wurden Frauen, die als »hysterisch« galten – weil sie laut waren, sich gegen Gewalt wehrten oder einfach nicht in das gesellschaftliche Frauenbild passten – mit sehr fragwürdigen Methoden »therapiert«. Zwangseinweisungen in Irrenanstalten, in denen Frauen jahrelang interniert wurden, ohne dass ihr Wort Gehör fand oder Zwangsorgasmen durch Ärzte – weil man glaubte, ein »sexuell frustriertes« Nervensystem sei das Problem. Es brauchte nur einen Ehemann, einen Vater oder einen Bruder, der entschied, dass eine Frau »schwierig« oder »zu emotional« sei – und sie konnte weggesperrt werden. Eine Zeit, in der eine Frau ihre Wut zeigen durfte, gab es nicht. Die Botschaft war klar: Eine Frau, die ihre Stimme erhebt, ist eine Bedrohung.

Fühlst du wie wichtig deine Stimme ist? Ein Nein aus dem Körper heraus – Kein Kampf, sondern Klarheit. Grenzen zu setzen, bedeutet nicht, laut zu werden. Es bedeutet nicht, sich in eine verengte kämpferische, harte Energie zu begeben. Es bedeutet, die Wahrheit auszusprechen mit allem, was es dafür braucht. Das Patriarchat hat uns lange suggeriert, dass ein Nein nur dann Gewicht hat, wenn es mit Druck ausgesprochen wird. Dass wir uns beweisen müssen. Dass wir dominanter, durchsetzungsfähiger, strenger klingen müssen, um glaubwürdig zu sein. Lieblich, wie ein kleines Mädchen, oder so klingen müssen, wie ein Mann. Doch was wäre, wenn ein Nein aus reiner Selbstsicherheit kommt? Als klares, unverhandelbares Statement. Ein Nein, das nicht mit Druck kommt, aber mit voller Präsenz. Das aus dem Körper, aus dem Schoßraum kommt, statt aus der Angst, nicht gehört zu werden. Nur, wenn wir mit uns selbst verbunden sind, wenn wir unsere eigene Stimme im Körper wahrnehmen, können wir klar fühlen: Möchte ich hier wirklich Ja sagen? Oder ist mein wahres Nein noch irgendwo in mir versteckt? Dann wird die Stimme Verbindung zur eigenen Wahrheit. Sie ist eines der ehrlichsten Werkzeuge, die wir haben.

Die heilige Hure

Wenn wir über Stimme, über Schoßraum, über Weiblichkeit sprechen und Scham, kommen wir auch an einem Archetyp nicht vorbei: Die heilige Hure.

Die Frau, die sich ihrer Lust nicht schämt. Die in ihrer Sinnlichkeit nicht verdreht oder gebrochen wurde, sondern sie in Würde trägt. Die Frau, die ihre Stimme erhebt – aus dem Schoßraum heraus. Nicht um zu gefallen, sondern um die Welt zu erinnern:

MEINE LUST IST SACRED.
MEINE STIMME IST HEILIG.
MEIN KÖRPER IST EIN TEMPEL.

Die Geschichte von Maria Magdalena wurde im Laufe der Kirchengeschichte verzerrt, entheiligt, umgedeutet. Sie galt lange Zeit als Sünderin, als Hure, als Frau, die »erlöst« werden musste. Und genau da liegt das größte Missverständnis:

- Maria Magdalena war nie eine Frau, die bekehrt werden musste.
- Maria Magdalena war eine Eingeweihte. Eine Gefährtin von Jesus.
- Maria Magdalena war eine Frau, die heilte – mit ihren Händen, ihrer Stimme, ihrer Präsenz.

Sie wusste, wie tief der Zusammenhang zwischen Körper, Geist, Stimme und Energie ist. Im gnostischen Evangelium, das später von der Kirche unterdrückt wurde, wird Maria nicht als Hure, sondern als Vertraute beschrieben. Als Frau mit tiefer spiritueller Erkenntnis. Als Stimme der Weisheit. Sie war kein Objekt der Begierde, sondern Trägerin des weiblichen Wissens – das der Kirche zu gefährlich wurde.

Was macht also diese Angst aus – vor der heiligen Hure? Die Angst davor, dass eine Frau ihre Lust kennt. Dass sie weiß, wie sehr Stimme, Schoßraum und spirituelle Präsenz zusammengehören. Dass sie genießt – nicht um zu dienen, sondern weil ihre Lust ihr gehört. Dass sie spricht – nicht um zu erklären, sondern weil ihre Stimme die Kraft hat, zu befreien.

DIE HEILIGE HURE LEBT IN UNS ALLEN. SIE IST NICHT OBSZÖN. SIE IST WILD. SIE IST NICHT SCHAMLOS. SIE IST BEFREIT. SIE IST KEIN KONZEPT – SONDERN EIN ZUSTAND, DEN WIR ZURÜCKEROBERN.

Wenn du deine Stimme erhebst – tief aus deinem Becken, aus deiner Lust, aus deinem Herz – dann befreist du sie. Wenn du deinem Körper erlaubst, zu klingen, zu zittern, zu genießen – ohne Schuld – dann ehrst du sie. Wenn du dich traust, schön und animalisch, weich und wild zu sein – dann erinnerst du dich. Dann wirst du zur Verkörperung der heiligen Hure. Nicht im patriarchalen Sinne – sondern in deiner uralten, weiblichen Wahrheit. Und es braucht uns. Frauen, die ihre Stimme in den Schoß sinken lassen. Frauen, die sich erinnern,

- dass Lust kein Verbrechen ist,
- dass die Stimme ein Organ der Sinnlichkeit ist
- und dass Spiritualität nicht im Entsagen liegt – sondern im Verkörpern.

Wenn ich heute mit Frauen arbeite, dann höre ich die Spuren der Geschichte auch in ihren Stimmen. Ich sehe Frauen, die gelernt haben, leiser zu sprechen, sich zu arrangieren, weil sie nicht zu dominant wirken wollen, weil sie Angst haben, nicht geliebt zu werden. Ich sehe Frauen, die sich für ihre Meinung entschuldigen, bevor sie sie überhaupt aussprechen. Ich sehe Frauen, die sich nicht trauen, laut zu stöhnen, weil sie Angst haben, dass es zu viel ist. Und es ist nicht neu.

Ich bin christlich aufgewachsen. Und während ich dieses Buch schreibe, habe ich es noch nicht geschafft, aus der Kirche auszutreten. Vielleicht, weil es mir lange so vertraut war. Weil ich weiß, dass Spiritualität nicht gleich Religion ist. Vielleicht aber auch, weil ich zu faul bin oder weil ich mir selbst die Zeit gebe, all das zu hinterfragen. I'm not sure.

Ich frage mich aber: Was, wenn Religionen nicht nur entstanden sind, um spirituelle Antworten zu liefern, sondern auch um eine patriarchale Ordnung zu festigen? Was, wenn Religionen von Anfang an dazu dienten, die weibliche schöpferische Kraft – die Fähigkeit, Leben zu kreieren – zu kontrollieren und zu degradieren?

Möge jede Frau,
die dieses Buch liest,
ihre heilige Hure ehren.

Möge sie laut sein, lüstern, lachen, tief atmen.
Möge sie ihre Stimme befreien – aus den Zellen,
aus dem Schoß, aus den Knochen.
Und möge sie wissen – sie ist ganz.
Und ganz ist heilig.

In frühen Kulturen war das Weibliche oft das Zentrum des Göttlichen. Göttinnen wurden verehrt, Fruchtbarkeit und Geburt galten als heilige Mysterien. Frauen waren Heilerinnen, Seherinnen, Priesterinnen. Doch mit der Entstehung monotheistischer Religionen rückte der männliche Gott in den Mittelpunkt – und mit ihm die Abwertung des Weiblichen. Wenn wir uns ehrlich anschauen, was Religion über Jahrhunderte hinweg mit Frauen gemacht hat, dann können wir nur zu einem Schluss kommen: Frauen wurden systematisch zum Schweigen gebracht. Es gibt in fast allen mir bekannten heiligen Schriften so gut wie keine weiblichen Prophetinnen. Keine Frauen, die das Wort Gottes verkündeten. Keine Frauen, die ihre Weisheit als zentrale Führungsfiguren weitergaben. Ist es, weil Gott ein Sexist ist? Ist es, weil Gott das Patriarchat bevorzugt? Ich glaube nicht.

Was wir hier sehen, ist ein System, das nicht göttlich ist, sondern menschlich. Ein System, das bewusst Frauen ihre Stimme genommen hat. Und wenn Frauen doch vorkamen, dann entweder als Jungfrauen oder Sünderinnen. Als Heilige oder als Verführerinnen. Aber nie einfach als Menschen, mit ihrer vollen Kraft, ihrer Autorität, ihrer eigenen spirituellen Verbindung.

Maria durfte den Sohn Gottes gebären, aber nicht predigen. Eva wurde zum Sündenbock der gesamten Menschheit gemacht. Und die wenigen Frauen, die als weise oder prophetisch dargestellt wurden, sind Randnotizen in den Schriften.

Und doch sind es Frauen, die über Jahrhunderte hinweg Glaubensgemeinschaften getragen haben. Frauen, die beteten, die Heilung brachten, die spirituell verbunden waren. Die als Hexen verbrannt wurden, weil sie Kräuter nutzten und ihr Wissen weitergaben. Frauen, die in Klöstern Zuflucht suchten, weil ihnen die Welt draußen keinen Raum bot.

Misogynie – Rückeroberung unseres Raums

Misogynie – dieser tief sitzende, oft unsichtbare Frauenhass – ist nicht nur ein gesellschaftliches Konstrukt. Er schleicht sich auch ganz subtil in unsere persönlichen Beziehungen, in unsere Dynamiken, in unser Selbstbild. Und manchmal erkennen wir ihn erst, wenn wir schon mittendrin stecken.

Es gibt Untersuchungen, die zeigen, dass vor allem Männer, die sich selbst nicht als »genug« empfinden – sei es beruflich, emotional, körperlich oder in ihrem Selbstwert – oft Frauen herabsetzen, die in ihren Augen mehr strahlen, mehr leisten, mehr in ihrer Kraft stehen. Und diese Herabsetzung geschieht nicht immer laut. Manchmal ist es ein kleiner Kommentar über dein Aussehen. Ein Witz, der kein Witz ist. Eine spöttische Bemerkung über deine »Sensibilität« oder deine Stärke. Eine ironische Stimme, wenn du voller Freude von deinem Erfolg erzählst.

Es ist eine unbequeme Wahrheit, doch wenn wir genauer hinschauen, sehen wir es überall: Männer sind oft eifersüchtig auf Frauen. Nicht in dem klassischen Sinne, dass sie eine Frau sein möchten – aber auf eine tiefere, unbewusste Art. Sie sind eifersüchtig auf die Schönheit der Frau, auf ihre Schaffenskraft, auf ihre Fähigkeit, Leben zu gebären und zu nähren. Auf ihre emotionale Intelligenz, ihre intuitive Tiefe, ihre Fähigkeit, sich zu verwandeln und facettenreich zu sein.

Diese Eifersucht ist subtil, doch sie zeigt sich in unserer Geschichte. Sie zeigt sich darin, wie das System die Frau über Jahrhunderte kleingehalten hat. Sie zeigt sich in den Strukturen, die bis heute dafür sorgen, dass Frauen sich weniger sicher fühlen, dass sie ihre Stimmen leiser machen, dass sie lernen, sich zu entschuldigen, bevor sie sprechen.

Ein Mann kann einfach existieren. Er kann laut sein, ohne sich rechtfertigen zu müssen. Ein Mann wurde in dieser Gesellschaft nicht dazu erzogen, für seinen Raum zu kämpfen – er bekommt ihn einfach. Sein Dasein wird nicht infrage gestellt.

Frauen hingegen müssen sich jeden Zentimeter an Raum erstreiten. Ob es das Fitnessstudio ist, das Schwimmbad, das Restaurant, in dem sie allein essen gehen – überall gibt es Momente, in denen sie spüren, dass sie beobachtet, bewertet oder sexualisiert werden. Deshalb gibt es Frauensaunen, Mädchentreffs, Frauenhäuser. Doch anstatt diese Orte als das zu verstehen, was sie sind – sichere Rückzugsorte in einer Gesellschaft, die Frauen nicht selbstverständlich Schutz bietet – hört man Männer klagen, warum es so etwas für sie nicht gibt. Dabei wird eines übersehen: Frauen hatten nie die Selbstverständlichkeit des eigenen Platzes, sie mussten ihn erkämpfen. Und genau deshalb dürfen wir nicht darauf warten, dass uns unser Raum gegeben wird. Niemand wird uns die Bühne hinhalten. Niemand wird uns unsere Stimmen wiedergeben. Wenn wir darauf warten, dass das System sich von selbst ändert, dann werden wir verstummen. So, wie es schon so oft geschehen ist. Dann wird unser Raum enger und enger, bis wir innerlich ersticken – emotional, psychisch, gesellschaftlich.

All das hat seinen Ursprung in Misogynie. Und ja, auch wir Frauen sind davon betroffen – nicht nur als Empfängerinnen, sondern auch in der Art und Weise, wie wir uns selbst betrachten, wie wir andere Frauen bewerten, wie wir gelernt haben, unsere Kraft kleinzuhalten, damit wir nicht »zu viel« sind.

Ich sehe in meiner Arbeit so viele Frauen, die aus Beziehungen herauskommen, in denen sie nicht aufblühen, sondern sich verlieren. Ihr Cortisol-Level – also das Stresshormon – ist durchgehend erhöht, der Körper ist im Alarmzustand. Und wenn sie selbst wieder hinhören, sich mit ihrer

Stimme verbinden, ihre Wahrheit aussprechen – dann merken sie: Ich war nicht frei. Ich habe gehalten. Ich habe zu viel hinuntergeschluckt. Ich habe mich angepasst. Das ist nicht Liebe. Das ist System und Kontrolle.

Wir dürfen beginnen, anders zu wählen. Hinzuhören. Nicht nur mit den Ohren, sondern mit dem ganzen Körper. Was macht diese Beziehung mit mir? Was macht diese Verbindung mit meiner Stimme? Mit meinem Nervensystem?

Und dann zu sagen: Ich will mehr. Ich will Verbindung, die mich nährt. Ich will Beziehungen, die mich nicht kleinhalten, sondern mit mir wachsen. Ich will einen Raum, in dem ich leuchten darf – nicht trotz, sondern wegen meiner Kraft. Wegen meiner Stimme. Wegen meiner Präsenz.

Du bist nicht hier, um zu gefallen. Du bist hier, um du zu sein.

Das alles hat nichts damit zu tun, dass wir gegen Männer sind. Dieses Missverständnis hält sich hartnäckig – weil viele sich durch unsere Kraft bedroht fühlen. Weil wir gelernt haben, dass eine Frau, die für sich einsteht, automatisch gegen etwas ist. Aber das ist nicht die Wahrheit. Es geht nicht um »gegen«, sondern um »für«. Für die eigene Wahrheit. Für ein ehrliches Miteinander. Für tiefe, ehrliche Resonanz.

Ich möchte dir von einer Frau erzählen, die bei mir die Ausbildung zur Holistisch Stimmtherapeutischen Coachin gemacht hat. Sie hat zwei Kinder – eines im Alter von ungefähr zwölf und eines von sechs Jahren – und war verheiratet. Jahrelang lebte sie vor allem in der Rolle der Mutter. Ihr Mann finanzierte sie. Doch diese vermeintliche Sicherheit war nicht frei. Sie war Kontrolle.

Sie versuchte sich etwas aufzubauen, auch über andere Ausbildungen. Und dann kam sie zu mir – in meine Ausbildung. Bereits im ersten Modul wurde ihr klar, wie sehr sie sich selbst, ihrer weiblichen Wahrheit, ihrer eigenen Stimme als Frau keinen Ausdruck mehr gegeben hatte. Wie sehr sie sich selbst angepasst hatte – leise geworden war, weil es der einzige Weg war, in dieser Ehe zu funktionieren.

Ihr Ausdruck als Frau hatte in dieser Beziehung keinen Platz. Ihr Freiraum war eine Bedrohung für ihren Mann. Denn eine Frau, die nicht kontrollierbar ist, die beginnt, ihre Stimme zu benutzen, stellt das ganze Konstrukt infrage. Und genau das ist geschehen. Im Laufe der Ausbildung spürte sie immer tiefer, was ihre Wahrheit ist – und dass sie sie nicht mehr verleugnen kann. Sie versuchte, sie auszusprechen. Doch da war kein Gegenüber, das bereit war zu hören. Kein Raum, der das halten konnte.

Und sie entschied sich – für sich.

Sie trennte sich. Ohne Sicherheit. Ohne Haus. Ohne finanzielle Unterstützung. Sie erzählte mir, wie sie plötzlich zwischen Kartons lebte. Wie ihr Mann ihr das Auto nahm. Die Bankkarte sperrte. Das Haus behielt. Alles, was »Sicherheit« bedeutet hatte, war weg. Und doch war da etwas, das blieb: ihre Stimme. Ihre neu entdeckte Kraft. Ihr Mut. Ihre Wahrheit. Und sie trug diese Wahrheit in ihrem Körper. In ihrer Stimme. Sie wurde hörbar. Sichtbar. Spürbar.

Ich bin zutiefst dankbar für sie. Nicht nur weil sie sich selbst befreit hat – sondern weil sie damit ein Signal gesetzt hat. Für alle Frauen in der Ausbildung. Für jede Frau, die sich in ihr wiedererkennt. Sie wurde zu einer Verkörperung dessen, was möglich ist, wenn wir in unsere Stimme hineinlauschen. Wenn wir sie freilegen. Wenn wir sie nutzen.

Diese Geschichte ist ein Zeugnis dafür, dass die Arbeit mit der Stimme nicht nur ein schönes Extra ist. Sie ist tiefgreifend. Sie ist transformierend. Sie ist revolutionär. Es geht um deine Wahrheit. Deine Grenzen. Dein Leben.

UND MANCHMAL BEGINNT ALLES MIT DER FREIEN STIMME.

Auch ich musste erkennen, dass ich in meiner Beziehung – sosehr ich diesen Menschen geliebt habe – nicht wirklich frei war. Und ja, das lag nicht nur an ihm. Das hat auch mit mir zu tun, mit meiner eigenen Geschichte, mit meinen Mustern, meiner Prägung. Aber in genau dieser Konstellation konnte ich nicht in meine volle Größe kommen. Mein Cortisol-Level war durchgehend erhöht – obwohl ich all das, was ich hier in diesem Buch teile, schon lange praktiziert und weitergegeben habe. Trotzdem war mein System in einem ständigen Alarmzustand. Erst nach der Trennung – mit einem neuen Blick, mit der Klarheit als Mutter, mit einer anderen Tiefe in meiner Stimme – habe ich wirklich gespürt, wie unfrei ich war. Und wie sehr sich das auf meine Stimme ausgewirkt hat. Wie sehr sich Misogynie nicht nur in der Gesellschaft zeigt, sondern in unseren engsten Beziehungen. In beruflichen Konstellationen. Und – vielleicht am schmerzhaftesten – unter Frauen.

Denn auch wir tragen diese Strukturen in uns. Auch wir haben gelernt, andere Frauen als Konkurrenz zu sehen. Auch wir müssen ehrlich hinschauen und unsere Stimmen befreien. Immer wieder. Auf neuen Ebenen. In neuen Lebensabschnitten. In neuen Tiefen.

Genau darum geht es. Dass wir uns die Freiheit nehmen, zu spüren, was wirklich stimmig ist. Dass wir unsere Stimme nicht nur nutzen, sondern ihr Raum geben. Unserem Körper, unserer Intuition, unserer Lebendigkeit. Dass wir uns erlauben, neu zu wählen – jeden Tag. Nicht gegen. Sondern für.

Für uns. Für unsere Kinder. Für die Frauen vor und nach uns. Und für eine Welt, in der unsere Stimmen endlich frei sind.

Das bedeutet nicht, dass wir frei sind von Missverständnissen, von eigenen blinden Flecken, von Fehlern oder Themen wie Eifersucht, Angst oder Wut – auf uns selbst oder auf andere. Diese Gefühle gehören dazu. Sie machen uns menschlich. Sie zeigen, dass wir fühlen, dass wir lebendig sind. Aber was sich verändert, wenn wir beginnen, uns mit unserer Stimme wirklich zu verbinden, ist das Fundament. Es entsteht ein neues. Eines, das von Ehrlichkeit getragen ist. Von authentischer Kommunikation. Von einem tiefen Austausch – mit uns selbst und mit anderen. Und dieses Fundament baut sich nicht auf Perfektion, sondern auf Präsenz. Auf Mut. Und auf dem Bewusstsein für das, was war und was ist: die Unterdrückung der weiblichen Kraft und die jahrtausendelange Drosselung der weiblichen Stimme. Wir müssen uns bewusst werden, dass es oft die kleinen Dinge sind, die den Unterschied machen. Wie sprechen wir über uns selbst? Wie reden wir über andere Frauen? Über ihre Körper? Ihre Stimmen? Ihren Ausdruck? Wie oft passiert es, dass wir – ganz subtil – die Freiheit einer anderen Frau kommentieren oder bewerten, nur weil sie sich traut, laut zu sein? Sinnlich zu sein? Raum einzunehmen?

Es geht nicht darum, perfekt zu werden. Es geht darum, wach zu sein. Wach im Umgang mit der Sprache. Wach im Umgang mit unserer Stimme. Wach für das, was wir weitergeben – auch unausgesprochen. Denn da beginnt die Veränderung: in den kleinen, ehrlichen Momenten. In unserem Blick. In unserer Haltung. In unserem Klang.

Und in der Entscheidung, die eigene Stimme wieder zur Verbündeten zu machen. Jeden Tag ein bisschen mehr.

Misogynie ist nicht nur etwas, das von außen kommt. Sie ist tief in unserer Kultur verwurzelt und lebt nicht nur in Männern oder Menschen ohne Vulva, sondern auch in uns Frauen selbst weiter. Denn wir sind alle in einem System aufgewachsen, das uns beigebracht hat, einander zu misstrauen, zu konkurrieren, uns kleinzumachen – und uns selbst durch die Augen des Patriarchats zu sehen.

Die Schwesternwunde ist ein Ausdruck dieser inneren Misogynie. Wenn wir andere Frauen abwerten, weil sie sich frei zeigen. Wenn wir neidisch werden, weil sie strahlen. Wenn wir uns selbst zurücknehmen – dann wirkt diese kollektive Wunde in uns.

Das ist kein individuelles Versagen. Es ist das Ergebnis eines Systems, das uns getrennt hat. Voneinander, von unserer Stimme, unserer Körperwahrheit, unserer Würde. Doch wir können diesen Zyklus durchbrechen. Indem wir hinschauen. Indem wir uns unsere eigenen inneren Anteile anschauen, die andere Frauen ablehnen – und sie mit Mitgefühl halten. Indem wir bewusst Schwesternschaft wählen. Nicht als Konzept, sondern als Praxis. Indem wir uns gegenseitig erinnern: Du darfst leuchten. Dein Leuchten macht mein Licht nicht kleiner.

Misogynie zu erkennen – auch in uns selbst – ist ein Akt der Befreiung. Und die Heilung der Schwesternwunde ist ein revolutionärer Akt. Für jede einzelne Frau. Und für uns alle. Wir Frauen haben früh gelernt, uns kleinzumachen. Uns anzupassen. Zu gefallen. Und wenn uns jemand sagt, dass wir zu viel sind, dann trifft uns das bis ins Mark, wir fühlen uns als Opfer unserer Emotionalität und unseres Frauseins. Denn wir haben tief in uns abgespeichert: Wenn ich nicht passe, werde ich ausgestoßen. Dieses Gefühl des Ausgestoßenseins ist ein Schmerz, den viele Frauen kennen – jede auf ihre eigene Weise. Es ist nicht nur die Erfahrung mit Männern, mit Autoritäten oder gesellschaftlichen Normen. Es ist auch die Erfahrung mit anderen Frauen. Konkurrenzdenken. Missgunst. Die Angst, zu sehr zu strahlen. Zu sehr zu sein.

Ich war immer irgendwie Außenseiterin. Schon im Kindergarten hatte ich das Gefühl, anders zu sein. Ich spürte, dass meine Kleidung nicht so roch wie die der anderen Kinder. Dass meine Haut härter war. Ich habe früh gelernt, was es bedeutet, Verantwortung zu tragen – nicht weil ich es sollte, sondern weil ich es musste. Mein Vater verließ uns, als ich vier war. Ich sah meine Mutter leiden. Und ich wurde schnell groß.

In der katholischen Grundschule war ich rebellisch. In Baggy Pants und Buffalo-Schuhen, mit blonden Strähnen, dicken Kreolen und einem viel zu großen Nike-Hoodie war ich nicht zu übersehen. Aber ich hatte keine Freundinnen.

Auch später, auf der Gesamtschule, ging es weiter. Hier nannten mich alle noch bei meinem anderen Vornamen »Natascha«, und da rief mir einmal eine Türkin über den Flur zu: »Natascha heißt Schlampe auf Türkisch.« Ich war auf einmal Projektionsfläche. Für die Jungs, die mich jagten. Für die Mädchen, die mich mieden. Ich war zu viel. Zu auffällig. Zu laut. Und ich war allein.

Diese sogenannte Schwesternwunde – das schmerzhafte Gefühl, unter Frauen nicht sicher zu sein – zog sich lange durch mein Leben. Und dann kam der Moment, in dem ich entschied: Ich nehme mir meinen Raum. Nicht leise, sondern klar. Nicht angepasst, sondern ganz. Ja, ich wurde auch laut. Ich wurde stark. Ich spaltete mich auf – in Stärke und Härte.

Es brauchte viele Jahre, um meine unterschiedlichen Anteile zu vereinen: die Verletzliche. Die Wilde. Die Sinnliche. Die Führende. Heute nehme ich mir meinen Raum. Mit all meiner Imperfektion. Mit meiner Sexyness. Mit meiner Verletzlichkeit. Mit meiner Leadership-Power. Und ja – manche Frauen fühlen sich davon provoziert. Ich weiß, dass ich nicht nur Männer triggere, sondern auch Frauen. Denn auch Frauen sind geprägt vom Patriarchat.

Ich möchte dich einladen, genauer hinzuschauen. Wenn dich eine Frau provoziert – nur durch ihre bloße Präsenz –, dann zeigt sie dir vielleicht etwas: wo du deine eigene Größe noch zurückhältst. Und ja, wir alle haben schon einmal andere Frauen abgewertet. Aber es kann sich ändern. Heute stehe ich da. Und wenn ich Frauen sehe, die strahlen, dann denke ich: Wow – danke, dass du mich daran erinnerst, wie viel Potenzial auch in mir ist. Ich fühle mich inspiriert. Und ich weiß, dass ich auch für andere diese Inspiration bin. Und du bist es auch. Du darfst Raum einnehmen. Für dich. Und für andere. Denn wenn wir Frauen aufhören, gegeneinander zu kämpfen – dann können wir heilen. Und wenn wir heilen, dann werden wir unaufhaltsam.

UNSERE GESCHICHTEN

Ich bin nicht nur die Nette

Ich erinnere mich an eine Klientin, mit der ich über einige Wochen im 1:1 gearbeitet habe. Wir hatten uns kennengelernt, als ich als Gastdozentin in einem Sound-Training für Kristallklangschalen eingeladen war – dort habe ich Vulva-Voice-Übungen geteilt und die Teilnehmerinnen eingeladen, ihre Stimme neu zu fühlen. Die Frau war sofort berührt. Da war etwas in ihr, das wach wurde – auch wenn sie es in dem Moment vielleicht noch nicht greifen konnte. Ein paar Wochen später begannen wir unsere gemeinsame Reise.

Ihre Stimme war hoch, sehr piepsig. Und wie so viele Menschen glaubte sie: »Das ist einfach meine Stimme. Daran kann man nichts ändern.« Doch das stimmt nicht. Was wir oft für unsere Stimme halten, ist ein Produkt aus Prägung, Anpassung, Trauma, Konditionierung. Eine Schutzstimme. Eine Angepasstheit, die sich bis in den Klang unseres Seins zieht.

Wir begannen mit einfachen somatischen Übungen – scheinbar minimal. Kaum sichtbar von außen. Doch sie öffneten von innen heraus Räume: im Körper, im Nervensystem, im Zwerchfell, im unteren Bauch, im Becken. Die Stimme wurde nicht »trainiert«, sondern befreit. In Verbindung gebracht mit den tieferen Schichten ihres Körpers, mit dem, was wirklich da war.

Ein paar Wochen später schrieb sie mir: »Ich bekomme auf einmal so viele Komplimente. Auf der Arbeit. Von Klient*innen. Sie sagen, meine Stimme sei so angenehm. Das hat mir vorher noch nie jemand gesagt.«

Und nicht nur das. Sie erzählte mir, dass sie abends mit Freundinnen aus war – und eine von ihnen sagte: »Du bist irgendwie gar nicht mehr so nett wie früher ...«

Früher hätte sie sich dafür geschämt, das hätte sie tief getroffen. Doch jetzt, nach unserer gemeinsamen Arbeit, konnte sie mit einem inneren Lächeln antworten: »Ja, vielleicht bin ich nicht mehr nur die Nette. Ich bin so viel mehr.«

Was da geschah, ist kein oberflächlicher Shift. Es ist kein neues Kommunikationsmuster. Es ist eine Rückverbindung. Eine Entscheidung, sich zu zeigen – mit Gefühl, mit Klarheit, mit Würde. Mit einer Stimme, die geerdet ist, nicht mehr nur vom Hals kommt, sondern aus dem Becken, aus dem Schoßraum, aus der Tiefe.

Dieses Good-Girl-Ding ... Diese gesellschaftlich konditionierte Nettigkeit, die so viele von uns verinnerlicht haben. Die Stimme, die leise bleibt, weil sie niemandem zur Last fallen will. Die »freundliche« Stimme im Job, in der Partnerschaft, selbst unter Freund*innen. Sie hält uns klein. Sie macht uns eng. Und sie dient niemandem – nicht uns selbst, nicht anderen Frauen, nicht den Beziehungen, in denen wir leben wollen.

Wenn eine Frau beginnt, ihre Stimme wirklich zu bewohnen, zu verkörpern, dann befreit sie mehr als nur ihren Klang. Sie befreit einen Anteil in sich, der vielleicht jahrelang geschwiegen hat. Und genau das durfte diese Klientin erleben. Heute spricht sie mit einer Stimme, die spürbar ist. Und sie steht nicht nur klanglich anders da – sondern in ihrem ganzen Sein. Nicht perfekt. Nicht immer nett. Aber präsent. Echt. Und verbunden. Und darin sollten wir uns als Frauen unterstützen. Wir sollten einander unterstützen.

Und ja – die Schwesternwunde ist real. Wir alle tragen sie. Diese feine, oft unausgesprochene Spannung unter Frauen, die sich durch Vergleiche, durch Misstrauen, durch verletzte Weiblichkeit nährt. Gerade in Freundschaften mit anderen Frauen braucht es mehr als bloße Nähe oder gemeinsame Interessen, um wirkliche Schwesternschaft zu leben. Denn Freundschaft bedeutet nicht automatisch Schwesternschaft.

Schwesternschaft beginnt da, wo wir ehrlich werden. Wo wir den Raum aufmachen für Wahrhaftigkeit – auch wenn sie manchmal unangenehm ist. Da, wo wir einander halten, statt uns heimlich kleinzumachen. Wo wir mitfühlen, statt zu konkurrieren, und uns gegenseitig nicht nur zuhören, sondern wirklich lauschen. Wo wir nicht nur das Licht feiern – sondern auch den Schatten da sein lassen.

Schwesternschaft heißt: Wir begegnen uns als Frauen – mit dem, was uns verbindet, und mit dem, was uns unterscheidet. Wir sehen einander nicht als Bedrohung, sondern als Spiegel. Als Erinnerung daran, wie viel Kraft in uns steckt und wie viel Raum wir einnehmen dürfen – gemeinsam. Das, was wir heute brauchen, ist eine neue Form von Verbindung. Eine Verbindung, in der wir uns gegenseitig daran erinnern, wer wir wirklich sind, und in der wir

Schwesternschaft ist kein Konzept.

Es ist eine Praxis. Eine Entscheidung.
Ein Raum, der sich öffnet,
wenn wir ehrlich genug sind, einander zu sehen –
und stark genug, einander zu halten.

einander mutig darin bestärken, die authentische Stimme freizulegen. Nicht um gemocht zu werden. Sondern um frei zu sein. Und um diese Freiheit weiterzugeben – an unsere Töchter, unsere Mütter, unsere Ahninnen, an die Frauen neben uns.

Kein Taschentuch nötig

In den Kreisen, die ich halte, lade ich dazu ein, Frauen nicht sofort ein Taschentuch zu reichen, wenn sie weinen. Nicht weil ich ihre Tränen nicht wertschätze – sondern weil sie nicht getrocknet, sondern gefühlt werden dürfen. Du bist kein Opfer. Eine Frau, die ihre Emotionen teilt, ist nicht schwach. Sie braucht kein Mitleid. Sie braucht ein ehrliches Bezeugen. Und das ist der Unterschied. Wenn eine Frau in einem Kreis weint oder ihre Stimme erhebt, dann wird sie nicht unterbrochen, nicht besänftigt, nicht abgelenkt. Sie wird gehalten – einfach durch das Da-Sein der anderen Frauen. Sie wird in ihrer Stärke erkannt. Und während sie spricht, weint, lacht oder schreit, teilt sie etwas, das auch die anderen Frauen beschenkt. Ihre Geschichte wird zu einer Art Blessing, zu einem Segen, der inspiriert, der erinnert, der Kraft gibt.

Denn wenn eine Frau sich ihre Stimme zurückholt, dann lädt sie auch andere Frauen dazu ein, das Gleiche zu tun. Wir erinnern uns gegenseitig daran, wer wir sind. Wir erinnern uns daran, dass unsere Stimme zählt. Dass wir nicht allein sind. Dass wir unsere Geschichten weitergeben können, so wie Frauen es seit Jahrtausenden tun.

Unsere Stimmen sind nicht nur Worte. Sie sind ein Ruf aus der Vergangenheit und eine Brücke in die Zukunft, um Wunden zu heilen.

Vision – eine matriarchale Gesellschaft

Was wäre, wenn wir die Welt neu denken? Wenn nicht Konkurrenz und Kontrolle, sondern Kooperation, Fürsorge und intuitive Weisheit die Basis unseres gesellschaftlichen Miteinanders wären? Ein Matriarchat bedeutet nicht, dass Frauen über Männer herrschen, sondern dass wir eine Gesellschaft erschaffen, die zyklisch, empathisch und ganzheitlich ausgerichtet ist. Ein System, in dem die Stimme der Frau als essenziell für das Kollektiv anerkannt wird und nicht mehr als störend oder unangemessen gilt.

In verschiedenen Kulturen weltweit existieren matrilineare und matriarchale Strukturen, die zeigen, dass es alternative Gesellschaftsformen gibt, in denen Frauen eine zentrale Rolle spielen – nicht in Form von Dominanz, sondern durch Gleichwertigkeit und Balance. Diese Kulturen beweisen, dass eine andere Art des Zusammenlebens möglich ist, in der Frauen nicht nur Stimme und Raum haben, sondern aktiv das soziale, wirtschaftliche und spirituelle Leben gestalten.

Ein Beispiel dafür sind die Khasi in Indien. Hier wird die Familie durch die weibliche Linie weitergeführt. Das bedeutet, dass Namen, Eigentum und familiäre Verantwortung durch die Mütter und Großmütter vererbt werden. Die jüngste Tochter einer Familie erbt traditionell das Familienvermögen, und Frauen haben eine entscheidende Rolle in der Gemeinschaft, während Männer oft administrative Aufgaben übernehmen.

Ein weiteres Beispiel sind die Akan in Ghana. In dieser Kultur wird die Abstammung über die mütterliche Linie bestimmt, und Frauen haben bedeutenden Einfluss auf wirtschaftliche und soziale Strukturen. Auch wenn Männer politische Ämter bekleiden, wird ihre Autorität durch das matrilineare System ausbalanciert – Frauen sind die Bewahrerinnen der familiären und gemeinschaftlichen Ordnung.

Ähnlich strukturiert sind die Mosuo in China, eine ethnische Minderheit, die für ihre matrilineare Gesellschaftsordnung bekannt ist. Frauen verwalten das Eigentum, und es gibt keine traditionelle Ehe im westlichen Sinne. Stattdessen leben Frauen und Männer in einer flexiblen Form der Partnerschaft, die als »Besuchsehe« bekannt ist – Männer besuchen ihre Partnerinnen, ohne in den Haushalt der Frau einzuziehen. Die Erziehung der Kinder liegt vollständig in der Verantwortung der mütterlichen Familie, und Frauen haben das letzte Wort in familiären Angelegenheiten.

Eine der größten noch existierenden matrilinearen Gesellschaften sind die Minangkabau in Indonesien. Hier wird Land von Mutter zu Tochter vererbt, und Frauen haben eine zentrale Rolle im gesellschaftlichen Leben. Gleichzeitig wird das politische und spirituelle Leben oft von Männern geführt – allerdings nicht aus einem Machtanspruch heraus, sondern als Ausgleich zu den weiblichen Strukturen.

Diese Beispiele zeigen, dass eine andere Gesellschaftsordnung möglich ist – eine, in der Frauen eine essenzielle Rolle spielen, ohne dass dies eine Abwertung oder Unterdrückung von Männern bedeutet. Diese Gesellschaften funktionieren nicht durch ein »Umkehren« des Patriarchats, sondern durch eine andere Art der Gemeinschaftsstruktur, in der Fürsorge, Vernetzung und zyklisches Denken einen höheren Stellenwert haben. Sie verdeutlichen, dass es nicht »natürlich« oder »unausweichlich« ist, dass Frauen strukturell benachteiligt sind – es ist eine Frage gesellschaftlicher Ordnung, die sich verändern lässt.

Das Geschichtenerzählen ist ein fundamentaler Bestandteil menschlicher Kultur. Seit Anbeginn der Zeit haben Menschen sich um Feuer versammelt, um Wissen, Mythen und

Lebenserfahrungen weiterzugeben. Die Stimme war immer das verbindende Element – sie transportiert Erinnerungen, Weisheit und Emotionen über Generationen hinweg. Besonders in matrilinearen Gesellschaften war und ist die Stimme der Frau essenziell für den kulturellen Zusammenhalt. Frauen haben sich schon immer in Kreisen versammelt, sei es beim gemeinsamen Arbeiten, bei Geburten, in Trauer oder beim Feiern. Sie versammeln sich, um ihre Geschichten zu teilen, Erfahrungen weiterzugeben und ihre Stimmen zu nutzen, um andere Frauen zu stärken.

Die Menopause markiert eine natürliche Phase im Leben einer Frau, in der sie in eine neue Rolle übertritt. Während die Gesellschaft in patriarchalen Strukturen oft suggeriert, dass die Menopause ein Verlust oder ein Ende sei, ist sie in vielen Kulturen genau das Gegenteil. Sie ist eine Schwelle zur Weisheit. Die hormonellen Veränderungen, die mit ihr einhergehen, sind nicht nur biologisch bedeutend, sondern auch energetisch und spirituell. Eine Frau in der Menopause hat eine tiefe, gelebte Erfahrung in sich, sie hat Zyklen von Geburt und Tod in ihrem Körper durchlaufen, sie kennt Wachstum, Wandel, Loslassen und Neubeginn. Und genau deshalb ist ihre Stimme in dieser Phase besonders kraftvoll und für uns als Gemeinschaft so wichtig. In matriarchalen Gesellschaften wurde und wird diese Lebensphase oft als der Übergang zur weisen Frau, zur Hüterin des Wissens, zur Geschichtenerzählerin gesehen. Frauen, die in die Menopause kommen, haben die neue Aufgabe, ihr Wissen weiterzugeben. Sie sind nicht mehr diejenigen, die Kinder auf die Welt bringen, sondern diejenigen, welche die nächste Generation von Frauen durch ihre Stimme leiten, ihnen mit Erzählungen und Liedern Mut machen und sie an das uralte Wissen der weiblichen Linie erinnern.

Ein Mann erlebt diesen Cut in seinem Leben nicht. Es gibt keinen biologischen, hormonellen oder zyklischen Übergang, der ihn transformiert und eine neue Rolle einnehmen lässt. Die Stimme der Frau war schon immer Trägerin von Geschichte, von Wissen, von Ermächtigung. Sie ist nicht nur für das persönliche Wachstum einer Frau wichtig, sondern für die gesamte Gesellschaft. Sie ist der rote Faden, der uns mit unserer Herkunft verbindet. Wenn Frauen ihre Geschichten erzählen, wenn sie zusammen singen, wenn sie über ihre Erfahrungen sprechen, dann erhalten sie sich selbst sowie all die Frauen vor und nach ihnen am Leben. Die Stimme der Frau weiterzutragen, die Geschichten der Frauen zu hören, ist kein Luxus, es ist essenziell für unsere Kultur – und für unsere Zukunft.

Ich weiß, dass der Begriff Frauenkreis oder Women's Circle für viele Frauen erst einmal befremdlich klingen kann. Ich selbst lebe in einer Art Bubble, in der Frauenkreise völlig normal sind – ein fester Bestandteil meines Lebens und meiner Arbeit. Aber ich verstehe, dass das für viele anders ist. Vielleicht klingt es für dich nach etwas Esoterischem, nach Räucherstäbchen und nach einer weichen, fast kitschigen Vorstellung von Weiblichkeit. Doch Frauenkreise sind viel mehr als das. Wenn du dir einen Frauenkreis vorstellst, dann denke nicht an etwas Fremdes, sondern an das, was es im Kern ist: ein Raum für Begegnung, für Heilung, für das Teilen von Geschichten. Eigentlich nichts anderes als eine Art Therapiegruppe, ein sicherer Ort, an dem Frauen sich ehrlich zeigen können. Und genau das ist etwas, das in indigenen Kulturen und matrilinearen Gesellschaften immer existiert hat. Es war selbstverständlich, dass Frauen sich versammelten, dass die Stimme der Ältesten gehört wurde, dass Wissen von Generation zu Generation weitergegeben wurde. Dass ein Raum existierte, in dem Gefühle und Emotionen Platz hatten, in dem Visionen geboren wurden, in dem die weibliche Stimme nicht nur gehört, sondern gefeiert wurde.

In den Frauenkreisen, die ich halte – manchmal allein, manchmal gemeinsam mit Kolleginnen, mit anderen wundervollen Frauen –, geht es nicht darum, etwas weichzuspülen. Und es geht vor allem nicht darum, kitschig oder angepasst zu sein. Echte Frauenkreise sind roh und tief. Es ist ein Rahmen, in dem sich Frauen in ihrer Wahrheit begegnen – in all ihren Facetten. Hier darf alles sein: die Freude, die Wut, die Trauer, die Lust, die Angst, die Sehnsucht.

Eine mögliche Zukunft

1 Politik und Wirtschaft – Entscheidungen mit Weitsicht und Nachhaltigkeit

- Politische Entscheidungen würden nicht auf kurzfristigen Profiten basieren, sondern auf nachhaltigen Lösungen für zukünftige Generationen. Langfristige Planung statt kurzfristigen Machterhalts.
- Gemeinwohl statt Konkurrenz: Unternehmen würden nicht allein an Wachstumszahlen gemessen werden, sondern daran, wie sie Mensch und Umwelt dienen.
- Gemeinschaftliche Führung: Entscheidungen werden nicht von Einzelpersonen getroffen, sondern durch Konsensprozesse, in denen mehrere Perspektiven gehört werden – inspiriert von indigenen Gesellschaften, in denen Älteste und Mütter eine zentrale Rolle spielen.
- Das Modell der Vier-Tage-Woche oder flexibler Arbeitszeiten würde zur Norm, weil die Gesellschaft anerkennt, dass Menschen nicht dazu geschaffen sind, sich für Profit auszubeuten.

2 Bildung – zyklisches Lernen und emotionale Intelligenz als Basis

- Statt eines rigiden Schulsystems, das auf linearem Fortschritt basiert, lernen Kinder zyklisch – angepasst an ihre individuellen Entwicklungsphasen.
- Emotionale Intelligenz, intuitive Körperarbeit, Stimmtraining, Atemtechniken und Konfliktlösung gehören genauso zur Bildung wie Mathematik und Sprache.
- Kinder werden in einer Umgebung aufgezogen, in der Selbstbewusstsein durch Stimme und Körperausdruck von klein auf gefördert wird.
- Lehrer*innen agieren nicht als Autoritäten, sondern als Mentoren und Begleiter, die Kindern Raum geben, ihre natürlichen Begabungen zu entfalten.

3 Körper, Lust und Schamfreiheit – eine befreite Sexualität und Weiblichkeit

- Es gibt keine Tabuisierung mehr rund um den weiblichen Körper. Menstruation wird nicht versteckt oder romantisiert, sondern als natürlicher, kraftvoller Prozess gefeiert.
- Frauen haben keinen Druck, für die Lust anderer zu performen – Sexualität wird nicht als Mittel zur Kontrolle, sondern als freie, lebendige Energie angesehen.
- Es gibt Sexualaufklärung, die sich nicht auf Biologie reduziert, sondern auch Themen wie Stimme, Lust und emotionale Sicherheit integriert.
- Keine Angst mehr vor dem Älterwerden: Schönheit ist nicht an Jugend gekoppelt. Ältere Frauen gelten als Wissende, als Quelle der Kraft.

4 Gemeinschaft statt Isolation – Elternschaft als kollektive Aufgabe

- Mütter stehen nicht allein da – Kindererziehung ist gemeinschaftlich organisiert, sodass keine Frau aus dem Berufsleben gedrängt wird oder sich zwischen Karriere und Mutterschaft entscheiden muss.
- Ältere Frauen sind nicht abgeschoben oder unsichtbar – sie sind integrierte Teile der Gemeinschaft. Ihre Weisheit zählt.
- Es gibt Orte für Frauen, in denen sie sich austauschen, regenerieren, ihre Stimmen nutzen und ihre Emotionen ohne Scham zeigen können.

5 Beziehung und Liebe – keine Abhängigkeit, sondern bewusste Wahl

- Frauen brauchen keine Männer für Sicherheit – sie wählen Partner auf Basis von Resonanz und freiem Willen, nicht aus wirtschaftlicher oder emotionaler Abhängigkeit.
- Männer lernen, ihre emotionale Tiefe zu entwickeln, statt ihre Identität über Kontrolle oder Leistung zu definieren.
- Ghosting, emotionale Spielchen und Manipulationen sind irrelevant, weil Klarheit und Kommunikation die Basis von Beziehungen sind.

6 Stimme und Präsenz – Frauen nehmen sich ihren Raum

- Frauen haben keine Angst mehr, laut zu sein, sichtbar zu sein, ihre Meinung zu sagen. Sie wissen, dass ihre Stimme wertvoll ist und dass sie gehört werden.
- In der Öffentlichkeit sind Frauen nicht auf ihr Aussehen reduziert – sie werden für ihre Visionen, ihre Gedanken und ihre Kreativität geschätzt.

- Öffentliche Räume sind sicher für Frauen – keine Belästigung, kein Male Gaze, sondern eine Umgebung, in der sie sich frei bewegen können.

Dieses System wäre kein Umkehr-Patriarchat, sondern eine neue Form des Zusammenlebens, in der intuitive, emotionale und körperliche Intelligenz gleichwertig mit Logik und Strategie existieren. Eine Welt, in der Frauen sich in ihrer vollen Kraft entfalten können, ohne sich kleinzumachen. Es ist keine Utopie – es ist möglich. Und es beginnt mit der Freiheit, die eigene Stimme zu nutzen!

Eine Welt, in der Stimme, Körper und Intuition zählen.

Doch was wir Frauen von Männern lernen können, ist die Audacity, die Selbstverständlichkeit, mit der Männer sich Raum nehmen – eine Selbstverständlichkeit, die ihnen über Jahrhunderte hinweg beigebracht wurde. Wir Frauen dürfen viel frecher sein, viel freier. Wir dürfen uns unsere eigene Spiritualität zurückholen, ohne dass uns ein Buch, das von Männern geschrieben wurde, sagt, wer wir zu sein haben.

Denn wenn Gott existiert, woran ich persönlich glaube, aber vielleicht ist Gott auch eine Frau oder was ganz anderes – ich persönlich glaube auf jeden Fall an eine höhere Kraft –, dann ist sie sicher nicht so kleinlich, dass sie nur durch männliche Stimmen spricht.

Die Angst vor der weiblichen Kraft und der weiblichen Stimme ist uralt.

In der Antike galt die weibliche Stimme als unkontrollierbar und gefährlich. In der griechischen Mythologie waren Frauenstimmen oft mit Verführung oder Zerstörung verbunden:

- Die Sirenen sangen so betörend, dass Männer ihr Leben riskierten, um ihrem Ruf zu folgen – und daran zugrunde gingen. Ihre Stimmen wurden als mächtig, aber zerstörerisch dargestellt.

- Medusa, die Frau mit der tödlichen Ausstrahlung, wurde bestraft, weil sie ihre eigene Macht nicht abgab. Ihre Stimme wurde nicht gehört, nur ihr Blick wurde gefürchtet.
- Echo, die Nymphe, die zur Strafe nur noch die Worte anderer wiederholen konnte – eine Metapher für die jahrhundertelange Unterdrückung weiblicher Stimmen.

Im Mittelalter setzte sich diese Angst fort: Frauen, die laut sprachen, wurden als Hexen gebrandmarkt. Ihre Stimmen wurden dämonisiert, ihre Körper als Träger von Sünde betrachtet. »Hexen« waren oft Heilerinnen, Geburtshelferinnen, Frauen, die ihr Wissen weitergaben – und die nicht schweigen wollten. Ihre Stimmen waren zu kraftvoll für eine Gesellschaft, die Frauen kontrollieren wollte.

Selbst in der Musikgeschichte sieht man dieses Muster: Lange durften Frauen nicht öffentlich singen. Ihre Stimmen wurden als »zu verführerisch« angesehen. Noch im 19. Jahrhundert war es für viele Frauen undenkbar, auf der Bühne zu stehen, ohne ihre Reputation zu gefährden. Sängerinnen wurden entweder vergöttert oder als unmoralisch abgestempelt – eine Künstlerin, die ihre Stimme erhob, war immer auch eine Frau, die sich gegen die Norm stellte. Feminismus war immer auch ein Kampf um die Stimme:

- Suffragetten kämpften nicht nur für das Wahlrecht, sondern auch für das Recht, gehört zu werden. Ihre Stimmen wurden in Zeitungen karikiert, als »kreischend« oder »hysterisch« verspottet.
- Simone de Beauvoir schrieb in »Das andere Geschlecht«, dass Frauen über Jahrhunderte dazu erzogen wurden, sich an männlichen Stimmen zu orientieren, statt ihre eigene zu finden.

- Angela Davis nutzte ihre Stimme als Aktivistin, um gegen Rassismus und Sexismus zu kämpfen – und wurde dafür kriminalisiert.
- Audre Lorde sprach darüber, dass »Schweigen nicht vor Gefahr schützt« – dass Frauen ihre Stimmen nutzen müssen, um sich aus der Unterdrückung zu befreien.

JEDE FRAU, DIE ÖFFENTLICH SPRICHT, DIE SINGT, DIE SCHREIBT, DIE PROTESTIERT, KÄMPFT GEGEN EINE JAHRTAUSENDEALTE ANGST: DIE ANGST VOR DER MACHT DER WEIBLICHEN STIMME.

Wenn wir uns weiterhin in Rollenbilder stecken – egal ob in sexualisierte Bilder oder in solche, die aus einer männlichen Sichtweise heraus als »ernst zu nehmend« gelten, weil sie nicht so emotional, nicht so gefühlvoll sind –, dann verstellen wir uns erneut. Und was passiert, wenn wir uns verstellen? Wir engen unseren freien Raum als Frau wieder ein. Wir formen uns nicht nach unserer inneren Wahrheit, sondern nach einer äußeren Erwartung:

- die eine Frau, die sexy klingt, aber nicht zu laut sein darf.
- die andere Frau, die kühl und rational klingt, um als professionell zu gelten.
- die Frau, die bloß nicht »zu viel« sein soll.

All das sind Konstrukte, die bestimmen, wie wir klingen sollen – und uns von dem trennen, wie wir wirklich klingen wollen. Aber wer entscheidet, was zu viel ist? Wer hat festgelegt, dass eine emotional klingende Stimme als weniger kompetent gilt?

- Wenn wir wirklich Ja sagen wollen, dann hört man das.
- Wenn wir nur Ja sagen, weil wir denken, dass wir es müssen, dann spürt unser Körper das.
- Wenn unser Nein aus Angst oder Unsicherheit hinausgezögert wird, dann bleibt es oft hängen – im Hals, im Brustkorb, im Bauch.

Wie klinge ich, wenn ich wirklich bei mir bin? Wie fühlt sich meine Stimme an, wenn ich eine klare Grenze setze? Kann ich mein Nein mit der gleichen Selbstverständlichkeit aussprechen wie mein Ja?

Das ist der Kern: Wir müssen nicht »wie Männer« sein, um gehört zu werden. Wir müssen unsere Natürlichkeit nicht drosseln, um ernst genommen zu werden. Unsere Stimmen sind oft höher als die von Männern – und das ist kein Fehler. Wir dürfen in Emotion sprechen, in Klarheit, in voller Präsenz. Wir dürfen Raum einnehmen, ohne uns zu entschuldigen. Und wir dürfen unsere Wahrheit aussprechen – nicht um zu gefallen, sondern weil sie existiert. Denn genau das muss normalisiert werden. Nicht dass Frauen ihre Stimmen anpassen, um akzeptiert zu werden. Sondern dass ihre Stimmen – in jeder Nuance, in jeder Klarheit, in jedem Gefühl – als genau das anerkannt werden, was sie sind:

MÄCHTIG. ECHT. UNVERHANDELBAR.

Es ist also essenziell, dass Frauen erkennen, dass sie nicht tiefer oder lauter sprechen müssen, um ernst genommen zu werden. Authentizität in der Stimme und im Leben bedeutet, sich so auszudrücken, wie es dem eigenen Wesen entspricht. Das kann bedeuten, dass die Stimme in bestimmten Momenten leise und sanft ist und in anderen kraftvoll und laut. Wichtig ist, dass der Ausdruck echt und nicht aufgesetzt ist.

Das Patriarchat hat uns erzählt, dass es gefährlich ist, wenn Frauen ihre Stimme in voller Größe einnehmen. Dass eine Frau, die sich hingibt – ihren Gefühlen, ihrem Klang, ihrem Körper –, unkontrollierbar wird. Und genau das ist der Punkt.

Die eigene Stimme zu entfesseln, in Zusammenhang mit den eigenen Gefühlen und Empfindungen, ist ein Befreiungsschlag.

Stimme – Tor zu deiner Macht

Deine Stimme ist eine reflektorische Verbindung deines Beckens, deiner Sexualität und deiner Macht. Sie ist eine Brücke zwischen deinem Innersten und der Welt. Wenn ich mit Frauen in einem Kreis sitze, nach drei Tagen eines tiefen, intensiven Vulva Voice Retreats oder Workshops, dann geschieht immer dasselbe: Die Stimmen haben sich verändert. Sie sind RAW. Echt. Ungefiltert.

Etwas hat sich gelöst. Nicht nur die Stimme an sich, sondern das, was sie transportiert. Die Energie, die durch sie fließt, hat sich befreit. Diese Stimme ist nicht mehr nur Klang. Sie ist Körper. Sie ist Becken. Sie ist das tiefe Erinnern an eine Kraft, die immer da war.

Ich möchte hier mit dir eine Übung teilen, die dich mit dieser Energie verbinden kann. Sie ist vielleicht etwas herausfordernd, also nimm dir Zeit. Dein Nervensystem darf sich sicher fühlen, bevor es sich ganz hingibt. Doch wenn du bereit bist – dann erlaube dir, diese Praxis ganz zu erleben.

HOLISTISCHE ÜBUNG

Vulva Voice Basic Activation

1. Deine Basis finden

- Stelle deine Füße hüftbreit auf den Boden.
- Lege dich auf den Rücken, deine Arme entspannt an den Seiten deines Körpers.
- Ziehe deine Beine so nah zum Gesäß, dass du einen stabilen Stand hast.

Stell dir nun vor, dass von deinem Vulvabein ein energetisches Band nach oben zur Decke zieht. Es hält dich locker und aktiv – eine lebendige Brücke, keine starre Spannung.

2. Die Stimme aus dem Bauch schütteln

- Öffne deinen Kiefer entspannt.
- Atme tief in den Bauch und lasse mit der Ausatmung einen Ooh-Sound durch deinen Körper fließen.
- Schüttle dabei deinen Bauch sanft mit der Bewegung deines Atems.
- Wiederhole das ein paarmal. Lass es roh sein.
- Wenn du spürst, dass dein Körper sich lösen darf, beginne langsam, Wirbel für Wirbel wieder auf der Erde abzulegen.
- Nach drei Wiederholungen: Lege deine Beine entspannt ab.
- Schließe kurz die Augen.
- Spüre nach.

3. Der tiefe Vulvaton

- Lege deine Hände auf deinen unteren Bauch.
- Töne ein »Ooooh« – ganz frei, ganz schamlos.

Ohne Druck, ohne Perfektion. Vielleicht klingt es krächzend. Vielleicht ist es kaum hörbar. Es spielt keine Rolle. Was zählt, ist, dass dein Körper diesen Klang fühlt.

4. Die Stimme durch deine Vulva tönen lassen

- Bringe deine Beine in die Schmetterlingsposition – deine Fußsohlen berühren sich, deine Knie fallen sanft nach außen.
- Stell dir vor, dass dein Körper durchlässig wird.
- Deine Stimme fließt über deinen Hals, über dein Herz, über deinen Schoßraum – bis hinunter zu deiner Vulva.
- Lass intuitive Klänge durch dich strömen.
- Was geschieht, wenn du deine Stimme über deine Vulvalippen tönen lässt?

Stell dir vor, sie beginnen zu vibrieren, sanft massiert durch den Klang deiner eigenen Stimme.

- Wie fühlt es sich an, deine Stimme durch dein Becken zu leiten?

Lass es einfach passieren. Lass deinen Körper darauf reagieren.

5. Die Bewegung der Lust zulassen

Wenn dein Körper sich bewegen will – lass es zu.

- Spüre, ob deine Hüften kreisen wollen.
- Ob deine Wirbelsäule sich wellen möchte.
- Ob deine Hände beginnen, deinen Körper zu erkunden.
- Lass deine Stimme dich führen und deine Lust dich bewegen.

Nicht als etwas, das du tun musst – sondern als etwas, das sich entfaltet.

6. Integration – die Energie setzen lassen

- Wenn du bereit bist, stelle deine Beine wieder auf.
- Lass das Gefühl durch dein Becken nachwirken.
- Lege dich schließlich in Savasana (eine entspannte Rückenlage, die dich nachspüren lässt).
- Bleibe mindestens sechs Minuten, gerne länger.
- Spüre, was sich verändert hat.

Vielleicht fühlst du mehr Wärme, mehr Kribbeln, mehr Weichheit. Vielleicht fühlst du eine neue Präsenz in deinem Becken. Vielleicht hast du einfach nur einen tiefen Atemzug genommen und zum ersten Mal seit Langem bewusst gespürt, dass du da bist.

7. **Nachklang – deine Stimme dokumentieren**
   - Schreibe in dein Stimmtagebuch, was du erlebt hast.
   - Male es, wenn Worte nicht ausreichen.
   - Spüre nach, ohne Erwartungen, ohne Bewertung.

Wenn es sich beim ersten Mal noch nicht so intensiv anfühlt – vertraue dem Prozess.
Manchmal braucht das Nervensystem Zeit, um sich an diese Art von Loslassen zu gewöhnen. Manchmal öffnet sich etwas erst beim zweiten oder dritten Mal. Doch jedes Mal, wenn du diese Übung machst, sendest du deinem Körper eine Botschaft:
Es ist sicher, zu klingen.
Es ist sicher, präsent zu sein.
Es ist sicher, die Stimme in den Schoßraum zu bringen.
Denn deine Stimme gehört dir.
Und sie darf durch dich hindurchfließen – roh, frei und voller Kraft.

Ja ... Es ist Zeit, deine Stimme nicht nur zu hören,
sondern zu fühlen.

Es ist Zeit für Vulva Voice.

DEINE STIMME
DEINE MACHT

Ein Akt der Selbstermächtigung

Wenn Frauen ihre authentische Stimme erheben, verändert sich nicht nur ihr persönlicher Ausdruck. Es verändert sich die Gesellschaft. Es entsteht ein Raum, in dem weibliche Stimmen nicht mehr korrigiert, angepasst oder unterdrückt werden müssen. Ein Raum, in dem Fühlen, Klingen und Sein wieder als untrennbar verbunden betrachtet werden. In dem Frauen sich nicht länger in eine vorgefertigte Rolle pressen müssen – sondern sich in ihrer vollen, kraftvollen, ungezähmten Stimme wiederfinden.

Raus aus der Anpassung – rein in die eigene Wahrheit.

Die Stimme zu nutzen, ist also ein feministischer Akt – denn sie ist Ausdruck, Präsenz, Raumaneignung. Wenn eine Frau ihre Stimme erhebt, durchbricht sie eine jahrtausendealte Konditionierung, die ihr beigebracht hat, dass Schweigen Schutz bedeutet. Sie widersetzt sich der subtilen und offenen Kontrolle, die Frauen dazu bringt, sich zurückzunehmen – in Worten, in Lautstärke, in Selbstbewusstsein. Frei zu sprechen, bedeutet, sich selbst zu hören. Und sich selbst zu hören, bedeutet, sich ernst zu nehmen.

Die Stimme ist eng mit dem Nervensystem verbunden. Sie zeigt, wie wir uns fühlen: Ein angespannter Körper klingt gepresst, eine verängstigte Kehle ist eng, ein unsicherer Mensch spricht leiser. Doch wenn wir beginnen, bewusst zu tönen, zu atmen, unseren Klang nicht mehr zurückzuhalten, beginnt unser Körper, sich zu öffnen.

Das ist keine Metapher, das ist Biologie. Die Stimme schwingt. Sie vibriert. Sie bringt Resonanz in den Körper.

Eine Frau, die summt oder singt, sendet eine Botschaft an ihr Nervensystem: Ich bin hier. Ich existiere in voller Lautstärke.

Und genau das ist es, was historisch und gesellschaftlich so lange unterdrückt wurde:

- eine Frau, die sich nicht zurückhält.
- eine Frau, die sich nicht für ihre Anwesenheit entschuldigt.
- eine Frau, die spricht und gehört wird.

Die Stimme ist eine der kraftvollsten Methoden der Selbstermächtigung, weil sie nichts braucht außer uns selbst. Keine Erlaubnis, kein Werkzeug, keine äußere Bestätigung.

**ES BRAUCHT NUR DEN MUT,
NICHT MEHR STUMM ZU SEIN.**

HOLISTISCHE ÜBUNG

Raum einnehmen

- Stell dich vor den Spiegel: Beine hüftbreit auseinander. Arme ganz weit ausbreiten. Spannung von deinen Zehenspitzen bis in deine Fingerspitzen.
- Lass deinen Atem tief in deinen unteren Bauch einfallen.
- Streck deine Zunge so weit, wie es geht, raus.
- Zieh eine Grimasse – richtig übertrieben!
- Dann lass einen Ton aus deinem unteren Bauch über deine Vulva und deine Stimmlippen erklingen. Ein tiefes »Ahhhh« oder »Oooo«, das durch deinen ganzen Körper vibriert.
- Zieh deine Augen weit auf, mach dich groß und noch größer!

- Spüre, wie dein Raum sich ausdehnt – in dir und um dich herum.
- Halte das für ein, zwei, drei, vier Atemzüge ... dann lass los.

Und wenn du danach deinen Tag startest, auf die Straße gehst, ins nächste Meeting oder einfach in den Flow des Tages eintauchst – spür mal, was sich verändert hat.
Wie fühlt es sich an, wenn du dir vorher schon erlaubst, deinen Raum einzunehmen?

Wenn wir uns erlauben, uns schon vorab mit uns selbst zu verbinden – mit unseren Gefühlen, Emotionen, unserer Frechheit, unserer Wildheit, unserem Chaos, unserer Imperfektion – dann nehmen wir der konditionierten, auferlegten Scham ihre Macht. Diese Scham ist keine natürliche Emotion. Sie ist eine jahrhundertealte Taktik – subtil und tief eingeprägt. Doch wir können sie entlarven. Wir können sie entkräften. Indem wir unserem Körper, unserem Ausdruck, unserer Stimme Raum geben, begegnen wir uns selbst in unserer Wahrheit. Wir erlauben uns, roh, laut, sanft, sinnlich, wild, spielerisch zu sein – ohne Filter, ohne Entschuldigung. So holen wir uns zurück, was uns immer gehört hat: unsere Macht.

Wir treten aus der Ohnmacht heraus und nehmen unseren Platz ein – unseren freien, vollen Raum als Frau.

POWER FACTS

Bottom-up-Verarbeitung: Körperhaltung beeinflusst Emotionen und Gedanken

Unser Körper beeinflusst unser Gehirn weitaus stärker, als es uns bewusst ist – das ist das Prinzip der Bottom-up-Verarbeitung.

- Achtzig Prozent der afferenten Signale (Nervenimpulse) im Vagusnerv laufen vom Körper zum Gehirn und nicht umgekehrt.
- Embodiment-Forschung zeigt, dass körperliche Zustände direkt mit Emotionen verknüpft sind: Eine aufrechte Körperhaltung aktiviert das Belohnungssystem im Gehirn, während eine gekrümmte Haltung depressive Gefühle verstärkt.
- Selbstwert durch Haltung: Eine Studie von Brinol, Petty und Wagner zeigt, dass Menschen, die in einer geraden, offenen Körperhaltung sitzen, mehr Vertrauen in ihre eigenen Gedanken haben als diejenigen, die in sich zusammensacken.
- Bewegung als Emotionsregulation: Untersuchungen zeigen, dass bewusstes Aufrichten und das Einnehmen eines stabilen Stands die Stressreaktion des Körpers reduziert und das Selbstbewusstsein erhöht.

Diese Studien verdeutlichen, dass unsere Haltung, unsere Atmung und unser körperlicher Ausdruck nicht nur eine Folge unseres emotionalen Zustands sind, sondern diesen aktiv beeinflussen können. Das bedeutet: Wer sich größer macht, fühlt sich innerlich selbstsicherer. Es bedeutet auch, dass wir nicht hinnehmen müssen, was uns über Generationen hinweg auferlegt wurde. Wir müssen nicht in alten Mustern bleiben, die uns kleinhalten, uns unsere Stimme nehmen oder uns suggerieren, dass wir nur dann wertvoll sind, wenn wir uns anpassen. Wir können etwas verändern. Unsere Körperhaltung, unsere Atmung, unser Ausdruck – all das sind nicht nur Spiegel unseres inneren Zustands, sondern auch Werkzeuge, um ihn aktiv zu beeinflussen. Wer sich körperlich aufrichtet, wer seinen Atem tief fließen lässt, wer sich erlaubt, die eigene Stimme unzensiert in den Raum zu geben, verändert nicht nur sich selbst, sondern auch die Welt um sich herum.

UNSERE STIMME IST RESONANZ, ENERGIE, GESCHICHTE, VISION.

Die Vision einer Welt, in der Frauen sich sicher fühlen. In der sich die Stimme der Frau befreien darf, ohne belächelt, verurteilt oder beschnitten zu werden. In der Männer, Frauen und alle Menschen sich auf Augenhöhe begegnen, ohne Machtdynamiken, ohne Angst vor dem freien Ausdruck des anderen. Diese Welt ist möglich. Aber nur wenn wir sie mitgestalten. Nur wenn wir beginnen, unsere Stimme als das zu erkennen, was sie ist: ein Schlüssel zur Veränderung. Und das beginnt in uns. In unserem Körper, in unserem Atem, in unserer freien, unzensierten Stimme.

LASS UNS DER STIMME DEN RAUM GEBEN, DEN SIE VERDIENT HAT.

Die Stimme meiner Wahrheit

Es ist faszinierend – je mehr ich in meine Kraft komme, je klarer ich meine Stimme nutze und meinen Raum einnehme, desto mehr ziehe ich Menschen an, die sich davon gleichermaßen angezogen wie bedroht fühlen.

Was passiert mit einer Gesellschaft, wenn Frauen plötzlich ihr eigenes Geld verdienen, ihre Sexualität verkörpern, in ihrer Lust präsent sind und keine äußere Erlaubnis mehr brauchen, um sie selbst zu sein und ihre Stimme frei zu nutzen?

Ich verdiene mein eigenes Geld. Ich ziehe mein Kind groß. Ich bin verbunden mit meinem Körper, mit meiner Stimme, mit meiner Wahrheit. Und genau das ist es, was ich weitergebe. Ich will Frauen in ihre Freiheit, ihre Lust, ihre Selbstverständlichkeit begleiten – in einen Ausdruck, der nicht aufgesetzt ist, nicht angepasst, nicht männlich, sondern sie selbst über ihre Stimme verkörpert. Roh. Echt. Wild. Warm.

Genau das triggert. Misogynie ist nichts Neues. Aber die Formen verändern sich. Heute sind es nicht mehr nur die offenen Verbote. Heute geschieht es subtiler – über Abwertungen, über »Nagging«, über das gezielte Schüren von Unsicherheit.

»Wenn du nicht so oder so rasiert bist, macht mich das nicht an.« Natürlich dürfen wir Wünsche äußern, Vorlieben teilen. Doch wo beginnt Manipulation? Wo hört gegenseitige Achtung auf und wie können wir dies unterscheiden? Ich hatte einen Mann getroffen, von dem ich hier im Buch ein wenig erzähle. Einen, mit dem ich eine tiefe Verbindung spürte. Es war sofort da – ein energetisches Band zwischen uns. Er war intelligent, sensibel, präsent. Ich sah ihn in seiner Tiefe. Und gleichzeitig: Etwas in ihm konnte nicht damit umgehen, gesehen zu werden. Nicht wenn er sich dabei kleiner fühlte. Nicht wenn er nicht die Oberhand behielt. Und so begann er, Sätze zu sagen wie: »Du bist eigentlich nicht mein Typ. Deine Nase ist zu groß.«

Solche Sätze sind nicht nur unreflektiert. Sie sind zerstörerisch. Denn sie spiegeln eine Haltung wider, die wir alle nur zu gut kennen: Mach dich kleiner, dann bist du begehrenswerter. Pass dich an und du wirst geliebt. Doch ich bin nicht mehr bereit, mich zu verbiegen. Ich kenne meine Stimme. Ich kenne meine Wahrheit. Und so war ich auch in einem Moment der Intimität fähig, zu sehen, was unter der Oberfläche geschah. Ich hatte bereits klar kommuniziert, dass ich nur mit Kondom Sex habe. Dass das für mich eine Form von Respekt ist, wenn wir in keiner festen Beziehung sind, eine Form von Klarheit. Doch er versuchte es. Drei-, viermal. Ohne Einverständnis. Und ich spürte: Es ging ihm nicht um Nähe. Es ging darum, Macht auszuüben.

UND ICH BLIEB BEI MIR. ICH ZOG MICH AN. ICH UMARMTE IHN. ICH SAH IHN AN. UND ICH GING.

Es war zwei Uhr nachts. Ich stieg in mein Auto, legte meine Hand auf meinen Bauch und spürte: Ich bin verbunden. Ich bin kraftvoll. Ich bin klar. Und ich bin stolz, meiner Wahrheit Raum geben zu können. Es war das letzte Mal, das ich ihn sah. Nicht weil ich »brav« war. Sondern weil ich ich war. In meiner verletzlichen Stärke. In meiner Stimme. In meinem Nein. Weil ich meine Grenzen ehrte.

Diese Erfahrung hat mir einmal mehr gezeigt: Wenn du deine Stimme kennst – nicht nur die, die aus deinem Mund kommt, sondern die Stimme deines Schoßraums, deiner Intuition, deines Herzens – dann kannst du auch in Momenten größter Verletzlichkeit bei dir bleiben. Nicht in Abwehr. Sondern in Klarheit.

Es geht nicht darum, andere kleinzumachen. Es geht darum, nicht mehr über dich selbst hinwegzugehen. Und dieser innere Kompass wird durch deine verkörperte Stimme geschult. Durch Atem. Durch Präsenz. Durch Übung. Du brauchst diese Verbindung in einem System, das nicht für die freie Frau gemacht ist.

HOLISTISCHE ÜBUNG

Spiegel deiner Wahrheit

Diese kleine Übung hilft dir, dich mit deinem inneren Kompass zu verbinden – gerade in Momenten, in denen du Nähe zulassen möchtest, aber Klarheit brauchst.

- Setze oder stell dich aufrecht hin. Füße fest auf dem Boden, dein Beckenraum entspannt.
- Lege eine Hand auf dein Herz, eine auf deinen Unterbauch. Spüre deinen Atem.
- Atme tief ein – und beim Ausatmen töne ein langes, weiches »Nein«. Lass dieses Nein durch deinen ganzen Körper fließen, vom Becken über dein Herz bis zu deinem Mund.
- Wiederhole das drei bis fünf Mal.
- Danach atme ein – und töne ein klares, offenes »Ja«, wenn du fühlst, dass es da ist. Wenn nicht, bleib beim »Nein«.
- Spüre, wie dein Körper reagiert. Welche Wahrheit liegt in diesen einfachen Tönen?

Liebe und traditionelle Beziehungen

Statistiken zeigen, dass Frauen mit am häufigsten Opfer von körperlicher, sexueller und emotionaler Gewalt durch ihren eigenen (Ehe-)Partner werden.

Es ist daher essenziell, das Bewusstsein für diese Themen zu schärfen und Frauen zu ermutigen, Nein zu sagen und zu sich selbst Ja zu sagen, ohne Angst vor Gewalt oder gesellschaftlicher Verurteilung und Entscheidungen aus alten Konditionierungen heraus. Ich glaube, durch die Anerkennung und Unterstützung der weiblichen Stimme können wir als Gesellschaft echte Gleichberechtigung und Sicherheit für alle Frauen gewährleisten. Schauen wir uns die Gesellschaft heute an: Wer sitzt in den höchsten politischen Ämtern? Wer entscheidet über Frauenrechte? Allzu oft sind es Männer – Männer, die Frauen verachtet oder als Objekte dargestellt haben. Männer, die in Machtpositionen sind und denen die weibliche Stimme bestenfalls egal ist, schlimmstenfalls eine Bedrohung. Es ist kein Zufall, dass Frauen immer noch darum kämpfen müssen, ernst genommen zu werden, wenn sie über ihre Körper, ihre Sexualität, ihre Beziehungen oder ihre Grenzen sprechen.

> **Nein zu sagen, ist immer noch ein Akt des Widerstands. In intimen Beziehungen. Am Arbeitsplatz. In der Öffentlichkeit.**

In Deutschland ist Gewalt gegen Frauen ein ernstes und weit verbreitetes Problem, das sich oft im häuslichen Umfeld abspielt. Zusätzlich zur physischen, emotionalen und auch digitalen Gewalt leiden viele Frauen unter der unsichtbaren Last des »Mental Load«. Die ständige mentale Belastung durch die Organisation und Planung des Familienalltags ist ein Stress, der viele Frauen stark belastet. Studien zeigen, dass Frauen in Deutschland durchschnittlich fünfzig Prozent mehr unbezahlte Sorgearbeit leisten als Männer. Diese ungleiche Verteilung führt häufig zu Überlastung und Erschöpfung bei Frauen.

Besonders Mütter sind betroffen. In Beziehungen tragen sie oft die Hauptverantwortung für kognitive Aufgaben, unabhängig davon, ob sie in Vollzeit oder Teilzeit arbeiten. Diese zusätzliche Belastung erschwert es vielen Frauen, ihre eigene Stimme zu erheben und klare Grenzen zu setzen, insbesondere wenn sie sich um Kinder kümmern und gleichzeitig berufstätig sind.

Auch das Modell der Ehe muss hierbei kritisch hinterfragt werden, denn aktuelle Studien zeigen auch hier deutlich, dass es nicht für alle Frauen der Schlüssel zu einem erfüllten Leben ist, im Gegenteil. Während lange Zeit propagiert wurde, dass Ehe und Mutterschaft die ultimative Erfüllung für Frauen darstellen, deuten Forschungsergebnisse darauf hin, dass insbesondere verheiratete Frauen mit Kindern oft unter erhöhtem Stress, Mental Load und eingeschränkter Selbstbestimmung leiden. Frauen, die sich für ein Leben ohne Ehe und Kinder entscheiden, berichten dagegen häufig von größerer Zufriedenheit und Freiheit. Die traditionelle Vorstellung, dass Ehe und Mutterschaft die ultimativen Quellen des Glücks für Frauen sind, wird durch diese aktuellen Forschungsergebnisse infrage gestellt. Es ist wichtig, die vielfältigen Lebensentwürfe von Frauen anzuerkennen und zu respektieren, wobei sowohl die Entscheidung für Ehe und Kinder als auch für ein Leben ohne diese Elemente als gleichwertig betrachtet werden müssen.

Es ist doch merkwürdig, oder? Frauen wird immer wieder suggeriert, dass sie einen Mann oder zumindest eine Partnerschaft brauchen, um »angekommen« oder »komplett« zu sein. Als ob wir allein nicht ganz wären. Als ob unsere beruflichen Erfolge, unsere persönliche Entwicklung, unsere Freundschaften oder unsere Kreativität nicht ausreichen würden. Und es ist verdammt nervig. Während Männer sich auf ihre Karriere konzentrieren, Netzwerke aufbauen, gemeinsam Großprojekte umsetzen und zwischendurch

Sex haben, ohne dass das irgendjemand infrage stellt, wird bei Frauen immer wieder nachgehakt:

- »Hast du einen Freund?«
- »Wann heiratest du?«
- »Wie sieht dein Traummann aus?«
- »Willst du nicht langsam Kinder?«

Wenn eine Frau erfolgreich ist, dann wird gerne spekuliert, ob sie »zu viel arbeitet«, »zu stark« oder »zu unabhängig« ist – als wäre das etwas Negatives. Ein Mann, der sich komplett auf sich und seine Karriere fokussiert, ist »zielstrebig«. Eine Frau, die genau das tut, ist »einsam« oder »verbittert«.

Und es ist überall sichtbar. Betrachtet man etwa eine Dating-App, findet man dort massenhaft Männer in ihren späten Dreißigern oder Vierzigern, die schreiben, dass sie »noch nicht genau wissen, was sie suchen« – aber »vielleicht irgendwann Kinder wollen«. Männer, die nicht wissen, ob sie sich fest binden wollen, aber dennoch erwarten, dass eine Frau sich für sie entscheidet, für sie bereitsteht, dass sie diejenige ist, die irgendwann »passt«. Stell dir vor, eine Frau würde genau das mit vierzig auf einer Dating-App schreiben: »Ich weiß nicht genau, was ich suche, aber vielleicht will ich irgendwann Kinder.« Sie würde belächelt werden. Sie würde als naiv oder realitätsfern abgestempelt. Und genau hier zeigt sich die doppelte Moral:

- Ein Mann mit vierzig ohne Kinder? Kein Problem. Er hat sich auf sich selbst konzentriert, »seine Zeit genossen«, ist »karriereorientiert«.
- Eine Frau mit vierzig ohne Kinder? Problem. Sie hat »den Absprung verpasst«, ist »zu wählerisch«, »zu fordernd«.

Aber hier kommt die Wahrheit: Es gibt keinen Unterschied. Es sollte auch keinen Unterschied geben. Frauen haben genauso das Recht, ihr Leben nach ihren eigenen Vorstellungen zu gestalten – mit oder ohne Mann, mit oder ohne Kinder. Sie haben das Recht, sich auf ihre Karriere zu fokussieren, auf ihre Selbstverwirklichung, auf ihr Glück – ohne sich dafür rechtfertigen zu müssen. Denn das ist völliger Quatsch. Es ist eine veraltete, patriarchale Erzählung, die uns kleinhalten will.

Die Realität ist, dass Frauen heute freier sind denn je. Sie verdienen ihr eigenes Geld, sie haben Zugang zu Bildung, sie reisen, sie gründen Unternehmen, sie entscheiden (teilweise) selbst über ihren Körper und ihre Beziehungen. Und wenn ein Mann in ihr Leben kommt, dann nicht weil sie ihn »brauchen«, sondern weil sie ihn aus einer freien Entscheidung heraus wollen.

Das ist der eigentliche Paradigmenwechsel, denn Frauen müssen keine Männer mehr brauchen. Männer müssen heute gewollt werden. Und das bringt viele Männer in eine Krise. Plötzlich reicht es nicht mehr, einfach nur da zu sein. Plötzlich müssen sie sich auch emotional weiterentwickeln, sich öffnen, echte Beziehungen aufbauen – und sich dem stellen, was sie oft ihr Leben lang vermeiden konnten.

Genau daran zerbricht dieses alte Narrativ. Es ist nicht mehr zeitgemäß. Und es wird Zeit, dass wir Frauen aufhören, uns diesen unterschwelligen Druck gefallen zu lassen. Denn wir sind nicht hier, um »ausgewählt« zu werden. Wir sind hier, um unser Leben zu leben – mit oder ohne Mann.

Und jetzt stehen wir vor einer neuen gesellschaftlichen Dynamik – einer Art »Male-Loneliness«. Männer fühlen sich jetzt zunehmend einsam, weil sie nicht mehr gebraucht werden, zumindest nicht in der Form, wie es über Jahrhunderte der Fall war. Frauen brauchen keinen Mann mehr, um Auto zu fahren, um ein Bankkonto zu eröffnen oder sich finanziell abzusichern. Sie brauchen keinen Mann, um ein selbstbestimmtes Leben zu führen. Das, was lange die Basis männlicher Macht war – die wirtschaftliche, gesellschaftliche und strukturelle Abhängigkeit der Frau – ist im Begriff zu verschwinden.

Aber stellt euch mal vor: Eine Frau, die unabhängig ist, die ihr eigenes Geld verdient, die ihre Stimme nutzt, ihren Raum einnimmt – die entscheidet sich aus freien Stücken für einen Mann. Mind-blowing, oder? Leider ist dieser Gedanke tatsächlich für viele noch beängstigend. Aber eine Frau sollte nicht aus Angst bleiben, aus Abhängigkeit oder aus erlernten Mustern, sondern weil sie wirklich will. Hier zeigt sich der Riss im System. Während Frauen sich in den letzten Jahrzehnten stark verändert haben (mehr Bildung, mehr Rechte, mehr wirtschaftliche Unabhängigkeit), haben sich viele Männer kaum bewegt. Das bedeutet nicht, dass Männer keine Rolle mehr spielen. Im Gegenteil – es bedeutet, dass sie endlich wirklich gewollt werden können. Und eigentlich ist das doch wunderschön. Denn in einer Beziehung geht es nicht darum, gebraucht zu werden. Es geht darum, gewollt und geliebt zu sein.

Ich erinnere mich an einen Moment kurz vor meiner Trennung vom Vater meines Kindes – oder vielleicht schon mittendrin, ich weiß es nicht mehr genau. Ich saß abends auf dem Sofa und schaute eine Netflix-Serie. Eine dieser Serien, die überhaupt nicht tiefgründig sind, nichts, was einen eigentlich so sehr berühren sollte. Und doch stand ich wenig später unter der Dusche und weinte bitterlich. Ein Weinen, das nicht einfach aus Traurigkeit kam, sondern aus einer Tiefe, die mich selbst überwältigte. Es war, als käme dieser Schmerz aus meiner Magengrube, durch meine Kehle, direkt in mein Herz.

Ich konnte erst gar nicht greifen, woher diese Welle der Trauer kam. Aber sie fühlte sich so echt an, so roh, dass ich ihr Raum geben musste. Und als ich weiter hineinspürte, verstand ich: Es war nicht nur Trauer über diese eine Beziehung. Es war die Enttäuschung darüber, dass ich diese Romantik, nach der wir als Mädchen suchen, die uns in Filmen und Märchen versprochen wird, niemals erfahren habe.

In keiner meiner bisherigen Beziehungen habe ich mich wirklich gesehen, gehört und gewählt gefühlt. Ich habe mich immer irgendwie angepasst, immer irgendwo zurückgesteckt. Ich habe mit einem offenen, aber gleichzeitig blinzelnden Auge geliebt, so vieles ausgeblendet, damit es funktioniert. So viele Dinge, die sich nicht richtig anfühlten, habe ich heruntergeschluckt. Ich habe meine eigene Weite, meine eigene Wahrheit, meine eigene Stimme verkleinert, damit die Beziehung bestehen bleiben konnte.

Und dann wachte ich eines Tages auf – mit einem Kind, in einer Beziehung, die mich nicht erfüllte. Mit einem Mann, den ich einmal heiraten wollte. Und mir wurde klar: Das hier ist es nicht. Und es war nie das, was ich mir erhofft hatte. Diese Erkenntnis war einer der schmerzhaftesten Momente meines Lebens. Denn sie bedeutete, dass ich all das, woran ich geglaubt hatte, loslassen musste.

Es tut weh, sich einzugestehen, dass man sich selbst lange nicht treu war. Dass man sich aus Angst, nicht geliebt zu werden, kleiner gemacht hat. Dass man gehofft hat, dass sich etwas ändern würde, dass sich jemand ändern würde, wenn man nur ein wenig mehr gibt, ein wenig mehr liebt, ein wenig weniger fordert und sich selbst kleiner macht.

Und mit jedem Treffen, das ich heute habe, mit jedem Date, mit jeder Begegnung, in der ich merke, dass da nicht diese tiefe, ehrliche Resonanz ist, nicht diese Authentizität, die ich mir wünsche, spüre ich wieder diesen Schmerz. Ich spüre, wie ich das Mädchen in mir betrauere, das so sehr an die große, magische Liebe geglaubt hat. Aber trotzdem – ich will daran glauben. Vielleicht nicht an die Liebe, wie sie uns in Filmen gezeigt wird. Aber an eine Liebe, die frei ist. Eine Liebe, die aus einer bewussten Wahl heraus entsteht, nicht aus Mangel. Eine Liebe, in der keine sich kleiner, enger oder leiser machen muss, um geliebt zu werden. Vielleicht ist es vor allem die Liebe zu uns selbst, zu uns Frauen und unserer Kraft.

Während ich dieses Buch schreibe, weiß ich nicht, ob ich diese Liebe schon vollständig gefunden habe. Aber ich hoffe. Und ich habe die Liebe zu mir, welche immer weiter wächst.

Romantik, Liebeskummer und Rückverbindung

Doch solltest du Liebeskummer haben, was ganz normal ist, egal wie bewusst du bist. Dann lass mir dir einen kleinen Reminder geben. Denn kaum etwas fühlt sich so roh an, so echt, so alles durchdringend wie Liebeskummer. Kaum etwas konfrontiert uns so direkt mit unserer Sehnsucht – nach Liebe, nach Gesehenwerden, nach Verschmelzung. Und du bist nicht allein. Wir alle kennen ihn. Und ja, nicht nur wir Frauen. Aber wir Frauen – wir wurden sozialisiert, darauf zu hoffen, dass Romantik uns »passiert«. Dass sie in Form eines Mannes kommt. In Form einer Beziehung. In Form einer Geschichte, die sich erfüllt. Wir haben Filme geschaut und Geschichten gelesen, in denen sie am Ende ihren Prinzen bekommt – dann beginnt das Leben. Erst dann. Doch was, wenn die romantischste, leidenschaftlichste, erfüllendste Beziehung, die du führen kannst – die mit dir selbst ist?

Ich weiß, wie Liebeskummer sich anfühlt, I'm an expert … Ich kenne das Gefühl, wenn das Herz sich zusammenzieht, die Brust eng wird, die Stimme versagt. Wenn dich jemand verlässt – oder du dich selbst verlierst in der Idee von dem, was hätte sein können. Aber ich kenne auch die andere Seite. Ich habe sie mir zurückerobert. Nicht über Nacht. Sondern über viele Schichten hinweg. Immer wieder. Denn Befreiung geschieht nicht linear. Es gibt Level. Phasen.

Spiralen. Und jedes Mal, wenn du durchgehst, wird es echter. Wahrhaftiger. Es wird schneller zu erkennen, wann es stimmig ist oder nicht.

Ich habe gelernt, dass Romantik nicht nur in Partnerschaften zu finden ist. Dass es nicht »er« sein muss, der mir Blumen bringt. Dass ich mir selbst Rosen kaufen kann – oder gar keine Blumen haben will, sondern mir eine Stunde in der Badewanne gönne, in der ich singe. Meine Stimme fließen lasse. Meine Vulva Voice spüre.

Ich habe Romantik in meiner Arbeit gefunden. Meine Arbeit ist meine große Liebe – zusammen mit meinem Sohn. Wenn ich mit Frauen arbeite, wenn wir gemeinsam blockierte Stimmen befreien, wenn Töne durch den Körper strömen, wenn sich Tränen lösen, dann ist das Romantik. Es ist Verbindung. Tiefe. Magie. Meine Arbeit ist mein Date mit dem Leben – jedes Mal neu, voller Hingabe.

Meine Romantik ist auch in der Art und Weise, wie ich meinen Sohn umarme. Wie ich ihn wachküsse am Morgen, ganz sanft. Wie er mich anschaut – und mit dieser kindlichen Klarheit sagt, dass er mich liebt. Über alles. Für immer. Wenn er sagt: »Meine Liebe endet nie, Mama.« Und ich innerlich atme, mein Herz dehne und mir wünsche, ihm genau dort immer wieder zu begegnen.

Ich finde Romantik in der Art, wie ich mich anziehe. Wie ich Schmuck auswähle. Wie ich Lippenstift trage – für mich. Ich finde sie in Dates mit Freundinnen, die ehrlich sind. Roh. Wild. Ich finde sie in Gesprächen, in denen wir lachen, weinen, uns nicht verstecken. Ich finde sie in der Art, wie ich Mutter bin – voller Herz, voller Präsenz, ohne Masken. Romantik bedeutet für mich nicht: rosa Glitzer. Romantik bedeutet: echt sein. Romantik bedeutet: tief gehen, berührt werden, weil du da bist – wirklich da.

Und wenn du Liebeskummer hast – spür ihn. Verdräng ihn nicht. Denk dich nicht drüber weg. Erlaube dir, durchzugehen. Weine. Schreie. Stampfe. Und vor allem: Töne dich frei. Deine Stimme ist dein Zuhause. Sie wird dich erinnern. Immer wieder. Dass du ganz bist. Du musst nicht auf ein Happy End warten. Du kannst dir heute – genau jetzt – den Raum geben, dich selbst zu lieben. Und dich zu erinnern: Romantik beginnt da, wo du dir selbst begegnest. All die Liebe, die du spürst – die du einer anderen Person schenken möchtest oder vielleicht schon geschenkt hast – ist im tiefsten Kern nichts anderes als eine Erinnerung. Eine Erinnerung daran, dass diese Liebe in dir wohnt. Dass du diese Liebe bist. Dass sie durch dich hindurchfließt – durch deinen Körper, durch deine Stimme, durch deine Berührungen, deine Gedanken, deine Worte.

Diese Liebe ist kein Mangel, kein Bedürfnis, das gefüllt werden muss. Sie ist Fülle. Sie ist Quelle. Und sie zeigt sich in so vielen Formen: in Geld, in Reichtum, in Gesundheit, in Freundschaften, in Visionen, in Projekten, in purer Kreativität, in deiner Schöpferkraft, in Lust, in deinem tiefsten lebendigen Ausdruck. Wenn du diese Liebe fühlst, dann bist du mit deinem wahren Selbst verbunden. Und wenn der Mensch, dem du diese Liebe schenken wolltest, sie nicht empfangen kann – dann ändert das nichts an ihrer Existenz. Sie ist schon da. Und sie bleibt. Das zu fühlen, zu verkörpern, zu leben, ist das größte Geschenk.

Du bist die Liebe,
auf die du gewartet hast.

HOLISTISCHE ÜBUNG

Romantic Self Voice Activation

Diese Übung ist eine Liebeserklärung an dich selbst – durch deine Stimme.

Diese Übung ist für dich, wenn du Liebeskummer hast. Wenn du dich leer fühlst. Wenn du dich zurückholen willst. Wenn du bereit bist, dir selbst das zu geben, was du dir so oft von anderen gewünscht hast: Zuwendung, Tiefe, Gefühl, Präsenz – und Liebe.

1. Richte dir einen Raum ein

- Dimme das Licht. Zünde eine Kerze an.
- Vielleicht magst du dich schön anziehen – nicht für den Spiegel, sondern für dein Gefühl. Oder du trägst gar nichts – auch das ist vollkommen in Ordnung.

Wichtig ist: Es ist ein Raum nur für dich.

2. Setze oder lege dich hin

- Atme tief in deinen unteren Bauch.
- Lege eine Hand auf dein Herz, die andere auf deine Vulva oder deinen Unterbauch.
- Fühle deinen Herzschlag. Fühle deine Wärme. Fühle deine Präsenz.

3. Töne mit einem »Mmmm« oder »Aaah«

- Lass deine Lippen ganz weich.
- Das ist kein »schönes« Tönen. Kein Singen. Es ist ein Seufzen, ein Schmelzen, ein In-die-Arme-Fallen deiner eigenen Stimme.

4. Lass deine Stimme wandern

- Beginne mit deinem Herzraum. Töne in ihn hinein.
- Dann töne in deinen Schoßraum. Spür, wie deine Stimme dort ankommt – wie sie dich von innen streichelt.

5. Und jetzt sprich mit dir, als wärst du deine große Liebe

- Sag dir, was du hören willst. Was du brauchst.
- Zum Beispiel:
  »Ich liebe dich.«
  »Ich bin da für dich.«
  »Du bist nicht zu viel. Nie gewesen.«
  »Ich verspreche dir, dich nicht mehr zu verlassen.«

6. Wiederhole einen Satz wie ein Mantra

- Wähle einen Satz, der heute für dich wahr ist.
- Zum Beispiel:
  »Ich bin Romantik.«
  »Ich bin meine große Liebe.«
  »Ich bin ganz da.«
- Sprich ihn mit deiner Stimme. Mehrmals.
- Lass ihn in dir klingen. Lass ihn durch dich hindurchschwingen, als würde dein ganzes System sich daran erinnern.

7. Beende die Übung mit einer Geste

- Vielleicht legst du deine Hände auf deine Wangen. Oder dein Herz. Oder du küsst dich selbst.
- Vielleicht weinst du. Vielleicht lachst du. Alles ist willkommen.
- Vielleicht magst du dich auch selbst befriedigen und es weiter ausführen.

Und dann geh raus in deinen Tag – mit dir. Du bist dein eigenes Date. Und du bist ein verdammt gutes.

Auflösen von kollektiven Stimm-Traumata

Es gibt Wunden, die keine Worte haben. Erfahrungen, die so tief in den Körper geschrieben sind, dass sie nicht einfach erzählt, sondern nur gefühlt werden können. Ich habe gelernt, dass die Stimme nicht nur ein Ausdrucksmittel ist. Sie ist ein Schlüssel. Ein Zugang zu jenen Bereichen in uns, die vielleicht seit Jahren oder Jahrzehnten im Dunkeln liegen – eingefroren, weggeschoben, verschlossen.

Doch diese Wunden haben eine Stimme, wenn wir ihnen endlich Raum geben, gehört zu werden. Es gilt für jede Person, nicht nur für uns Frauen, zu verstehen, wie tief kollektive Traumata in uns sitzen – nicht nur in unseren Gedanken, sondern auf Zellebene gespeichert. Diese tiefen Prägungen beeinflussen, wie frei wir uns fühlen, nicht nur in unserer Beziehung zu uns selbst, sondern auch in der Sexualität, im kreativen Ausdruck, in unserer Kommunikation mit anderen. Diese Traumata entstehen nicht nur aus einer einzelnen schmerzhaften Erfahrung. Sie sind kollektiv. Sie haben sich über Generationen hinweg aufgestaut, wurden weitergegeben, wiederholt und immer wieder verstärkt, wenn Frauen nicht gehört wurden, wenn sie verstummt sind, wenn ihre Grenzen übergangen wurden, und das zeigt sich überall. In romantischen Partnerschaften, in familiären Beziehungen sowie im Business. Eine Frau, die sich nicht sicher fühlt, ihre Stimme zu erheben, wird sich auch in anderen Lebensbereichen unsichtbar machen.

- Sie zieht sich zurück.
- Sie macht sich kleiner.
- Sie nimmt weniger Raum ein, weil sie gelernt hat, dass es gefährlich sein kann.

Wenn dieses Muster nicht durchbrochen wird, bleibt es bestehen – in der Gesellschaft, in Partnerschaften, in Unternehmen.

Die Arbeit mit der Stimme ist besonders in der traumasensiblen Arbeit eines der sanftesten und zugleich kraftvollsten Werkzeuge, die ich kenne. Ich weiß das nicht nur aus meiner Arbeit mit Frauen, sondern aus meiner eigenen Geschichte.

Die Verwandlung meiner Stimme

Die Geburt meines ersten Kindes – meines Sternenkindes – war alles andere als still. Ich wusste, dass mein Sohn nicht leben würde. Und doch entschied ich mich, ihn vaginal zur Welt zu bringen. Ich erinnere mich an den Schmerz, an die rohe Gewalt, mit der mein Körper sich öffnete, wissend, dass kein Schrei meines Babys den Raum füllen würde. Und ich erinnere mich daran, wie aus diesem Schmerz eine Kraft erwuchs, die ich niemals für möglich gehalten hätte.

**MEIN KÖRPER WUSSTE, WAS ZU TUN WAR.
MEINE STIMME WUSSTE ES AUCH.**

Während der Wehen begann ich zu tönen, nicht bewusst, nicht geplant – es war ein Klang, der mich fand, nicht andersherum. Es war ein archaisches Rufen, eine Resonanz, die durch meine Knochen vibrierte. In diesen Stunden wurde mir klar: Meine Stimme war nicht verschwunden. Sie war in der Tiefe meines Schoßraums verborgen, wartend.

Nach dieser Geburt zog ich mich zurück. Ich brach all meine Engagements ab – Engagements mit bekannten Rappern, Möglichkeiten von Erfolg und Sichtbarkeit, all das, worauf ich jahrelang hingearbeitet hatte. Doch nichts von dem fühlte sich mehr wahr an. Denn alles, was ich wollte, war hinzuhören. Was wollte mir dieser Schmerz sagen?

In diesem Hinhören begann eine tiefe Verbindung zu meinem Schoßraum. Eine Verbindung, die ich so noch nie gespürt hatte. Und aus diesem Stillsein konnte meine authentische Stimme sich freisetzen. Als ich schließlich mit meinem zweiten Kind schwanger wurde, wusste ich, dass diese Geburt anders sein würde. Ich wusste, dass ich sie mit meiner Stimme begleiten würde.

Mein zweites Kind kam in einer ganz natürlichen Geburt im Geburtshaus zur Welt. Ich tauchte in meine Stimmkraft ein, ganz bewusst und präsent. Während der Wehen ließ ich meine Stimme fließen – es waren tiefe, kraftvolle Töne, indigene Klänge, die durch mich hindurchflossen, als würde eine uralte Erinnerung durch meine Stimme sprechen. Die Hebammen waren fasziniert.

»Ich habe noch nie eine Frau so gebären hören«, sagte eine von ihnen. Denn es war keine Hilflosigkeit in meiner Stimme, kein verzweifeltes Schreien. Es war Kraft. Es war pure, ungefilterte Präsenz. Und genau diese Stimmkraft, diese tiefe Verbindung von Schoßraum und Klang, ist es, was ich heute Frauen in meiner Arbeit weitergebe.

Bereits im Mutterleib beginnt das Nervensystem eines Kindes, auf die emotionalen Zustände der Mutter zu reagieren. Wissenschaftliche Studien zeigen, dass etwa mütterlicher Stress während der Schwangerschaft das Nervensystem beeinflussen kann. Erhöhte mütterliche Cortisol-Werte in der zweiten Hälfte der Schwangerschaft führen beim Ungeborenen zu Stressreaktionen und können langfristige Veränderungen des Nervensystems bewirken. Diese pränatalen

Einflüsse können dazu führen, dass Kinder mit einer erhöhten Anfälligkeit für Stress und emotionale Dysregulationen geboren werden. Wenn eine Mutter während der Schwangerschaft Schwierigkeiten hat, ihre Grenzen zu setzen oder sich sicher zu fühlen, kann dieses Gefühl der Unsicherheit auf das Kind übertragen werden. Das unterstreicht die Bedeutung eines stabilen und sicheren Umfelds für werdende Mütter, da das emotionale Wohlbefinden der Mutter direkt die Entwicklung des Kindes beeinflusst. Die Weitergabe von Stressmustern von der Mutter auf das Kind kann über Generationen hinweg erfolgen. Ein dysreguliertes mütterliches Nervensystem kann dazu führen, dass Kinder geboren werden, die ebenfalls Schwierigkeiten mit der Stressbewältigung haben. Daher ist es essenziell, werdende Mütter dabei zu unterstützen, ein gesundes Stressmanagement zu entwickeln und sichere Räume zu schaffen, in denen sie ihre Emotionen authentisch ausdrücken können.

Die Arbeit mit der eigenen Stimme ist dabei ein so wirkungsvolles Mittel, um das Nervensystem zu regulieren und emotionale Blockaden zu lösen. Durch gezielte Stimmarbeit können sowohl Mütter als auch ihre Kinder lernen, ihre Emotionen besser zu verarbeiten und ein gesundes Selbstbewusstsein zu entwickeln. Dies trägt nicht nur zum individuellen Wohlbefinden bei, sondern fördert auch die Entwicklung einer resilienten und empathischen Gesellschaft, in der echte Begegnungen stattfinden können.

Die Brücke zur Selbstheilung

In der Traumaheilung gibt es einen Begriff: Titration. Es bedeutet, dass wir Emotionen nicht auf einmal überfluten lassen, sondern Stück für Stück an die Oberfläche holen, in kleinen, regulierbaren Dosen. Die Stimme ist eines der sanftesten Werkzeuge, um diesen Prozess zu begleiten.

UNSERE GESCHICHTEN

In einer meiner Vulva Voice Sessions während eines Sommer-Retreats war eine Frau, die sich bereits viel mit ihrer Sinnlichkeit, mit Lust und Körperarbeit befasst hatte. Sie war vertraut mit Berührung, Intimität, auch mit Energiearbeit. Und doch gab es da diese Lücke – einen leisen Raum in ihr, der unbetreten blieb. Nicht weil sie ihn nicht erkunden wollte, sondern weil zu viele Geschichten, alte Themen und schmerzhafte Erinnerungen wie eine dünne Eisschicht über dem inneren See lagen, den sie eigentlich betreten wollte.

In einer der Sessions, nach einer Sequenz von Atem, Tönen, somatischen Übungen, floss plötzlich ihre Stimme – nicht als etwas, das sie machte. Sondern als etwas, das sie durchströmte. Sie sagte mir danach mit Tränen in den Augen: »Es war, als hätte mein Schoß ein klares Lied gesungen. Nicht für jemanden. Sondern für sich selbst.«

Ich finde dieses Bild so kraftvoll. Ein Klagelied. Ein Geburtslied. Ein Lied der Erlaubnis.

Die Stimme braucht keine Performance. Sie braucht nur ein Ja des Nervensystems. Ein echtes Ja. Und dann, wenn dieser Moment kommt – kann sich etwas öffnen, das kein Geliebter, kein noch so gut gemeintes Coaching je berühren könnte. Unsere Stimme vibriert unter unserer Haut, sie gehört nur uns. Sie klingt unter unseren Knochen. Sie führt uns an Orte in uns, die nicht mit Sprache erreichbar sind und für niemanden sonst. Sie ist das ehrlichste und tiefste Instrument, das wir haben.

- Sie gibt dem Körper eine Struktur, in der er sich sicher fühlen kann.
- Sie setzt Vibrationen frei, die tief ins Gewebe dringen und dort Blockaden lösen.
- Sie aktiviert den ventralen Vagusnerv, der für Entspannung und Regulation sorgt.

UNSERE GESCHICHTEN

Die Stimme, die nicht gehört wurde – und wie ich sie selbst zurückgeholt habe.

Ich erinnere mich. Ich war jung, voller Träume und lebte in Berlin. Als Sängerin, Songwriterin. Ich stand im Studio, sang für bekannte Rapper, war in dieser Szene unterwegs, in diesem von Männern dominierten Raum, in dem Frauen oft nur Dekoration waren oder Stimmen im Hintergrund.

Einer dieser Männer, ein Mann aus einem großen Label, wollte mich für einen Filmsoundtrack engagieren. Ein für mich großer Deal. Eine riesige Möglichkeit. Doch schon früh mischte sich etwas anderes in diese »geschäftliche« Verbindung. Er wurde persönlich. Blumen. Komplimente. Manipulation. »Du bist genau die Frau, die ich brauche.«

Ich kannte diese Art von Spiel nicht. Oder vielleicht kannte ich sie und wollte nicht sehen, was es war. Berufliche Macht, vermischt mit persönlicher Kontrolle. Und irgendwie zog es mich hinein. Ich wollte glauben, dass da etwas Echtes war.

Ich traf mich mit ihm. Und fand heraus, dass er nicht nur in der Musikbranche arbeitete, sondern auch ein Drogendealer war. Ich hätte gehen sollen. Aber ich blieb. Warum? Weil Frauen lernen, dass sie »helfen« müssen. Dass sie »verstehen« müssen. Dass sie »retten« können. Und weil Manipulation wie eine leise Gehirnwäsche ist.

Nach Wochen von subtilen Annäherungen, verwirrenden Signalen, Komplimenten und Abhängigkeiten begann ich, diesen Mann zu mögen. Er sagte mir, er hätte Schulden. Dass er dringend Geld brauche. Ich hatte selbst kaum etwas – aber ich gab ihm mein letztes Geld. Mehrere Tausend Euro.

Ich habe mich lange für diese Geschichte geschämt.

Doch dann habe ich verstanden: Die Scham gehört nicht mir.

Die Scham gehört ihm.

Es war unser erstes Mal. Ich nenne es inzwischen nicht mehr »Sex«.

Wir trafen uns, angeblich um über den Film zu sprechen. Er bot mir einen Joint an. Ich nahm ein, zwei Züge. Ich bin keine Kifferin. Aber was dann geschah, war nicht normal. Mein Körper wurde schwer. Mein Kopf neblig. Ich konnte mich nicht bewegen. Ich konnte kaum noch sprechen.

»Mir geht's nicht gut.«

»Ich kann nicht laufen.«

Das Restaurant, in dem wir saßen, war (zufälligerweise?) direkt neben einem billigen Hotel. Ich konnte kaum noch stehen. Also nahm er mich unter den Armen, führte mich ins Hotel. Die Rezeptionistin sah mich an. Ich weiß, sie hat gesehen, dass ich kaum anwesend war. Aber sie sagte nichts. Ich lag auf dem Bett. Mir war übel. Mein Körper war da, aber ich war es nicht. Er zog meine Hose aus.

»Nein.«

Er hörte nicht auf.

»Nein.«

Es war, als wäre mein Nein nicht einmal ein Geräusch im Raum. Er drang in mich ein. Ohne Verhütung. Ich war nicht da. Ich war nicht anwesend. Ich konnte mich nicht wehren. Und das Tragische: Ich habe es nicht einmal als Vergewaltigung erkannt.

Nach dieser Nacht kam ich nicht von ihm los. Emotionale Abhängigkeit ist eine perfide Waffe. Ich war verwirrt, verletzt, fühlte mich benutzt – aber irgendwo in mir war noch dieses falsche Gefühl von Nähe.

Ich sah ihn wieder. Ich hatte erneut Sex mit ihm. Furchtbar, leer, widerlich.

Er kam in mir. Ohne Verhütung. Ich musste am nächsten Tag die Pille danach holen. Ich hasste mich dafür. Und dann war er weg.

Er schrieb mir nur noch Nachrichten, die meine Scham vertieften. Er verspottete mich. Ich hatte ihm Geld gegeben. Ich hatte ihm meinen Körper gegeben. Ich hatte meine Stimme nicht genutzt. Aber jetzt schreibe ich diese Geschichte auf. Und ich nutze meine Stimme.

Diese Geschichte ist nicht nur meine. Es ist eine Geschichte, die viele Frauen kennen. Frauen, die manipuliert wurden. Frauen, die sich schämen. Frauen, die nicht gesehen und gehört wurden. Frauen, deren Nein nicht gehört wurde. Frauen, deren Stimme nicht gezählt hat. Aber die weibliche Stimme kehrt zurück. Und mit ihr die Macht, die uns so lange genommen wurde.

Eine Frau, die jahrelang geschwiegen hat – weil ihr Körper gelernt hat, dass sprechen gefährlich ist –, kann durch einfaches Summen spüren, dass es sicher ist, ihre Stimme zu nutzen. Das Nervensystem kann sich regulieren und sie kann ihr klares Nein und ihr volles Ja freilegen. Eine Frau, die ihren Atem anhält, weil sie nicht fühlen will, kann durch sanftes Tönen beginnen, sich wieder mit ihrem Inneren zu verbinden.

Ich habe Frauen begleitet, die nach Jahren der gefühlten Sprachlosigkeit ihren ersten hörbar freien Ton hervorgebracht haben – ein Zittern, ein Summen, ein kaum hörbares »Ahhh«. Und dieser Moment, so leise er sein mag, ist revolutionär.

UNSERE GESCHICHTEN

Die Frau, die ihre Stimme verlor und zurückgewann

Sie hatte unzählige Geburten begleitet. Stand an der Seite von Frauen, die neues Leben auf die Welt brachten, hielt ihre Hände, sprach beruhigende Worte, wusste genau, wann sie eingreifen musste und wann es besser war, einfach nur da zu sein. Sie war Oberärztin, Geburtshelferin, Mutter von vier Kindern. Eine Frau, die ihr Leben der Unterstützung anderer Frauen gewidmet hatte. Doch in all den Jahren hatte sie eines nie wirklich getan: sich selbst gehört.

Als sie zu meinem Retreat kam, spürte ich sofort, dass sie mit etwas Großem rang. Sie war nicht die Frau, die sich in den Mittelpunkt stellte, nicht die, die gleich losredete. Sie hielt sich im Hintergrund, beobachtete, ließ die anderen Frauen sprechen, hörte aufmerksam zu. Doch in einem Gespräch unter vier Augen öffnete sie sich mir. »Die Stimme beängstigt mich«, sagte sie. »Ich weiß, dass da etwas ist, das sich lösen will. Aber wenn ich meine Stimme befreie, dann weiß ich nicht, was passiert.«

Sie erzählte mir von Momenten, in denen ihre Stimme wortwörtlich verstummte. Schon als Kind hatte sie gelernt, dass es sicherer war, zu schweigen. Und später, als junge Frau, als sie mit achtzehn Jahren vergewaltigt wurde, hörte sie endgültig auf, ihre Stimme frei zu nutzen. Sie sprach nie darüber. Kein Wort. Keinen Laut. Sie verstummte.

Stattdessen funktionierte sie. Sie ging ihren Weg, wurde Ärztin, wurde Mutter, arbeitete Tag für Tag in einem Umfeld, in dem sie professionelle Klarheit brauchte. Und doch fühlte sie sich leer. Ihre Stimme nutzte sie, ja, sie wusste, wie man spricht, wie man autoritär klingt, wie man beruhigend wirkt. Aber die Verbindung zu ihrer Essenz, zu ihrem inneren Klang, zu dem tiefen, ehrlichen Ausdruck von ihr selbst – der war verschwunden.

Dann kam die Übung. Eine simple Stimmübung, ein sanftes Summen, tief aus dem Schoßraum. Eine Technik, die so einfach schien und doch eine Tür öffnete, die lange verschlossen gewesen war. Kaum hatte sie begonnen, begann ihr Körper zu beben. Sie lehnte sich an die Wand, als würde ihr das Fundament unter den Füßen wegbrechen. Ihre Hände zitterten. Tränen stiegen ihr in die Augen. »Ich wusste nicht, dass es so tief sitzt«, flüsterte sie nach der Session.

Und doch wusste sie, dass sie weitermachen musste. Am Abend folgte die Vocal Healing Journey – eine Session, die tief geht, eine Reise in den Körper, ins Unterbewusstsein. Ich begleitete die Frauen hierbei mit meiner Trommel, ich ließ die Frauen mit ihren Stimmen in den Raum eintauchen, spürte die Energie, die sich bewegte. Die Frauen tönten, ließen frei, was aus ihnen herauskommen wollte.

Und sie stand am Rand, ihre Arme um sich geschlungen. »Ich kann das nicht«, sagte sie. Aber langsam, fast zögerlich, trat sie in die Mitte des Kreises. Und plötzlich geschah es.

Ein Laut durchbrach die Stille. Erst ein Zittern, dann ein tiefes, uraltes Tönen, das aus ihrem Schoß aufstieg, sich durch ihren Brustraum zog, über ihre Lippen kam und den ganzen Raum füllte. Kein geschönter Klang, kein sanftes Summen. Es war roh. Es war ehrlich. Es war alles, was sie all die Jahre zurückgehalten hatte.

Und dann kam der Schrei. Ein Schrei, der nichts mit Panik oder Angst zu tun hatte. Ein Schrei, der aus einer ganz anderen Tiefe kam. Ein Schrei aus ihrer Kraft. Die Frauen um sie herum hielten den Atem an. Ihre Augen füllten sich mit Tränen. Sie bezeugten diesen Moment – und in diesem Bezeugen wurden sie selbst berührt.

Es war, als würde sich nicht nur ihre Stimme befreien, sondern die Stimme von so vielen Frauen, die vor ihr verstummt waren.

»Ich habe mich noch nie so tief berührt gefühlt«, sagte eine der Frauen später. »Es war, als hätte sie für uns alle geschrien.« Eine andere: »Ich spüre meinen Körper anders. Mein Atem geht tiefer. Ich fühle eine Erlaubnis, mich selbst mit meiner Stimme auszudrücken.«

Als sie zurück in den Kreis trat, zitterte sie am ganzen Körper. Doch in ihrem Gesicht lag ein Ausdruck, den es vorher nicht gehabt hatte.

Ruhe. Tiefe. Freiheit.

»Ich habe meine Stimme zurück«, sagte sie. Und in diesem Moment wusste ich: Sie hatte nicht nur ihre Stimme zurück – sie hatte sich selbst zurück.

Die Stimme gerade auch für Frauen zu nutzen, die sexuelle Übergriffe erfahren haben, ist, wie ich finde, besonders wichtig. Denn Frauen, die sexuelle Übergriffe oder Gewalt erfahren haben, spüren oft, dass ihre Stimme eng mit diesem Trauma verbunden ist.

- Viele Frauen berichten, dass sie in kritischen Momenten »verstummt« sind, dass sie nicht schreien oder sich wehren konnten.
- Manche entwickeln eine leise Stimme oder haben das Gefühl, »nicht durchzukommen«.
- Andere spüren eine körperliche Enge im Hals, wenn sie über ihre Erfahrungen sprechen wollen.

Die Stimme kann Frauen dabei helfen, sich wieder mit ihrem Körper zu verbinden – mit ihrem Atem, ihrem Klang, ihrer Selbstwirksamkeit.

Frauen, die jahrelang ihre Stimme für andere benutzt haben – sei es in der Prostitution oder in einer Umgebung, die ihre Sexualität ausgebeutet hat –, können durch Stimmarbeit beginnen, ihre Stimme wieder als ihr eigenes Werkzeug zu erleben.

UNSERE GESCHICHTEN

Die Frau, die im Sterbeprozess ihre Stimme wiederfand

Eine der berührendsten Begegnungen in meiner Arbeit war mit einer Frau über achtzig, die an Krebs erkrankt war. Sie erinnerte sich daran, dass sie als Kind so gerne gesungen hatte. Doch das Leben hatte sie von ihrer Stimme getrennt – durch Pflichten, durch Schmerz, durch die leise, allmähliche Entfremdung von sich selbst.

Ich erklärte ihr, dass ich keine klassische Gesangslehrerin bin.

Sie lächelte und sagte: »Gott sei Dank.«

Ich begann, mit ihr zu arbeiten. Wir tönten gemeinsam, nicht um eine perfekte Stimme zu formen, sondern um zu spüren, wie Klang sich in den Körper zurückholen lässt. Wir ließen den Raum mitschwingen, arbeiteten mit Energiepunkten, öffneten Resonanzräume. Und langsam begann sich etwas in ihr zu verändern.

Sie sprach über Dinge, die sie seit Jahrzehnten nicht gesagt hatte. Sie weinte. Sie lachte. Sie konnte sich selbst mit einer Sanftheit begegnen, die ihr lange gefehlt hatte.

Schließlich bat sie ihre Töchter, mit in die Sessions zu kommen. Und am Ende war es nicht nur eine Frau, die ihre Stimme wiederfand – es war eine Familie, die einen neuen Klang fand. Die Töchter sagten mir später, dass sie ihre Mutter das erste Mal hatte weinen sehen.

Kurz danach starb sie. Und doch ging sie nicht in Stille. Sie hatte ihre Stimme erhoben.

Ich war vierzehn Jahre alt, als mein Vater an Leukämie starb. Er war gerade einmal fünfundvierzig. Ich sehe uns noch dort stehen, als wäre es gestern – meine Mutter, meine Geschwister und ich, in diesem dunklen Krankenzimmer, um sein Sterbebett herum. Und dann begann ich zu singen. Nicht weil ich wusste, was ich tun sollte. Sondern weil meine Stimme mich führte. Damals war ich ein großer Christina-Aguilera-Fan, und eines der ersten Lieder, mit denen ich später auf Straßenfesten in Hamburg auftrat, war »Beautiful«. Genau dieses Lied sang ich an seinem Sterbebett.

Ich setzte mich neben ihn, spürte die Kälte seines Körpers, und während ich sang, hatte ich das Gefühl, dass meine Stimme ihm half, loszulassen – dorthin zu gehen, wohin auch immer. Es war kein rationaler Moment. Es war ein Moment der reinen Präsenz, der Verbindung, die über Worte hinausging.

GENAU DAS IST DIE KRAFT DER STIMME. SIE TRÄGT. SIE VERBINDET. SIE TRANSFORMIERT.

SIE HILFT, LOSZULASSEN, ZU HEILEN, AUF EINER TIEFEREN EBENE IN KONTAKT ZU TRETEN. MIT DEN LEBENDEN GENAUSO WIE MIT DENEN, DIE GEHEN.

UNSERE STIMMEN SPEICHERN ERINNERUNGEN. NICHT NUR IN UNSEREM KOPF, SONDERN IN UNSEREN ZELLEN.

Es gibt bemerkenswerte Studien dazu, dass Musik die Fähigkeit hat, Erinnerungen zu wecken und emotionale Verbindungen zu reaktivieren. Bei Menschen mit Demenz etwa kann das Hören vertrauter Lieder längst verloren geglaubte Erinnerungen zurückbringen. Die Dokumentation »Alive Inside« aus dem Jahr 2014 zeigt eindrucksvoll, wie Musiktherapie die kognitiven Fähigkeiten und die Lebensqualität von Demenzkranken verbessern kann. Studien bestätigen, dass musikalische Aktivitäten nicht nur das Gedächtnis, sondern auch die allgemeine Stimmung und das Wohlbefinden positiv beeinflussen. Über Musik verbinden wir uns auf einer anderen Ebene miteinander. Wir verbinden uns auch mit etwas außerhalb unseres Verstandes.

Traumatische Erlebnisse können nicht nur das Individuum betreffen, sondern auch Auswirkungen auf nachfolgende Generationen haben. Dieses Phänomen wird als transgenerationales Trauma bezeichnet. Studien legen nahe, dass unverarbeitete Traumata epigenetisch weitergegeben werden können, was bedeutet, dass die Nachkommen Symptome oder Verhaltensweisen entwickeln, die mit den Erfahrungen ihrer Vorfahr*innen in Verbindung stehen. Dies wurde insbesondere bei Nachkommen von Holocaust-Überlebenden und anderen von kollektiven Traumata betroffenen Gruppen beobachtet. Die therapeutische Nutzung von Gesang kann also dazu beitragen, emotionale Blockaden zu lösen und tief sitzende Erinnerungen zu aktivieren, nicht nur die individuellen, sondern die kollektiven. Durch das Singen werden nicht nur körperliche Prozesse wie Atmung und Herzschlag synchronisiert, sondern auch emotionale Zustände beeinflusst. Dies kann besonders hilfreich sein, um unverarbeitete traumatische Erfahrungen, die über Generationen weitergegeben wurden, zu adressieren und in Selbstwirksamkeit zu heilen.

Obwohl weitere Forschung notwendig ist, um die spezifischen Mechanismen zu verstehen, deuten diese Erkenntnisse darauf hin, dass die Arbeit mit der eigenen Stimme und das gemeinsame Singen oder einfache bewusste Tönen potenziell transformative Werkzeuge sind, um eigene Traumata und auch transgenerationale Traumata zu erkennen und zu bearbeiten.

UNSERE GESCHICHTEN

Die Frau, die das Unaussprechliche aussprach

Eine Klientin kam zu mir, weil sie ihre Stimme nutzen wollte. Nicht weil sie eine klare Blockade spürte – aber da war etwas. Etwas, das sich nicht greifen ließ. Die Stimme führt uns immer an den Ursprung.

Ich arbeite mit verkörperter Stimme und Emotionsarbeit. Das bedeutet, dass wir mit Klang und Atem in den Körper hineinlauschen – dorthin, wo Erinnerungen gespeichert sind, die unser Verstand längst vergessen hat. Denn wenn eine Erfahrung so tief schneidet, dass unser System sie nicht vollständig verarbeiten kann, bleibt sie stecken. Oft nicht dort, wo wir sie erwarten würden. Sondern in der Kehle. Im Becken. Im Zwerchfell.

Meine Klientin spürte das – aber sie wusste nicht, warum. Wir begannen mit der Übung. Tiefe Atemzüge. Klang, der sich aus dem Bekken nach oben bewegte.

Die Stimme durfte frei strömen. Bis sie stockte. Ihre Schultern zogen sich zusammen. Ihre Kehle wurde eng. Ihr Körper begann zu zittern.

Dann kamen die Bilder. Sie war ein Kind. Und jemand, der ihr hätte Schutz bieten sollen, hatte ihre Grenzen tief verletzt. Sie hatte all die Jahre geschwiegen.

Nicht weil sie es vergessen hatte. Sondern weil ihr Körper gelernt hatte: »Schweigen ist sicherer.« Bis zu diesem Moment.

Ihr Atem wurde tiefer. Dann setzte sie einen Klang frei. Es war kein »schöner« Klang. Kein sanftes Tönen. Es war ein feiner, aber bewusster Ruf aus der Tiefe. Ein Laut, den sie als Kind nie hatte herauslassen können. Ein Laut, der all die Jahre in ihr gefangen gewesen war. Und plötzlich war da Klarheit. Sie verstand, warum sie sich in bestimmten Momenten unsicher fühlte. Warum ihr Körper immer wieder in Erstarrung verfiel.

Die Stimme hatte das Unaussprechliche ausgesprochen. Und genau das ist Selbstermächtigung. Nicht weil der Schmerz verschwindet.

Sondern weil er gehört wird. Weil die Wahrheit einen Klang bekommt. Und weil sie sich dadurch zurückgeholt hat.

Männliche Verantwortung und Empathie

Wie kann ein Mann unterstützen? Lasst uns das noch mal vertiefen ...

Indem er zuhört. Indem er anerkennt, dass er nicht weiß, wie es sich anfühlt, eine Frau zu sein. Indem er sich eingesteht, dass er Situationen miterlebt hat, in denen Frauen unterdrückt wurden – und dass er nicht aufgestanden ist:

- für seine Mutter.
- für seine Schwester.
- für seine Freundin.
- für eine Frau in der Schule, die belächelt oder belästigt wurde.

Es geht nicht darum, wer recht hat, und es geht auch nicht um Schuldzuweisungen. Es geht darum, mitfühlend hinzusehen.

Die Frau in einem System, das sich selbst erhält

Ich erinnere mich an eine Teilnehmerin meiner Ausbildung, die im Eröffnungskreis von einer Erfahrung sprach, die sie nicht mehr losließ. Sie hatte zufällig mitbekommen, wie ihr Neffe – ein Junge von etwa zwölf Jahren – sich mit anderen Jungs unterhielt. Sie konnte nicht anders, als hinzuhören. Sie hörte, wie sie über Mädchen und darüber, was sie mit ihnen machen würden, sprachen. Abwertend. Erniedrigend. Respektlos.

Sie sprach ihren Neffen emotional darauf an. Doch was sie noch mehr erschütterte, war die Reaktion ihres Mannes. Er zuckte nur die Schultern und sagte: »Das ist normal. So sind Jungs. So reden sie.«

Sie sprach mit anderen Männern aus ihrem Umfeld – und die Antwort war immer die gleiche. Die Frauen waren geschockt. Die Männer nicht. Denn sie waren so aufgewachsen. Sie hatten es selbst erlebt. Sie hatten es selbst getan. Hier zeigt sich die ganze Wahrheit:

Jungen wachsen mit dieser Selbstverständlichkeit auf, dass Frauen weniger wert sind. Nicht weil sie böse sind. Nicht weil sie es sich bewusst aussuchen. Sondern weil sie es lernen. Von anderen Männern. Von Medien. Von der Gesellschaft.

Wenn wir das nicht aktiv hinterfragen, wenn wir nicht an diesem Punkt STOPP sagen, dann setzt sich dieses System fort. Dann bleibt die Stimme der Frau klein. Dann bleibt ihre Angst, sich auszudrücken, bestehen. Und dann bleibt das kollektive Trauma unverändert.

Die Gesellschaft kann nicht länger leugnen, dass Frauen sich nicht sicher fühlen.

- Frauen fühlen sich nicht sicher genug, um ihre Stimme zu erheben.
- Frauen fühlen sich nicht sicher genug, um Nein zu sagen.
- Frauen fühlen sich nicht sicher genug, um ihren eigenen Raum zu beanspruchen.

Und diese Unsicherheit ist nicht nur eine individuelle Erfahrung. Sie ist ein kollektives Trauma. Eine jahrtausendealte Wunde. Ein System, das Frauen zum Verstummen bringt – und Männer in ihrer Empathie abstumpfen lässt. Was jetzt passieren muss:

Es reicht nicht, über Frauen zu reden. Es reicht nicht, sich gegenseitig in Talkshows zu unterbrechen. Es braucht Empathie. Mit dem Erlauben, zu klingen. Durch Zuhören, wenn Frauen sprechen. Mit dem Erkennen, dass wir alle in diesem System stecken – aber dass wir es auch gemeinsam verändern können. Denn solange wir nicht bereit sind, diese Wahrheit anzuerkennen, wird die Stimme der Frau immer nur geduldet sein – aber nie wirklich gehört und nie wirklich frei.

Klare Kommunikation ist radikale Heilung

Wir kennen es: das Phänomen des Ghostings. Eine Person tritt in unser Leben, es gibt intensive Gespräche, tiefe Blicke, ehrliche Momente – und dann plötzlich: Stille. Keine Erklärung. Kein Abschied. Einfach ein leeres Nichts, als hätte das alles nie existiert.

Ich erinnere mich an eine Begegnung in meinen Zwanzigern mit einem Mann aus der Musikindustrie. Er sprach schnell von der großen Liebe, von Ehrlichkeit. Er war charmant, aufmerksam – tat all das, was man heute wohl Lovebombing nennt. Und dann, nachdem er mich überzeugt hatte, dass ich für ihn besonders sei, verschwand er einfach. Ohne Worte. Ohne Rückblick. Ich schrieb ihm Nachrichten, versuchte zu verstehen. Keine Antwort. Die Wunde war nicht nur sein Verschwinden – sondern die Verwirrung, die er hinterließ. Und ich weiß, ich bin nicht die Einzige. Überall erzählen Frauen ähnliche Geschichten. Es gibt sogar Männer, die auf großen Bühnen stehen, über Heilung und Persönlichkeitsentwicklung predigen, die sich privat aber in intimen Momenten genau so verhalten. Die eine Frau sehen, sie begehren – und dann verschwinden.

Genau hier zeigt sich das Kernproblem. Männer fordern Ehrlichkeit und Sanftheit von Frauen – aber wo ist ihre eigene Klarheit? Wo ist ihr Mut, eine Verbindung auszuhalten, anstatt sich durch Ignoranz aus der Verantwortung zu ziehen? Wir leben in einer Gesellschaft, in der Männer Angst haben, sich wirklich zu zeigen. In der wir als Gesellschaft nicht wissen, wie wir ehrlich kommunizieren, sondern Angst haben, hinzusehen und zu fühlen.

GHOSTING IST KEINE UNSICHERHEIT – ES IST EMOTIONALE GEWALT.

Klarheit ist Liebe. Kommunikation ist Liebe. Selbst wenn etwas nicht funktioniert, verdient jede Begegnung Würde und einen Abschluss. Aber wir sind es gewohnt, uns aus dem Staub zu machen, weil wir uns vor echter Resonanz fürchten. Es ist beängstigend zu sehen, was wir beim anderen hinterlassen. Doch echte Begegnungen erfordern Mut.

Dieses System macht Männer schwach. Es hält sie in einem emotionalen Entwicklungsstillstand. Und es macht Frauen unsicher, weil sie immer wieder in der Position sind, zu zweifeln: War ich zu viel? War ich zu wenig? Habe ich etwas falsch gemacht? Nein. Du hast nichts falsch gemacht.

- Es ist Zeit, dass wir unsere Stimmen nutzen, um diese Muster sichtbar zu machen.
- Es ist Zeit, dass wir sagen: Es ist nicht okay, so mit Menschen umzugehen.
- Es ist Zeit, dass wir aufhören, die Scham in uns zu suchen – und stattdessen laut aussprechen, was nicht in Ordnung ist.

Ghosting ist kein persönliches Problem. Es ist eine Krankheit unserer Gesellschaft. Eine Angst vor Intimität, die immer weitergegeben wird. Das Fehlen der Skills für klare Kommunikation und für das Erschaffen von sicheren Räumen, besonders für Frauen.

Doch wenn Frauen beginnen, ihre Stimme zu finden, wenn sie beginnen, klar und direkt für sich selbst zu sprechen, wenn sie sich selbst nicht mehr als bedürftig empfinden, sondern als kraftvoll – dann kann sich dieses System verändern. Dann wird Unklarheit nicht mehr als normal hingenommen. Dann werden ehrliche Begegnungen nicht mehr als Bedrohung gesehen, sondern als das, was sie sind: menschlich. Und wunderschön. Ich finde, klare Kommunikation ist eine wundervolle Love Language.

Ich will, dass wir Frauen unseren Schmerz in Power umwandeln. Ihn benennen. Dass wir unsere Geschichten teilen und uns nicht dafür schämen. Dass wir aufhören, unseren Schmerz kleinzuhalten, wegzuschieben, zu ignorieren – und ihn stattdessen in Kraft verwandeln. Dass unser Leid nicht das Ende ist, sondern der Anfang. Wenn wir verstehen, dass all das, was wir erfahren haben – all die Wunden, all die Zurückweisungen, all die Male, in denen wir leiser gemacht wurden –, uns nicht gebrochen hat, sondern geformt. Ja, ich wünsche mir, dass wir aufhören, uns für unseren Schmerz zu schämen. Dass wir erkennen, dass genau dieser Schmerz unsere größte Stärke sein kann, wenn wir ihn transformieren. Wenn wir ihn nicht als Bürde, sondern als

Feuer sehen, das uns antreibt. Das uns Resilienz lehrt. Das uns zusammenschweißt.

Denn wir sind nicht allein. Wir haben so lange geglaubt, dass wir unsere Geschichten für uns behalten müssen, dass wir unser Trauma verstecken müssen, dass es unser eigenes, privates Problem ist. Doch wenn wir genau hinsehen, wird klar: Wir alle tragen das gleiche Leid – nur in verschiedenen Stimmen, in verschiedenen Körpern, in verschiedenen Biografien.

Und genau deshalb will ich, dass wir aufhören, uns gegeneinander auszuspielen. Dass wir aufhören, uns zu vergleichen, kleinzumachen und voneinander abzugrenzen. Das Patriarchat hat uns gespalten – es hat uns gegeneinander aufgebracht, hat uns eingeredet, dass wir konkurrieren müssen, dass nur eine von uns gewinnen kann. Doch das war eine Lüge.

Die Wahrheit ist: Wenn eine von uns wächst, wachsen wir alle, wenn wir unseren Schmerz gegenseitig bezeugen, wandelt er sich. Wir sind nicht hier, um uns gegenseitig zu übertrumpfen, sondern um einander zu ermächtigen. Unsere Stimmen füreinander zu erheben, nicht gegeneinander. Unser Leid als Katalysator zu nutzen – nicht um uns in der Vergangenheit zu verfangen, sondern um eine Zukunft zu erschaffen, in der keine von uns mehr verstummen muss. Ich will, dass wir füreinander sprechen, wenn eine von uns noch nicht kann. Dass wir einander supporten, tragen, halten. Damit wir in unserer Unterschiedlichkeit erkennen, dass wir doch alle dasselbe wollen: Freiheit. Sicherheit. Wahrheit. Sichtbarkeit. Liebe. Und es beginnt mit unserer freien und authentischen Stimme.

Stimme ist also auch eine Brücke zwischen Trauma und Transformation. Wenn eine Frau beginnt, sich selbst wieder zuzuhören – wirklich hinzuhören –, beginnt eine neue Geschichte. Eine Geschichte, in der ihre Stimme nicht nur gehört wird, sondern zählt. Dies ist nicht nur allein die Aufgabe der Frau, doch wenn sie ihre Stimme befreit, befreit sie sich selbst. Sie erzählt ihre Wahrheit und die Wahrheit als Frau in dieser Gesellschaft.

POWER FACTS

Die Kraft der Stimme

1. Die Stimme wirkt direkt auf das limbische System (Emotionszentrum des Gehirns)

- Das limbische System ist der Teil des Gehirns, der Emotionen, Erinnerungen und Trauma speichert.
- Töne und Klänge aktivieren das limbische System direkt, noch bevor das bewusste Denken einsetzt – deshalb können Klänge Erinnerungen auslösen, die wir nicht rational erklären können.
- Tönen und Singen beruhigen die Amygdala (das Angstzentrum im Gehirn) und helfen dabei, emotionale Spannungen zu lösen.

2. Die Vibration der Stimme löst Spannungen in Faszien und Muskulatur

- Faszien sind dünne Bindegewebsstrukturen, die den gesamten Körper vernetzen – und sie speichern Traumata, Stress und Emotionen.
- Besondere Verbindungen gibt es zwischen den Faszien im Kiefer, Nacken, Brustkorb und Beckenboden – all diese Regionen sind mit der Stimme verknüpft.

- Wenn du Töne bewusst aus dem Beckenraum oder Brustkorb freisetzt, bringen die Vibrationen diese tief sitzenden Spannungen in Bewegung.

3. Der Vagusnerv – das Hauptinstrument für Traumaheilung

- Der Vagusnerv verbindet das Gehirn mit fast allen wichtigen Organen (Herz, Lunge, Verdauungstrakt, Gebärmutter).
- Er spielt eine zentrale Rolle in der Selbstregulation und Heilung von Stress- und Traumareaktionen.
- Tönen, Summen und tiefe Klänge aktivieren den Vagusnerv und helfen, aus dem Überlebensmodus (»Fight, Flight, Freeze«) in einen entspannten Zustand zu kommen.

4. Die Stimme trägt Emotionen – deshalb kann ein Lied aus der Kindheit sofort alte Gefühle wieder aktivieren

- Studien zeigen, dass Singen oder Tönen frühkindliche Erinnerungen wachrufen kann, selbst wenn Menschen sich rational nicht erinnern können.
- Menschen mit Trauma oder Blockaden in der Selbstwahrnehmung berichten oft, dass sie durch Stimmarbeit eine »verlorene« innere Stimme wiederfinden.

HOLISTISCHE ÜBUNG

Einstieg in traumasensible Stimmarbeit

Hier sind einige sanfte Übungen für Frauen, die ihre Stimme wieder in ihren Körper holen möchten:

Die Sicherheit des Summens

- Lege eine Hand auf dein Brustbein, eine auf deinen Bauch.
- Summe ein tiefes, angenehmes »Mmmmmm«.
- Spüre, wo in deinem Körper sich die Vibration zeigt.

Der behutsame Vokal

- Wähle einen weichen Vokal: »Ahhh« oder »Oooh«.
- Töne ihn sanft beim Ausatmen.
- Lass den Klang fließen, ohne ihn zu kontrollieren.

Die Resonanz der Selbstwirksamkeit

- Sage laut: »Ich bin hier.«
- Spüre, wie sich deine Stimme in deinem Körper anfühlt.
- Wiederhole es, jedes Mal ein wenig tiefer, ein wenig fester.

Der Schlüssel zur weiblichen Lust

Nach der Trennung vom Vater meines Kindes stand ich an einem Punkt, an dem ich nicht nur als Mutter, Therapeutin und Raumhalterin funktionierte, sondern wirklich spürte: Jetzt brauche ich selbst einen Raum. Einen, in dem ich nicht alles halten muss – sondern gehalten werde. Ich suchte eine Therapieform, die meinem eigenen Ansatz ähnelte. Eine Arbeit, die nicht vom Kopf ausgeht, sondern vom Körper – von innen nach außen, bottom-up. Durch eine Freundin fand ich die Grinberg-Methode und einen Körpertherapeuten, der sich genau diesem somatischen Zugang verschrieben hatte. Ohne dass ich es wusste, war so wichtig für mich, dass es ein Mann war, der mich in diesem Prozess hielt. Wir haben inzwischen sogar Workshops zusammen geleitet – für Männer und Frauen, für Begegnung auf Augenhöhe, und heute ist er ein sehr enger Freund von mir.

Für mich war es eine Erstaktivierung. Nicht sexuell – sondern tief menschlich. Zum ersten Mal schuf ein Mann einen sicheren Ort für all das, ohne mich kontrollieren oder besitzen zu wollen. Einen Ort, an dem ich kraftvoll, weich, wütend, lustvoll sein durfte und konnte.

Ich konnte hier noch einmal mehr begreifen, dass weibliche Kraft nicht etwas ist, das wir disziplinieren müssen, sondern dass wir sie noch selbstbewusster nutzen lernen dürfen, dass sie zu uns gehört. Dass sie uns zurückführt – in unseren Körper, in unsere Lust, in unsere Wahrheit, raw und animalisch.

Ich erinnere mich noch genau an den Moment, in dem ich diesen einen Lehrer traf. Es war eine dieser Begegnungen, die sofort was mit einem machen. Nicht weil alles perfekt ist, sondern weil da etwas ist – eine Frequenz, die im Körper anklingt. Etwas, das dich aufwühlt, nicht unbedingt im Guten. Wenn dein Nervensystem nicht unterscheiden kann, ob die Begegnung toxisch oder aufregend ist. Wenn sich alte Muster einfach bemerkbar machen und du dich plötzlich in einer Situation wiederfindest, aus der du eigentlich rausgewachsen bist – oder? Er war interessant, etwas an ihm machte mich neugierig und etwas anderes sagte mir: »Lauf!« Da war sofort dieses kleine Ziehen in meinem Bauch – ein Impuls, der mir sagte: »Vorsicht! Da ist was, das nicht ganz klar ist.« Aber ich entschied mich, wie ich es oft tue, nicht aus Angst zu reagieren, sondern präsent zu bleiben.

Wir hatten Gespräche, die tief gingen. Über Verletzlichkeit. Über Authentizität. Über seine Sehnsucht, sich in einer Beziehung wirklich zu zeigen. Und gleichzeitig spürte ich, wie sehr er an Rollenbildern und komischen Klischees festhielt. Ich merkte, wie sehr er darauf konditioniert war, stark, überlegen, unnahbar zu wirken. Als auch ich mich in alten Mustern wiederfand – in diesem feinen Netz aus Konditionierungen, Erwartungen, Spielchen, aus »Ich warte, bis er schreibt«, aus »Vielleicht hat er es ja nicht so gemeint« – entschied ich mich für etwas anderes. Ich entschied mich für mich. Für meine Wahrheit. Für meine Klarheit. Ich beendete es. Nicht im Drama, nicht im Rückzug, sondern mit einem ganz klaren Satz: »Ich bin zu wertvoll für etwas, das mich verwirrt.«

Es war tief in der Nacht, fast zwei Uhr morgens. Ich saß in einem Mietwagen, fuhr durch die leeren Straßen Hamburgs, drehte meine Musik laut auf. Ich spürte den Bass durch meinen Körper vibrieren, meine Stimme tönte mit, frei, kraftvoll. Und ich wusste, ja, ich bin auf dem richtigen Weg. Ich fühlte mich stark. Nicht weil ich gegen etwas gekämpft hatte, sondern weil ich mich für mich entschieden hatte.

Ich wollte keine Machtspielchen mehr. Ich wollte Präsenz. Und Ehrlichkeit. Ich wollte nicht nur über Intimität reden, sondern sie leben, ich wollte Romantik, auch in dieser Hinsicht, neu für mich und andere definieren. Und als ich das spürte, wurde mir klar: Ich möchte ein Experiment machen, nicht nur für mich, sondern für viele Frauen. Für alle, die sagen: »Gwen, ich wünsche mir, dass mein Partner das auch machen würde.«

So entstand die Idee zum Projekt »Embodied Partnership« – ein Commitment für eine begrenzte Zeit. Eine Art Forschungsfeld zwischen mir und einer anderen Person, in meinem Fall einem Mann, in dem nichts gespielt wird, sondern alles gesagt werden darf. Eine Art Trainingsfeld für Präsenz, für sexuelle, emotionale und energetische Verbindung – jenseits von Etiketten, aber mit radikaler Ehrlichkeit. Keine Fassade, kein Zwingen in eine Beziehung, keine kinky Party, aber ein Raum, der auf Klarheit und Integrität beruht.

Ich träume davon, dass Männer lernen, so einen Raum zu halten. Wirklich zu halten. Nicht nur zu penetrieren, sondern zu lauschen, sehen, spüren. Und dass Frauen lernen, ihre Stimme einzusetzen, um zu sagen, was sie wollen, ohne Scham. In dem Frauen sagen, was sie brauchen. Ohne Angst, verlassen zu werden oder als zu fordernd zu gelten. Ich will wahre Freiheit der Lust für uns Frauen, denn sie gehört uns und wenn wir wollen, teilen wir diese Magie gerne.

Ich wünsche mir diese Tiefe unserer Lust. Und ich bin bereit, selbst dafür loszugehen und zu erforschen, was das für mich und für all die Frauen mit ähnlichen Bedürfnissen und Sehnsüchten, die ich begleiten darf, bedeutet. Denn wir alle brauchen neue Bilder von Intimität. Neue Geschichten. Wir brauchen es, uns selbst nicht länger im Stich zu lassen, sondern einander in radikaler Liebe zu begegnen. Diese rohe, klare, vibrierende Tiefe. Die Blicke, die sich wirklich treffen. Die Körper, die nicht performen, sondern sprechen. Die Seelen, die nicht fliehen, sondern bleiben.

Ich spüre diese Art von Verbindung, wenn ich Frauen halte. Wenn ich mit ihnen arbeite. Wenn wir in einem Kreis sitzen und eine Frau beginnt zu tönen. Wenn ihre Stimme aus ihrem Schoßraum nach oben wandert, durch den Brustkorb in die Kehle, bis sie plötzlich ganz da ist. In ihrer Kraft. In ihrer Traurigkeit. In ihrer Ekstase. Alles auf einmal. Und ich spüre jedes Mal: Das ist Intimität.

In meiner Vision vom Embodied-Partnership-Projekt ging es nicht um eine Beziehung im klassischen Sinne oder einen Heiratsring. Es gab kein »Ich liebe dich« nach zwei Tagen. Und auch kein kinky Event ohne Nachhaltigkeit. Stattdessen: einen klaren Rahmen. Einen Zeitraum. Eine Begegnung mit Tiefe. Mit Sprache. Mit Stimme. Mit Berührung. Mit Wahrhaftigkeit für die Frau und eine Studie.

Wenn eine Frau sich traut zu sagen: »Ich wünsche mir das.« Oder: »Das fühlt sich nicht stimmig an.« Wenn ein Mann hinhört, ohne sich angegriffen zu fühlen. Wenn beide einfach bewusst zusammen atmen. Wenn beide fühlen. Eine ehrliche Begegnung.

Es war ein mutiges Projekt, vor allem weil es auch so persönlich war. Ich dachte kurz: Vielleicht spinne ich. Vielleicht ist diese Idee verrückt. Vielleicht kitschig oder naiv.

Ich wusste, dass ich das nicht allein mit mir ausmachen kann. Also begann ich, mich mit anderen Frauen darüber zu unterhalten. Frauen, die ich nicht kannte. Frauen, denen ich vertraue. Frauen, die selbst mitten im Leben stehen. In unterschiedlichen Altersgruppen. Darunter waren Mütter, Unternehmerinnen sowie Immobilienmaklerinnen, Schriftstellerinnen, Energiearbeiterinnen – ich suchte also ein gemischtes Feld an Perspektiven.

Ich erzählte ihnen von meiner Idee. Vom Embodied-Partnership-Projekt. Von meinem Wunsch, eine neue Form von romantischer, sexueller und spiritueller Begegnung im Rahmen der Kennenlernphase zu erforschen – jenseits von Performance und patriarchalen Beziehungsmustern. Und weißt du was? Alle reagierten ähnlich: »Ja. Bitte mach das! Das ist so wichtig! Für uns alle!«

Und ich spürte: Ich habe nicht nur meinen Wunsch ausgesprochen – ich habe einen kollektiven Wunsch in Worte gefasst. Für so viele Frauen. Für all die Begegnungen, die nicht sicher waren. Für all die Momente, in denen wir uns zurückgenommen, angepasst, geschwiegen haben – obwohl unser ganzer Körper gesprochen hätte. Momente, in denen wir aus Erziehung in alte toxische Muster geraten, besonders im Dating-Konzept, um »auserwählt« zu werden.

Ich ging mit einer Freundin auf ein High-Society-Event. Ein riesiger Clash zu meiner Arbeit. Viel Champagner, hohe Hacken, glitzernde Menschen, Gespräche über Investments und Designerkollektionen. Ich beobachtete. Und dann … sah ich ihn. Er war jünger. Viel jünger. Aber da war etwas: eine Offenheit, ein Leuchten. Wir kamen ins Gespräch. Er erzählte mir, dass er meditiert, dass er auf sein Nervensystem achtet und dass er sich gerade fragt, was echte Intimität bedeutet. Gleichzeitig war er im Business unterwegs, aber anders als ich. Er hörte auch mir zu. Wirklich. Ich fühlte mich gesehen – und ja, ich fühlte mich körperlich angezogen. Mein ganzer Körper sagte: Damit kann ich arbeiten. Später, in einer Bar, fragte ich ihn: »Hast du Interesse an einem Projekt? Es geht um Intimität, Präsenz, Körper, Stimme …«

Ich erzählte ihm von meinem Buch. Von der Idee. Von meiner Sehnsucht. Von Feminismus, nicht als Schlagwort, sondern als verkörperter Akt. Ich sprach über das Neudenken von Beziehung, über Lust ohne Maskerade, über klare Kommunikation, über Präsenz, über Stimme. Und er – er hörte zu. Nahm es auf. Nicht alles sofort begreifend, aber offen. Neugierig. Nicht überfordert.

Wir küssten uns – es passte. Es war kein Märchen. Kein falsches Versprechen vom »Happily Ever After«. Kein Disney-Film, sondern eine ehrliche Forschungsreise. Zwischen zwei Menschen.

Ich vereinbarte also mit ihm, dass wir uns regelmäßig treffen würden. Immer an einem bestimmten Tag in der Woche. Es war kein Zufallstreffen. Kein »Mal schauen, ob's passt«. Kein Abwarten, ob er sich meldet. Es war eine bewusste Entscheidung. Ein Commitment – für einen Zeitraum. Ein Raum, in dem wir lernen, fühlen, üben durften. Ohne Garantie. Aber mit Verantwortung. Ich sagte ganz klar: »Wenn du dabei bist, dann bist du wirklich dabei.«

Das hieß: kein exzessiver Drogenkonsum. Kein Ghosting. Keine Spielchen. Kein plötzlicher Rückzug, wenn es zu nah wird. Keine Flucht vor der Tiefe. Ich war nicht hier, um einen Lover zu bekommen und auch nicht um zu therapieren. Ich war hier, um zu forschen. Um zu erfahren, was möglich ist, wenn eine Frau sich ganz zeigt – mit ihrer Stimme, mit ihrer Lust, mit ihrer Kraft, mit ihrer Verletzlichkeit. Ohne sich kleinerzumachen. Ohne darauf zu warten, ob er will oder nicht, ohne die Angst, ob er es ernst meint, oder die Sorge, es könnte zu viel sein. Es ging nicht darum, seine Vorstellungen zu befriedigen, sondern darum, Resonanz im sexuellen Kontext zu erforschen. Eine Art matriarchale Struktur auch im Dating-Kontext und die Frage, was sich verändert, wenn die Frau diesen Raum beSTIMMT. Wenn kein Richtig oder Falsch herrscht, sondern nur die Frage: Was fühlst du wirklich? Was brauchst du wirklich? Weil Ehrlichkeit sexy ist – nicht Unklarheit und Spielchen, wie wir sie überall sehen.

Oft finden wir uns – gerade in romantischen, intimen, sexuellen Beziehungen – in ungesunden Mustern wieder, ohne es sofort zu merken. Nicht immer gleich sichtbar oder laut, aber spürbar. Und oft schmerzhaft vertraut.

Als ich mich mit ihm traf – mit diesem Mann, der so viel Zartheit ausstrahlte, so viel Offenheit im Blick, mit seinen lockigen Haaren, war auch ich aufgeregt. Nicht weil ich unsicher war. Sondern weil ich wusste: Das hier ist neu. Ich würde nicht in meinen Autopilot-Modus gehen. Nicht alles über Bord werfen, weil sich mein Körper hingezogen fühlt. Ich würde wählen. Bewusst. Mit meinem Nervensystem. Mit meiner Stimme.

Ich bat ihn, mir drei Minuten lang in die Augen zu schauen. Wirklich hinzuschauen – nicht durch mich hindurch, nicht auf meine Lippen. Mich zu sehen. In meinem Wesenskern. Ich schaute zurück. Lauschte. Nahm wahr, was sich in mir regte. Und dann sagte ich ihm, er solle mich ganz bewusst berühren. Von meinen Füßen aufwärts. Ich bat ihn, zwischen meinen Beinen einfach nur zu atmen. Nichts tun. Nur da sein. Nur spüren. Ich fragte ihn, was er wahrnimmt. Wie es riecht. Sobald ich wieder berührt werden wollte, sagte ich es ihm und fragte, wie es sich anfühlt. Was warm ist, was weich ist, was vibrierend. Und ich ließ mir Zeit, bevor ich ihn bat, weiterzugehen. Mich zu küssen – nicht performativ, nicht mit Ziel. Sondern wie eine Erkundung. Wie ein Gebet. Und dann küssten wir uns. Zart. Ehrlich. Ohne Eile. Und wir umarmten uns als Abschluss. Wir sprachen. Tauschten uns darüber aus, was wir wahrgenommen hatten.

Seitdem ich dieses Projekt ins Leben gerufen hatte, hatte sich etwas verändert. Nicht nur in meinem Kopf, sondern in meinem ganzen Leben. Als hätte mein System laut und deutlich gesagt: Ich bin bereit. Bereit, neue Erfahrungen zu machen. Ehrlich. Körperlich. Wach. Und plötzlich waren da Männer. Unterschiedlichste Typen. Dates. Gespräche. Denn wenn du deinen Raum einnimmst, dann bewegt sich was. Nicht nur weil du's »anziehst«, sondern weil du so klar bist, dass alles andere sich neu sortieren muss.

Es kamen Männer in mein Feld, die alle Exklusivität wollten. Und zwar sofort. Flüsternde Worte ins Ohr: »Deine Pussy gehört mir.« Und ich dachte nur: »Wie interessant!« und »Aha, da ist es wieder – dieses Missverständnis von Commitment – die Frau als Besitz.« Doch mit meiner Präsenz und meiner Intention dachte ich auch: »Wenn du in meinen Raum willst, in diesen Devine Feminine Temple, dann zeig mir, warum ich dich eintreten lassen sollte.« Ich entscheide bewusst. Denn was ich mit Exklusivität meine, ist etwas ganz anderes. Ich meine eine Begegnung, in der wir echt sind. Kein Machtgehabe. Sondern Klarheit. Präsenz – damit die Frau sich in ihrer ganzen Schönheit und Kraft entfalten kann.

**KLARHEIT IST KEIN ANGRIFF.
KLARHEIT IST LIEBE IN HANDLUNG.**

Was in diesem Projekt so spürbar wurde: Wenn wir als Frauen aufhören zu warten und anfangen, einfach zu nehmen, was wir wollen, dann atmet etwas auf. In uns. Und auch im Gegenüber. Denn so viele Männer wissen eigentlich gar nicht, wie echte Intimität geht. Sie haben es nie gelernt. Und wir haben nicht gelernt, dass unsere Wünsche, unsere Grenzen und unsere Lust nicht verhandelbar sind. Es ist spannend:

Die wirklich sehr attraktiven Männer, die mir in dieser Zeit begegnet sind – intelligent, teilweise reflektiert, teilweise mit riesigem Ego –, sprachen also von Exklusivität. Aber: Sie wollten all das, ohne etwas in der Tiefe zu geben. Ohne Effort. Ohne wirklich präsent zu sein. Und das ist der Knackpunkt. Egal, wie wir eine Beziehung benennen – ob sie offen, monogam, poly oder undefiniert ist –, jede Begegnung ist eine Beziehung. Jede Begegnung ist ein Raum, der gehalten werden muss. Und dafür braucht es Präsenz, Wahrnehmung, Rückmeldung. Ein: Ich sehe und höre dich. Ein: Ich spüre, was du brauchst. Ein: Was kann ich tun, damit du dich sicher fühlst mit mir?

Das ist in allen Bereichen meines Lebens essenziell – in meinen Retreats, Ausbildungen, 1:1-Begleitungen – warum sollte es also im Dating oder in romantischen Beziehungen anders sein? Es ist in unseren Beziehungen essenziell. Denn: Wir alle halten Räume. Ob in Freundschaften, in Elternschaft, im Business, in therapeutischer Arbeit oder in sexuellen Begegnungen.

Und wenn das fehlt, wenn kein Raum gehalten wird, dann schwimmen wir an der Oberfläche. Dann haben wir vielleicht Sex – aber mit unseren Egos. Und ja, das kann mal ganz nett sein. Aber es kann auch verdammt zerstörerisch werden und auf Dauer einfach nur langweilig. Denn dann begegnen sich nicht zwei Herzen, nicht zwei Seelen – sondern zwei Muster, und ich denke, das ist das Problem unserer Zeit. Es begegnen sich immer wieder unerlöste Geschichten. Schutzstrategien. Und wenn das aufeinanderprallt, entsteht keine Transformation – sondern reine Inszenierung.

Und das bringt niemandem etwas. Kein Nervensystem wird sich dadurch sicher fühlen. Kein Körper wird in voller Lust aufgehen können, wenn er nicht gesehen wird. Keine Stimme wird sich öffnen, wenn sie nicht gehört wird.

Während ich mich mit diesen Männern traf, ging es mir überhaupt nicht darum, mit all diesen Männern intim zu werden oder möglichst schnell jemanden ins Bett zu kriegen. Ganz im Gegenteil. Ich habe mich selbst beobachtet. Meinen Körper, mein Nervensystem, meine Gedanken. Was passiert in mir, wenn da ein schöner Mann gegenübersitzt, ich aber diesmal nicht automatisch in mein altes Muster rutsche? Wenn ich nicht gefallen will? Also eine bewusste Entscheidung, meine Muster zu erkennen und neu zu schreiben. Was ich dabei verstanden habe: Matriarchale Strukturen sind gut. Denn sie schaffen Sicherheit, nicht durch Kontrolle, sondern durch Präsenz. Wenn Frauen ganz in ihrem Körper, in ihrer Stimme und in ihrer Wahrheit stehen, dann ändert sich was, für alle. Nicht nur für uns – auch für die Männer.

Denn je mehr wir uns selbst halten, desto klarer ist auch der Raum, den wir bieten. Und darin können Männer endlich mal atmen. Müssen nicht mehr leisten, nicht mehr kämpfen – sondern können einfach da sein. Nicht aus Macht – sondern aus echter Verbindung. Ich habe mir in diesem Projekt bewusst Zeit gelassen, um zu spüren: Wer tut mir gut? Wer nährt mein System? Wer sieht mich – und bleibt auch da, wenn ich groß bin, laut bin oder wenn ich weich bin? Und weißt du was? Es war nicht das schönste Gesicht, nicht der coolste Job oder die tiefsinnigste Nachricht, die mich überzeugt haben. Es war der Mann, mit dem ich das Projekt gestartet hatte. Mit dem die Begegnung so ehrlich, so geerdet war, dass ich komplett ich selbst sein konnte. Keine Spielchen. Nur: Hier bin ich. Und du auch.

Und ich wünsche mir für dich, dass du das auch für dich ausprobierst. Ob beim Kennenlernen, in einer Partnerschaft oder einfach mit dir selbst: Sag, was du brauchst. Schreib es auf. Werde konkret. Was bedeutet Verbindung für dich? Was brauchst du, um dich sicher zu fühlen? Und dann: Lade dein Gegenüber ein. Nicht als Bedingung – sondern als Einladung, dir wirklich zu begegnen.

Es gibt ein hartnäckiges Gerücht da draußen: Frauen verlieren mit fünfunddreißig an Attraktivität. Was in Wahrheit passiert, ist Folgendes:

Frauen jenseits der fünfunddreißig haben meistens genug erlebt, um keinen Bullshit mehr zuzulassen, und werden sich ihres Raumes bewusster. Sie haben keine Lust mehr, sich kleinzumachen, sich zu entschuldigen oder sich für ihre Existenz zu rechtfertigen. Und genau das macht sie so verdammt kraftvoll – und ja, auch beängstigend für manche, weil wir alle nicht gelernt haben, dass eine Frau genau das tut. Wenn eine Frau erst einmal verstanden hat, wie sehr ihre Stimme mit ihrer Lust, ihrer Kreativität und ihrer Lebensenergie verbunden ist – dann gibt es kein Zurück. Und ich wünsche mir für uns, dass wir diese Haltung, so früh es geht, erlernen, eigentlich sollte dies in der Schule gelehrt werden. Doch was steckt hinter dem falschen Narrativ, das sich tief in unserer Gesellschaft verankert hat, dass die Frau mit dem Alter angeblich unattraktiver wird, während der Mann an Reife und Attraktivität gewinnt? Männer wachsen mit einem Bild auf, das ihnen vermittelt, dass sie im Alter interessanter, mächtiger und begehrenswerter werden – dass sie noch lange Kinder zeugen können und dass ihr Wert mit den Jahren steigt. Frauen hingegen wird das Gegenteil erzählt: Mit dreißig beginnt die biologische Uhr zu ticken, die Schönheit vergeht, die Möglichkeiten schwinden. Doch die Realität sieht anders aus.

Fakt ist, dass Männer zwar länger Kinder zeugen können, doch die Spermaqualität mit dem Alter extrem abnimmt, was das Risiko für genetische Defekte erhöht. Frauen können auch noch in ihren Vierzigern Kinder bekommen – und das geschieht häufiger, als uns suggeriert wird. Doch die wahre Transformation, die mit dem Älterwerden einhergeht, hat nichts mit Fruchtbarkeit zu tun, sondern mit Selbstbewusstsein, Intuition und emotionaler Reife. Frauen entwickeln mit den Jahren eine Klarheit über sich selbst. Sie wissen, was sie wollen – und was sie nicht mehr dulden. Sie verschwenden keine Zeit mehr mit Unsicherheiten oder Manipulation. Genau das ist unwiderstehlich.

Auch ich habe es erlebt: Freundinnen, Frauen, teilweise selbst jünger als ich, die mich fragten, wie ich denn bitte einen zehn Jahre jüngeren Mann daten könne. Mit einem leicht kritischen Unterton – manchmal auch nur mit verstecktem Staunen.

Für mich gab es da keine Frage. Ich hatte Partner, die waren vierzehn Jahre älter als ich. Andere waren fünf Jahre jünger. Und ja – jetzt war es ein Mann, der zehn Jahre jünger ist. Aber was sagt das über unsere Verbindung? Gar nichts. Denn ich entscheide nicht nach Zahlen, sondern nach Begegnung. Nach Präsenz. Es sind die alten Glaubenssätze, nur im neuen Gewand.

**»GLAUBST DU NICHT,
ER WILL NUR ERFAHRUNG SAMMELN?«**

**»MEINST DU NICHT,
DU WIRST AUSGENUTZT?«**

»IST DAS NICHT KOMISCH …?«

STOPP. ICH ENTSCHEIDE.

Ich fühle mich sexy. Ich fühle mich klar. Und ich spüre, was sich für mich gut anfühlt. Warum sollten wir uns ständig in diese Opferhaltung ziehen lassen, als müssten wir erst abwarten, was der Mann mit uns vorhat? Warum geben wir Männern so viel Entscheidungsmacht – über unsere Körper, unsere Lust, unsere Beziehungen? Ich entscheide, wer zu mir passt. Und genau darum geht es in diesem Projekt – und in diesem Buch: nicht mehr aus alten Strukturen heraus zu lieben, zu daten, zu sprechen. Sondern aus der eigenen Wahrheit. Aus dem eigenen Gefühl von »Ja«. Ohne uns rechtfertigen zu müssen. Ich glaube, das ist der Anfang echter Freiheit.

Dieses Prinzip des Embodied Partnership ist für mich auch ein ständiger Reminder: wie tief wir als Frauen eigentlich verlernt haben, dass wir entscheiden können. Schon in der Biologiestunde wurde uns eine völlig verdrehte Geschichte erzählt. Die vom »schnellsten Spermium«, das zur Eizelle durchdringt, als wäre das ein Wettrennen, das der Schnellste gewinnt – und bei dem die Frau, also die Eizelle, nur passiv zuschaut. Aber das ist schlicht falsch. Wissenschaftlich erwiesen ist: Die Eizelle entscheidet. Sie wählt bewusst aus, welches Spermium sie einlässt. Sie prüft, was stimmt – was passt – was jetzt gerade mit ihr und ihrem Prozess in Resonanz ist. Das ist ein radikal anderes Narrativ. Eins, dass wir wieder zurückholen müssen. Denn auch im Leben, in der Liebe, in der Intimität, gilt das Gleiche: Du entscheidest. Das ist weibliche Urkraft.

Und dieses Projekt erinnert daran, dass wir nicht darauf warten müssen, ob jemand uns will, sondern dass wir entscheiden dürfen, wen wir wirklich einladen wollen.

Frauen in der Sexualität

Entweder eine Frau ist kontrollierbar, angepasst, lieb – und verliert dadurch oft ihre Anziehungskraft. Oder sie ist laut, dominant – und wird dann als bedrohlich wahrgenommen.

Doch eine Frau, die einfach nur sie selbst ist, die sich in ihrer Sinnlichkeit vollkommen sicher fühlt, die keine Maske aufsetzt, sondern einfach lebt und genießt, bringt selbst reflektierte Männer ins Wanken. Ich liebe es, mich schön zu machen. Nicht für einen Mann. Nicht um in ein Bild zu passen. Ich liebe es für mich. Ich trage meine Nägel lang, weil ich es mag. Ich lackiere sie, weil ich es schön finde. Ich liebe Schmuck, weil er mich zum Strahlen bringt. Aber ich brauche nichts, das sich nicht authentisch anfühlt. Hier beginnt die Selbstermächtigung. Denn wenn ich entscheide, wann ich Sex habe, wie ich Sex habe – dann ist es meine Lust, meine Stimme. Und ich bin ganz in meinem Körper. Ich nutze meinen Atem und ich lasse meine Stimme frei fließen. Ich habe keine Angst vor tiefen Gesprächen, ehrlichen Momenten, roher Wahrheit und klaren Grenzen. Genau da liegt die echte Fülle.

DIE LUST, DIE ÜBER DAS BLOSSE SEXYSEIN HINAUSGEHT. DIE KRAFT, DIE NICHT GESPIELT IST, SONDERN AUS DER TIEFE KOMMT.

Vulva Voice! Eine Frau, die sich nimmt, was sie will – eine Frau, die sich in ihrer Lust nicht zurückhält, die tönt, atmet, genießt, ohne sich selbst zu zensieren – ist für viele Männer ein komplett neues Terrain. Warum? Weil sie gelernt haben, dass Frauen zurückhaltend sein sollen.
Weil ihnen niemand beigebracht hat, wie man mit einer Frau umgeht, die nicht aus Gefälligkeit genießt, sondern weil sie es will. Nicht aufgesetzt, nicht als Objekt, sondern authentisch. Weil eine Frau, die ihre Stimme bewusst in ihrer Sexualität nutzt, ein Level an Selbstermächtigung erreicht, das nicht mehr manipulierbar ist.

Die Kraft deiner Archetypen

Deine Stimme ist nicht, wie sie ist, sie verändert sich und ist wandelbar, genau wie du selbst. Dich mit deinen verschiedenen Aspekten auseinanderzusetzen, das ist mehr als nur ein Akt der Selbsterkenntnis. Es ist ein Akt der Befreiung für deine Größe. Denn erst wenn du dir erlaubst, dich in deinen Facetten wirklich zu sehen – wild, weich, sinnlich, dunkel, leuchtend –, beginnst du, deine sexuelle Energie wirklich zu befreien und zu nutzen. Nicht nur im »Bett«. Sondern in deinem ganzen Leben. Denn Lust ist nicht nur etwas, das mit Sexualität zu tun hat. Lust ist Lebensenergie. Sie ist Präsenz und die Freude, dich selbst zu spüren – in all deinen Anteilen. Mit den Archetypen zu arbeiten, ist hier ein kraftvoller Schlüssel. Du begegnest dir selbst, deinen Anteilen, deinen Rollen, deinen Sehnsüchten, deinen inneren Stimmen. Du lernst dich neu kennen. Und das ist: Selbst-Bewusstsein. Nicht als Konzept, sondern als verkörperte Realität.

Du erforschst nicht nur, wer du bist – du fühlst es. Du lässt dich selbst tiefer blicken. Und du beginnst, dich anzunehmen – in deiner Widersprüchlichkeit, in deiner Schönheit, in deiner Tiefe. Und ja: Das bedeutet auch, deinen Schatten zu begegnen. Denn das ist wahres »Shadowwork«: nicht etwas »wegzumachen«, sondern es in den Arm zu nehmen. Die Anteile, die du vielleicht lieber verstecken würdest – die Kontrollierende, die Neidische, die Wütende, die Eitle, die Verletzliche, die Fordernde. Sie sind nicht gegen dich. Sie sind für dich. Wenn du sie verdrängst, kämpfen sie im Untergrund. Wenn du sie anerkennst, integrierst, vielleicht sogar liebst – dann werden sie zu Verbündeten. Erlaube dir, diesen Schattenanteilen einen inneren Raum zu geben. Einen goldenen Raum, in dem du du sein darfst – ohne Urteil. Und du wirst merken: Je mehr du dich in deiner Ganzheit liebst – desto mehr Lust fließt durch deinen Körper. Desto mehr Lebensfreude, Lebendigkeit und Strahlkraft entsteht. Denn das ist wahre erotische Energie: Nicht etwas, das du machst – sondern etwas, das durch dich fließt, wenn du ganz du bist.

Sirene – Stimme aus der Tiefe

Die griechische Mythologie hat mich schon immer fasziniert. Nicht nur wegen der Geschichten selbst, sondern wegen der Perspektiven, die sie auf Weiblichkeit eröffnen – und oft auch entlarven. Die Sirene zeigt die Angst der Gesellschaft vor der animalischen Kraft der Frau, sie wird als gefährlich dargestellt. Sirenen verführen mit ihren Stimmen. Ihre Kraft ist nicht in erster Linie körperlich oder äußerlich, sondern liegt in der Frequenz, mit der sie wirken – in der Stimme, in der Präsenz, in ihrer unbändigen weiblichen Essenz. Sie wurden als vogelartige Wesen mit Krallen beschrieben. Später als männlich, roh und animalisch. Und irgendwann als übersexualisierte Frauen mit laszivem Blick, halb Göttin, halb Gefahr. Doch was all diese Darstellungen verbindet: Ihre Stimme war immer das, was den Mann oder das System in den Wahnsinn trieb.

Odysseus, so erzählt man, ließ sich an den Mast seines Schiffes binden, um den Gesängen der Sirenen zu lauschen, ohne ihnen zu erliegen. Und Kirke – die Zauberin, nicht zu verwechseln mit einer Sirene, aber eng verwandt in ihrer archetypischen Kraft – war es, die ihn verführte, obwohl sie weder dem Bild der Schönheit entsprach, noch mit einer sanften Stimme sprach. Sie war roh, erdig, wild. Und doch – oder gerade deshalb – tief anziehend.

Als ich als Gastdozentin zu einem Tanz- und Empowerment-Retreat nach Portugal eingeladen wurde, spürte ich: Jetzt ist der Moment, mich ganz bewusst mit dieser sirenischen Kraft zu verbinden. Nicht als Spiel, nicht als Maske – sondern als Erinnerung an etwas, das in mir lebt. Etwas, das uns Frauen oft aberzogen wurde, die ungezähmte Lust an unserem eigenen Ausdruck.

Der Ausdruck mit der Sirene ist der Ausdruck mit unserer Stimme, mit unserem Atem, mit unserer Vulva Power – mit allem, was in unserer Frequenz mitschwingt. Die Geschichte der Sirene wurde über Jahrtausende immer wieder umgedichtet. Ihre Kraft wurde dämonisiert, sexualisiert oder in patriarchale Muster gepresst. Doch was wäre, wenn wir sie uns zurückholen, wenn diese Geschichte unsere ist, wenn deine Stimme dir ganz bewusst gehört?

NICHT UM MÄNNER ZU VERFÜHREN – SONDERN UM UNS SELBST WIEDER ZU FÜHLEN.

NICHT UM »GEFÄHRLICH« ZU WIRKEN – SONDERN UM FREI ZU SEIN.

Es ist nicht deine Aufgabe, die Angst vor deiner weiblichen (Stimm-)Kraft zu lösen. Es ist deine Verantwortung, deine Kraft zu verkörpern. Deine Stimme gehört dir. Deine Lust gehört dir.

Jede dieser inneren Kräfte – ob Sirene, Kriegerin, Liebende oder Königin – lebt in uns. Sie sind keine Rollen, wenn wir sie bewusst nutzen, sie sind Anteile unserer Kraft, die durch uns hindurchfließen, wenn wir es zulassen, ohne Schuld und Scham.

Archetypen helfen uns, Aspekte unserer Weiblichkeit zu erinnern, zu verkörpern und bewusst zu wählen. Archetypen zeigen uns auch, wo wir uns kleinmachen – und wo wir in unsere Größe treten dürfen. Sie sind Einladung und Erinnerung zugleich: an unsere Wildheit, unsere Zartheit, unsere Klarheit und unsere unbändige schöpferische Kraft.

Während eines Fotoshootings am Strand in Portugal sah ich ihn: einen Lifeguard. Unsere Blicke trafen sich. Ein brasilianischer Mann, schöne Ausstrahlung, nicht nur äußerlich – da war etwas in seinem Blick, das weich und offen war. Wir lächelten. Wir tauschten Nummern aus. Später schrieb ich ihm. Nicht mit Spielchen, sondern in Klarheit. Ich schrieb: »Wenn wir uns treffen, bist du meine Erfahrung. Und ich will, dass sie schön ist«, und dass ich gerne an den Strand und mich gehalten fühlen wollte. Und dass mir wichtig war, dass er vorbereitet war.

Aber bevor ich das tat, habe ich mich gefragt: Was brauche ich wirklich? Was, wenn es nicht so läuft, wie ich es mir wünsche – fühlt es sich dann immer noch stimmig an für mich? Ich bin mit mir selbst in Kontakt gegangen. Mit meiner inneren Wahrheit. Und habe sie dann nach außen getragen.

Diese Begegnung war magisch. Wir trafen uns wieder. Blieben in Kontakt. Und alles, was ich sonst lehre, durfte ich in dieser Verbindung mit ihm auch sexuell erfahren: tantrisch, emotional, spirituell, verkörpert. Der beste Sex meines bisherigen Lebens. Er sagte mir später, in Brasilien nennt man das Gostosa. Ein Geschmackserlebnis auf allen Ebenen – körperlich, geistig, seelisch.

Und ich glaube: Wir alle haben Gostosa verdient. Nicht durch Anpassung. Sondern durch unsere Stimme. Durch unsere klare Wahrheit. Durch unseren freien Ausdruck – und die Erlaubnis, genau das zu wollen: Berührung, die echt ist. Begegnung, die auf Augenhöhe stattfindet. Lust, die verkörpert ist. Gostosa beginnt mit einer Entscheidung: für dich. Für deine Stimme. Für dein Ja und dein Nein. Für deine Lust.

POWER FACTS

Meine Lieblings-Archetypen

The Dark Feminine

- Die dunkle Feminine ist roh. Wild. Magnetisch.
- Sie kennt die Schatten. Sie hat keine Angst davor, in die Tiefe zu tauchen. Sie ist nicht da, um zu gefallen.
- Sie ist da, um echt zu sein.
- Sie steht für deine sexuelle Urkraft, keine Tabus, für deine Wut, deine Lust, deine radikale Selbstannahme.
- Ihre Stimme ist tief, erdig, manchmal brüchig – und kraftvoll.
- Sie verkörpert Tod und Wiedergeburt. Transformation.

The Wise Woman

- Sie ist in dir, wenn du ruhig wirst. Wenn du weißt, auch ohne zu denken. Wenn du den Raum halten kannst – für dich, für andere.
- Sie hat viel erlebt. Sie urteilt nicht. Sie sieht.
- Die Stimme der weisen Frau ist klar, getragen, ruhig, ohne sich zu rechtfertigen.
- Sie ist da. Und sie weiß, dass sie nicht alles sagen muss, um gehört zu werden.

The Princess

- Die Prinzessin ist verspielt, kindlich, leicht.
- Sie will gesehen werden. Sie liebt Schönheit, Magie, Aufmerksamkeit.
- Aber wenn sie in ihrer Kraft ist, weiß sie auch: Ich bin es wert, ohne mich zu verstellen.
- Ihre Stimme ist vielleicht hell, verspielt oder manchmal auch fordernd. Sie möchte verwöhnt werden, aber sie darf auch lernen, für sich selbst zu sorgen.

The Priestess/Goddess

- Die Priesterin ist verbunden.
- Mit dem Göttlichen, mit der Erde, mit ihren inneren Zyklen.
- Sie wirkt durch Rituale, durch Präsenz, durch Intention.
- Ihre Stimme kann klar sein und geerdet, aber auch transzendent.
- Sie trägt Energie, sie heilt, sie spricht in Bildern, sie singt, sie betet, sie ruft.

The Inner Child

- Das innere Kind ist verspielt, neugierig, lebendig, sensibel.
- Es will sich zeigen, will entdecken, will gehalten werden.
- Es kann laut sein oder leise, ängstlich oder wild – aber es ist immer echt.
- Die Stimme des inneren Kindes ist oft fein, schnell, vielleicht auch brüchig – und sie ist ein Zugang zu deiner Wahrheit.

HOLISTISCHE ÜBUNG

Verkörperung deiner Archetypen

Du brauchst:

- drei Klebeband-Streifen (Malerkrepp o. Ä.)
- etwas Raum
- dich – neugierig, offen und bereit

So funktioniert es:

1. Raum markieren

- Markiere mit Klebeband mindestens drei Bereiche auf deinem Boden: einen neutralen Raum in der Mitte und zwei oder drei davor – je einer steht für einen Archetyp.
- Verbinde die Räume mit weiteren Klebestreifen. Diese Klebestreifen zwischen den Räumen sind Übergänge – sie sind genauso wichtig wie die Räume selbst.

2. **Start im neutralen Raum**
   - Stelle dich in den neutralen Raum.
   - Hier spürst du dich. Kommst bei dir an.
   - Beobachte, wie dein Körper sich anfühlt. Wie dein Atem fließt. Wie deine Stimme klingt.

3. **Der Übergang**
   - Sobald du einen Schritt in einen neuen Raum machst – geh in die Verkörperung: kein Schritt ohne Ton.
   - Nimm wahr: Wie fühlt sich diese Energie im Körper an? Wie verändert sich deine Stimme? Welche Bilder tauchen auf? Welche Klänge entstehen?
   - Spiele. Erforsche. Lass zu.
   - Geh zwischen den Räumen hin und her. Lass dir Zeit.
   - Spüre, was die Zwischenräume mit dir machen. Was sich in deinem Nervensystem verändert.
   - Tauch immer wieder zurück in den neutralen Raum – zum Nachspüren, Integrieren, Ausruhen.

4. **Abschluss**
   - Wähle den Archetyp-Raum, der dich gerade am meisten nährt.
   - Stell dich dort aufrecht hin.
   - Lass einen Klang entstehen. Oder ein Wort. Oder einen Atemzug und nimm die Verkörperung an.

Eine klare Frau im Bett ist nicht »zu viel«.

Sie ist genau richtig,
wenn sie selbst bestimmt.

Das stärkste sexuelle Werkzeug

Lass mich zu Beginn ein paar Mythen zerlegen: Lust beginnt nicht zwischen den Beinen – sie beginnt mit Energie, Intention, im Atem, in der Stimme und in deiner authentischen Präsenz. Orgasmusfähigkeit hat weniger mit Technik und mehr mit Entspannung und Regulation zu tun.

Viele Menschen atmen und bewegen sich während des Sex zu kontrolliert. Sie achten zu bewusst darauf, wie sie klingen und wie sie aussehen. Erregung passiert aber im Parasympathikus (im Entspannungsmodus des Nervensystems). Wenn du dich zu sehr beobachtest oder dich nicht in deine freie Stimme traust, bleibst du im Sympathikus (im Kampf-oder-Flucht-Modus), aber um in einen vollen, authentischen Orgasmus kommen zu können – einen, der nicht nur körperlich, sondern auch energetisch und emotional tiefgreifend ist –, braucht es mehr als nur mechanische Stimulation. Es braucht eine vollständige Hingabe an den Moment. Doch genau das fällt vielen Menschen und besonders Frauen schwer. Warum?

- Weil sie sich selbst zu sehr beobachten.
- Weil sie gelernt haben, dass Lust kontrolliert, gefiltert und »ästhetisch« sein soll.
- Weil sie Angst haben, zu laut, zu roh, zu intensiv, zu lustvoll zu sein.
- Weil sie darauf konditioniert wurden, zu funktionieren, statt sich hinzugeben.
- Weil sie sich nicht sicher fühlen.

Aber ein Orgasmus ist kein Leistungssport. Er ist keine Pflicht, kein Ziel, das erreicht werden muss. Ein echter, tiefer Orgasmus ist eine Reise, die durch den Körper, die Emotionen und den Atem navigiert wird. Beim Sex und besonders beim Orgasmus erleben wir eine Welle von Energie, die durch unseren Körper strömt. Diese Energie ist nichts anderes als unsere Lebensenergie – im Tantra als Kundalini bekannt.

Sie bewegt sich entlang der Wirbelsäule nach oben. Sie aktiviert unsere Wirbel, unser Nervensystem, unsere Reflexzonen, und sie kann nur frei fließen, wenn wir uns sicher fühlen. Viele Frauen halten diese Energie zurück. Sie spannen unbewusst ihren Beckenboden an. Sie halten den Atem an. Sie beißen sich auf die Lippen, um leise zu bleiben. Sie fühlen sich gehemmt, weil sie nicht »zu viel« sein wollen. Weil sie sich nicht sicher genug fühlen. Genau diese Blockaden verhindern, dass der Orgasmus ganzheitlich durch den Körper rauschen kann. Die Stimme führt zu tieferer Intimität und energetischen Orgasmen.

TRY IT AND YOU WILL FEEL IT!

Unsere Stimme ist ein Kanal für unsere Energie, unsere Emotionen und unsere Verbindung zueinander. Gerade in intimen Momenten spielt die Stimme eine entscheidende Rolle, nicht nur für die Frau, sondern auch für die Dynamik in Partnerschaften. Wenn wir unsere Stimme bewusst in unsere Sexualität integrieren, verändert sich die Qualität unserer Verbindung. Wir werden präsenter, unsere Körper entspannen sich, wir erlauben uns, ganz in den Moment einzutauchen. Viele Menschen halten beim Sex unbewusst den Atem an, schlucken Geräusche herunter oder lassen nur das zu, was sie für gesellschaftlich akzeptabel halten. Doch wenn wir unsere Stimme freigeben, setzen wir etwas viel Tieferes frei – unsere Urkraft, unsere Lust, unsere Lebendigkeit.

HOLISTISCHE ÜBUNG

Lippenflattern für sinnliche Vitalität

Das Lippenflattern ist eine der einfachsten, aber effektivsten Übungen, um Verspannungen in der Stimme, im Beckenboden und sogar im Intimbereich zu lösen. Es unterstützt die Durchblutung, fördert die Entspannung und kann dadurch auch die natürliche Feuchtigkeit in der Vagina positiv beeinflussen. Es entspannt die Gesichtsmuskulatur, was sich unter anderem direkt auf den Beckenboden auswirkt.

So machst du die Übung

- Setze dich bequem hin oder lege dich auf den Rücken, die Knie sanft aufgestellt.
- Atme tief in den Bauch ein und lasse beim Ausatmen deine Lippen locker schwingen, indem du einen sanften Luftstrom durch sie schickst – ähnlich wie ein Pferdeschnauben.
- Wiederhole dies mehrere Male und beobachte, wie sich dein Körper dabei anfühlt.
- Kombiniere es mit einem Seufzen oder Summen, um die Entspannung noch mehr zu vertiefen.
- Wenn du magst, kannst du sanfte Beckenbewegungen hinzufügen – kreisende oder schaukelnde Bewegungen, die das Gefühl der Lockerung verstärken.

So kann die Übung deine Libido beeinflussen

Durch das bewusste Entspannen des Beckenbodens kann sich auch die Durchblutung im Intimbereich verbessern. Dies führt nicht nur zu mehr Sensibilität, sondern kann auch die natürliche Feuchtigkeit und Lust steigern – ganz ohne Druck oder Erwartung. Lippenflattern ist also nicht nur eine wunderbare Übung für deine Stimme, sondern auch für dein Körperbewusstsein, dein Becken und deine sinnliche Vitalität.

POWER FACTS

Beckenboden, Stimme und Libido

- Der Beckenboden und die Stimmlippen sind bioenergetisch miteinander verbunden – ein entspannter Kiefer und entspannte Lippen bedeuten oft auch einen entspannteren Beckenboden.
- Die sanfte Vibration durch das Flattern der Lippen bei der Übung »Lippenflattern für sinnliche Vitalität« wirkt wie eine innere Massage, die die Durchblutung im gesamten Beckenbereich stimulieren kann.
- Ein entspannter Beckenboden kann die natürliche Lubrikation und damit die Libido fördern.

Orgasmen ohne Ejakulation und energetische Höhepunkte

Die bewusste Nutzung der Stimme hilft nicht nur Frauen, tiefer in ihre Ekstase zu gelangen, sondern jeder Person, auch Männern, die Kontrolle über ihre sexuelle Energie zu erweitern. Indem Männer sich auf ihren Atem, ihren Klang und die bewusste Lenkung ihrer Energie konzentrieren, können sie Orgasmen erleben, die nicht an eine Ejakulation gebunden sind. Das bedeutet, dass Männer nicht nach einem Orgasmus erschöpft sind, sondern die Energie weiter im Körper behalten und mehrere Höhepunkte hintereinander erleben können – ähnlich wie Frauen. Energetische Orgasmen sind eine Form der sexuellen Ekstase, die durch Atem, Stimme und Präsenz entstehen. Ohne direkte physische Stimulation oder den »mechanischen« Ablauf eines klassischen Orgasmus kann sich die sexuelle Energie durch den Körper ausbreiten, sodass sich ein Gefühl von Schwindel, Leichtigkeit oder pulsierenden Wellen im ganzen Körper zeigt.

Die Stimme öffnet Räume – für Lust, für Intimität, für Verletzlichkeit. Sagen wir als Beispiel, Mann und Frau erlauben sich, ihre Stimme frei zu nutzen, dann entstehen nicht nur tiefere körperliche Erfahrungen, sondern es entsteht auch eine stärkere emotionale Bindung. Durch Töne, gemeinsames Vibrieren oder bewusstes gemeinsames Atmen, mit Sound können sich Paare auf eine neue Weise begegnen und Sex wird dadurch zu einer Form der Kommunikation, zu einem lebendigen Ausdruck des Miteinanders. Die Stimme macht Lust spürbar, sie vertieft Vertrauen und schafft eine Umgebung, in der echte Nähe entstehen kann – Nähe, die über Worte hinausgeht und in der die Frequenz der Körper mitschwingt.

Wenn wir also beginnen, unsere Stimme als Teil unserer Sexualität zu begreifen, öffnen sich neue Möglichkeiten – für tiefere, bewusstere Orgasmen, für echte Verbindung und für eine neue Form der Intimität, die weit über das hinausgeht, was uns beigebracht wurde.

HOLISTISCHE ÜBUNG

Breath and Sound Wave – stimmbasierte Ekstase

Diese Übung kann allein oder mit einem Partner oder einer Partnerin praktiziert werden.

1. Vorbereitung und Ankommen

- Setze oder lege dich bequem hin. Wenn du mit einem Partner, einer Partnerin übst, setzt euch voreinander hin, sodass ihr euch ansehen oder berühren könnt.
- Atme tief in den Bauch und lass den Atem entspannt durch den Mund ausströmen.
- Lege eine Hand auf deinen Unterbauch und die andere auf dein Herz.
- Schließe die Augen für einen Moment und spüre in deinen Körper – wie fühlt sich deine Energie an? Gibt es Spannungen, Blockaden oder ein Bedürfnis nach Entladung?

2. Die Stimme als Welle aktivieren

- Beginne mit einem sanften Summen – halte den Kiefer locker, die Lippen weich. Lass den Sound über dein Brustbein vibrieren und spüre, wie sich dein Körper durch die Frequenz entspannt.
- Wechsle dann zu einem offenen »Ohhh«-Laut, der aus dem Unterbauch kommt. Stell dir vor, du lenkst den Sound in deinen Beckenraum – deine Vulva, Vagina, deinen Damm.
- Wiederhole das mehrmals mit entspanntem Atemfluss.

3. Verbindung mit der sexuellen Energie

- Stell dir beim Einatmen vor, dass du mit dem Atem deine sexuelle Energie aus deinem Beckenraum nach oben ziehst – über deine Wirbelsäule, dein Herz bis in dein drittes Auge.

- Beim Ausatmen lass einen Klang entstehen (ein genussvolles »Mmmh«, ein entspanntes »Ooooh«, ein sinnliches »Aaaah«).
- Lass deinen Körper sich intuitiv mitbewegen – sanftes Kreisen des Beckens, Schütteln oder Wellenbewegungen helfen, Energie freizusetzen.

4. Die Resonanz zwischen dir und deinem*deiner Partner*in vertiefen

(Falls du mit einer weiteren Person übst)

- Setzt euch einander gegenüber oder berührt euch mit den Händen. Schaut euch in die Augen, ohne zu sprechen.
- Beginnt, eure Atemrhythmen anzugleichen – atmet gleichzeitig ein und aus.
- Eine beginnt mit einem tiefen Laut (z. B. »Ooooh«) und die andere Person stimmt sich darauf ein, sodass ein gemeinsamer Sound entsteht, ohne zu aufgesetzt oder kontrolliert zu sein.
- Spürt, wie sich eure Frequenzen aufeinander einschwingen – die Vibrationen sind eine unsichtbare Brücke zwischen euch.

5. Energetische Höhepunkte und Deep Release

- Je länger ihr euch der Vibration hingebt, desto mehr werdet ihr spüren, wie sich eine erotische, vibrierende Energie durch den Körper bewegt.
- Lasst euch von der Welle dieser Energie tragen, ohne sie zu kontrollieren. Wenn Lust oder Erregung aufkommt, lasst den Atem noch freier fließen und die Töne tiefer werden.
- Es kann passieren, dass ihr Schwindel, Kribbeln oder eine Art inneres Pulsieren erlebt – das ist ein Zeichen, dass sich Energie im Körper verteilt.
- Genießt diesen Zustand, ohne sofort nach einer »Erfüllung« zu suchen. Es geht um Genuss, nicht um ein bestimmtes Ziel.

POWER FACTS

Stimme und Lust

Die Stimme ist einer der direktesten Wege,
um Lust zu vertiefen.

- Die Stimme öffnet den Atem: mehr Sauerstoff = mehr Entspannung = mehr Lust. Simple Physik.
- Die Stimme verstärkt Empfindungen: Wenn du beim Sex summst oder tönst, verstärkst du die Vibrationen in deinem Körper. Und ja, das kann Orgasmen intensiver machen.
- Die Stimme setzt Spannung frei: Viele Frauen haben unbewusste Anspannung im Beckenboden – die gleiche Spannung, die auch Blockaden in der Lust verursacht. Durch Klang löst sich das.
- Die Stimme verbindet dich mit deiner Urkraft: Wenn du deine Stimme bewusst nutzt, trittst du in einen Raum, in dem Lust, Kreativität und Freiheit miteinander verschmelzen.

Und jetzt stelle dir eine Frau vor, die sich vollkommen erlaubt, in ihre Lust einzutauchen.

- Sie tönt frei, weil ihr Körper es verlangt.
- Sie atmet tief, weil sie keine Angst vor Intensität hat.
- Sie ist präsent, weil sie sich selbst spürt – roh, ungefiltert, echt.

Das ist der Unterschied zwischen einem kontrollierten, »funktionalen« Orgasmus und einem Orgasmus, der sich durch den ganzen Körper wellt. Ein Orgasmus, der befreit, der dich durchlässig macht. Ein Orgasmus, der nicht nur deine Lust, sondern deine gesamte Lebenskraft aktiviert.

POWER FACTS

Know Your Orgasm

Es gibt viele verschiedene Arten von Orgasmen, die Frauen erleben können, abhängig von ihrer körperlichen, energetischen und emotionalen Wahrnehmung. Hier sind zehn verschiedene Formen von Orgasmen, die Frauen erfahren können:

- *Klitoraler Orgasmus:* Der wohl bekannteste Orgasmus, der durch die Stimulation der Klitoris ausgelöst wird. Die Klitoris hat über 8.000 Nervenenden und ist eines der empfindlichsten Lustzentren des weiblichen Körpers.
- *Vaginaler Orgasmus:* Ein tieferer Orgasmus, der durch Stimulation innerhalb der Vagina ausgelöst wird, insbesondere durch den sogenannten G-Punkt, eine besonders empfindliche Zone an der vorderen Vaginalwand.
- *Zervikaler Orgasmus:* Dieser Orgasmus entsteht durch Stimulation des Gebärmutterhalses (Zervix). Er wird oft als intensiver, tiefgehender Orgasmus beschrieben, der sich im ganzen Körper ausbreiten kann.
- *Analer Orgasmus:* Durch Stimulation der Analregion, die ebenfalls viele Nervenenden hat, können intensive Orgasmen entstehen, besonders wenn gleichzeitig andere Lustzonen wie die Klitoris oder der G-Punkt stimuliert werden.
- *U-Punkt-Orgasmus:* Der U-Punkt befindet sich rund um die Harnröhrenöffnung. Durch sanfte Stimulation dieser

Zone können Frauen eine sehr spezifische Art von Lust empfinden.

- *Brust- und Nippel-Orgasmus:* Die Stimulation der Brustwarzen kann Orgasmen auslösen, da die Nervenbahnen mit denselben Lustzentren im Gehirn verbunden sind wie die Genitalien. Manche Frauen können allein durch Bruststimulation einen Orgasmus erleben.
- *Energetischer Orgasmus (Kundalini-Orgasmus):* Dieser Orgasmus kann ohne direkte physische Berührung entstehen und wird durch Atem, Stimme und bewusste Bewegung des Körpers hervorgerufen. Er kann als eine Art wellenförmige Energiebewegung durch den ganzen Körper empfunden werden.
- *Tiefenorgasmus (Whole-Body-Orgasmus)*: Hierbei handelt es sich um einen Orgasmus, der nicht auf den Genitalbereich beschränkt ist, sondern sich in Wellen durch den ganzen Körper bewegt und als ganzheitliches Lustgefühl wahrgenommen wird.
- *Spontaner Orgasmus:* Orgasmus, der ohne bewusste Berührung oder Stimulation auftritt – zum Beispiel durch eine bestimmte Art der Atmung, Bewegung oder sogar im Schlaf (Schlaforgasmus).
- *Stimmen- und Vibrationsorgasmus:* Dieser Orgasmus entsteht durch den Einsatz von Stimme, Tönen und Vibration. Da sich Stimmlippen und Vulvalippen embryologisch aus derselben Gewebestruktur entwickeln, können Klänge, insbesondere tiefe Vokale und Summen, eine Öffnung und Entspannung im Beckenraum auslösen, die zu orgasmischer Energie führt.

Und jetzt das Beste: Lust ist auch ein Karriere-Boost, dazu schreibe ich in einem späteren Kapitel mehr, aber vorab, es gibt diesen wunderschönen Nebeneffekt, wenn du deine

Stimme und deine Lust befreist, dann fängst du auch an, dich in anderen Bereichen deines Lebens zu befreien.

- Plötzlich setzt du Grenzen, wo du früher geschluckt hast.
- Plötzlich sagst du Nein – oder besser noch Ja, aber nur, wenn du es wirklich willst.
- Plötzlich fließen kreative Ideen, weil dein gesamtes System nicht mehr im Überlebensmodus ist.

Ich sage das aus eigener Erfahrung: Meine kreativsten Phasen begannen, als ich meine Sexualität ohne Scham lebte, denn Lust ist nichts anderes als Lebensenergie. Und wenn du erst einmal gelernt hast, dich in deiner Lust nicht zu begrenzen, dann wirst du auch keine Lust mehr haben, dich in deinem Leben zu begrenzen.

Warum Frauen ab Fünfunddreißig also in Wahrheit die geilsten Jahre ihres Lebens haben: Sie wissen, dass ihre Stimme – im Bett, im Leben, in der Karriere – nicht nur ein hübsches Extra ist, sondern ihr verdammtes Power-Tool.

DEINE FREIE STIMME MACHT DICH UNWIDERSTEHLICH.

Eine Frau, mit der ich eine Zeit lang arbeiten durfte, sagte in der Session zu mir: »Jetzt fängt mein Leben erst richtig an.«

Das waren ihre Worte. Sie war über achtzig Jahre alt und sah mich mit funkelnden Augen an.

Als sie zu mir kam, hatte sie einen Punkt erreicht, an dem sie sich fragte: »War's das?« Ihre Stimme war sanft, fast brüchig. Sie sprach leise, als hätte sie vergessen, dass sie auch anders konnte. »Ich hatte immer Lust auf das Leben. Auf Berührung, auf Leidenschaft. Aber ich habe es mir irgendwann abtrainiert.«

Wir begannen mit Stimmarbeit – sanft, vorsichtig, aber mit jeder Session wurde ihr Klang mutiger. Sie summte, sie tönte, sie lachte laut. Ich sah, wie ihr Körper mit jeder Vibration wacher wurde.

Und dann kam der Moment, in dem sie mich ansah und sagte: »Ich habe mir neulich rote Unterwäsche gekauft.«

Ich lachte, sie lachte – und in diesem Lachen lag eine ganze Welt an Wiedergeburt.

Denn wer sagt, dass sexuelle Kraft eine Altersgrenze hat?

Diese Frau wusste jetzt: Ihr Feuer war nie weg gewesen. Sie hatte nur vergessen, dass sie selbst diejenige war, die es wieder entfachen konnte.

Die verschiedenen Tantra-Wege

Die bewusste Nutzung der Stimme in Zusammenhang mit Sexualität ist nicht neu und nicht nur in meiner Arbeit essenziell – sie ist tief in alten spirituellen Traditionen verwurzelt, insbesondere in der tantrischen Praxis.

Wenn wir über Tantra sprechen, denken viele sofort an Sexualität. Doch das, worum es im ursprünglichen, traditionellen Tantra geht, ist weit mehr als körperliche Lust. Tantra ist eine Praxis der Bewusstwerdung. Es geht um die Verbindung mit sich selbst, um das bewusste Lenken von Lebensenergie, um eine tiefe Sinnlichkeit, die nicht nur mit Sex, sondern mit der Art, wie wir das Leben erfahren, verwoben ist. In der tantrischen Lehre wird die sexuelle Energie oft als Kundalini bezeichnet – eine kraftvolle Lebenskraft, die im Becken ruht. Und wie wird diese Energie erweckt?

DURCH ATEM. DURCH BEWEGUNG. UND DURCH KLANG.

Die Stimme ist ein essenzielles Werkzeug im Tantra. Sie öffnet Räume. Sie löst Blockaden. Sie bringt Energie in Fluss. Aber Tantra ist nicht eine einzige Lehre, sondern hat viele verschiedene Strömungen.

- Rotes Tantra ist sinnlich, körperlich, explorativ – es integriert Sexualität als eine heilige Praxis.
- Weißes Tantra hingegen fokussiert auf Energiearbeit, auf das Lenken von Prana (Lebensenergie) durch Atem, Meditation und Klang.
- Schwarzes Tantra wird oft mit manipulativen oder machtvollen energetischen Praktiken assoziiert.

Doch in allen Wegen gibt es eine Gemeinsamkeit: Die Stimme ist nicht nur ein Ausdruck – sie ist ein Tor. Wenn du tönst, wenn du deine Stimme bewusst nutzt, dann öffnest du Räume in dir, die mit deinem Körper, deiner Sinnlichkeit und deiner Energie verbunden sind. Tantrische Techniken arbeiten mit Mantras, mit Klangvibrationen, die den Körper durchdringen und energetische Kanäle aktivieren. Genau deshalb ist die bewusste Stimmarbeit ein Schlüssel zu einer tieferen Verbindung mit deiner eigenen Sinnlichkeit.

Stimme, Sexualität und Bewusstwerdung

Es geht nicht darum, »sexy« zu klingen. Es geht darum, dich selbst durch deine Stimme zu fühlen.

- Spürst du deine eigene Stimme in deinem Becken?
- Kannst du dein Ja und dein Nein bewusst tönen?
- Lässt du deine Stimme fließen, so wie du deinen Atem fließen lässt?

Die Stimme ist eine Brücke zwischen Körper und Geist. Und wenn du lernst, sie in Verbindung mit deiner Sinnlichkeit zu nutzen, dann öffnet sich eine neue Ebene der Selbstwahrnehmung – nicht nur in deiner Sexualität, sondern in deinem gesamten Sein, und genau darum geht es:

WER BIST DU – IN DIESEM MOMENT?

Gerade in der Stimmarbeit – und besonders in der Art und Weise, wie ich mit der Stimme arbeite – geht es nicht darum, eine perfekte Technik abzuliefern oder eine bestimmte Ästhetik zu erfüllen.

Es geht um ein ehrliches Ankommen bei sich selbst. Nichts Aufgesetztes. Kein überdramatisches Stöhnen. Kein aufgesetztes Sexy- oder Hübschsein.

Besonders, wenn es um Sinnlichkeit und Sexualität geht, bedeutet es, sich der eigenen Echtheit hinzugeben. Vielleicht verdrehen sich deine Augen, während du Sex hast. Vielleicht führt ein Orgasmus dazu, dass du plötzlich weinen musst. Vielleicht verlierst du dich für einen Moment ganz in dir selbst und stürmst mit deiner Stimme kraftvoll aus deinem Becken heraus. All das kann passieren – wenn du wirklich präsent bist. Wenn du atmest. Wenn du fühlst. Wenn du nicht darüber nachdenkst, wie du aussiehst, sondern wie du dich spürst.

DENN DIE STIMME IST EIN SPIEGEL.

Wenn wir uns erlauben, die Vibration unserer Stimme bewusst wahrzunehmen – während der Berührung, während der Lust, während der Hingabe –, dann erleben wir Orgasmen nicht nur intensiver, sondern auch ehrlicher. Dann hören wir auf, aufgesetzt zu performen. Dann hören wir auf, darüber nachzudenken, was wir abliefern müssen oder welche Maske wir als Frau aufsetzen sollen. Denn genau das hindert uns oft daran, unsere volle sexuelle Energie zu erleben. Hier beginnt die echte Freiheit – in der Stimme, im Körper, in der Lust.

HOLISTISCHE ÜBUNG

Mehr Lust, Stimme und Freiheit

Hier zeige ich dir einige Übungen, mit denen du all das in deinen Alltag integrieren kannst.

Die Lust-Atmung

- Stell dich vor einen Spiegel.
- Atme tief in deinen Bauch und atme mit einem hörbaren »Aaah« wieder aus.

- Spüre nach: Fühlt sich dein Körper anders an, wenn du bewusst laut atmest?

Das erotische Summen

- Lege eine Hand auf deinen Unterbauch.
- Summ einen tiefen Ton und spüre, wo sich die Vibration in deinem Körper ausbreitet.
- Kannst du deine Beckenmuskulatur entspannen, während du summst?

Der kraftvolle Schrei

- Stell dich breitbeinig hin, erde dich.
- Atme tief ein – und beim Ausatmen erlaube dir, wirklich laut zu sein. Ein freies »Ja!«, ein kehliges Stöhnen, ein wildes »Mmmm!« – was auch immer sich richtig anfühlt.
- Wiederhole das ein paarmal und spüre, ob sich dein Körper danach freier anfühlt.

Schlussgedanke

Deine Stimme ist dein Raum. Sexuelle Freiheit ist kreative Freiheit. Kreative Freiheit ist Lebensfreiheit. Und alles beginnt mit deiner Stimme. Denn eine Frau, die ihre Stimme nicht mehr drosselt, öffnet sich nicht nur in ihrer Lust – sie öffnet sich für ihr volles Potenzial.

Also, hör auf, dich zurückzuhalten. Lach lauter. Stöhne, wenn es sich gut anfühlt. Töne, wenn du dich fallen lassen willst. Denn du bist nicht zu viel.

**DU BIST GENAU RICHTIG.
UND DAS IST VERDAMMT SEXY.**

Tönend durch die Geburt

Ich bin mit Geburt aufgewachsen. Nicht in einem sterilen Krankenhausbett, nicht unter grellen Neonlichtern, sondern in der Intimität eines Zuhauses, in einem Raum, in dem meine Mutter sich hingeben konnte. Meine Mutter hat mich und meine zwei Geschwister als Hausgeburten zur Welt gebracht – völlig natürlich, mit ihrer Stimme als mächtigstem Werkzeug. Ich erinnere mich an die Geschichten, die sie erzählte: Wie sie während der Wehen tönte, wie sich ihre Stimme tief in ihrem Körper ausbreitete, wie sie spürte, dass jeder Laut, den sie von sich gab, nicht nur Schmerz begleitete, sondern Kraft freisetzte.

**IHRE STIMME WAR KEINE REAKTION AUF DIE GEBURT.
SIE WAR DIE GEBURT.**

Ich wusste damals nicht, dass dieser intuitive Zugang zur Stimme eine Inspiration für meine eigene Arbeit sein würde. Doch als ich selbst gebar, als ich mit meinem Sternenkind im siebenten Monat durch den größten Schmerz ging, als ich mein zweites Kind voller Kraft und Bewusstsein in einem Geburtshaus zur Welt brachte, wurde mir klar: Die Stimme ist eines der stärksten Geburtswerkzeuge, die wir haben.

Geburt ist Urkraft – und Urkraft ist Geburt.

Doch als Gesellschaft haben wir uns weit entfernt von dem, was die natürliche weibliche Kraft wirklich ist. Wir sehen es daran, dass Frauen in Krankenhäusern gebären – in Häusern, die für Kranke gemacht sind. Daran, dass die Existenz von Hebammen immer noch zur Diskussion steht.

Dass Frauen sich rechtfertigen müssen, wenn sie eine Hausgeburt wollen. Dass Geburtshäuser kämpfen müssen, um bestehen zu bleiben. Wir sehen es daran, dass Frauen oft sagen: »Geburt ist doch etwas Natürliches. Ich muss mich nicht darauf vorbereiten.« Und doch ist da diese tiefe, unbenannte Angst. Nicht nur vor den Schmerzen – sondern davor, ob sie es schaffen können und vor dieser eigenen Urkraft. Und genau hier liegt der Bruch.

Geburt ist natürlich, ja. Aber wir haben vieles verlernt, was uns diese Natürlichkeit ermöglicht. Wir haben verlernt, richtig zu atmen, wir haben den Zugang zur authentischen Stimme verloren und wir haben verlernt, ungebändigt zu sein.

Zu Beginn meiner Arbeit habe ich einige Frauen begleitet, bevor sie in den Geburtsprozess gingen. Ich zeigte ihnen, wie sie ihre Stimme nutzen können – nicht nur als Begleitung durch die Geburt, sondern als tiefes Werkzeug der Selbstermächtigung. Nicht nur die Frauen selbst – auch ihre Partner. Viele Männer haben Angst davor, während der Geburt »nichts tun zu können«. Ich habe ihnen beigebracht, dass sie nichts »tun« müssen – sie müssen nur mitschwingen. Ich habe sie dazu eingeladen, mit ihren Frauen zu summen, zu seufzen, ihre Stimme mit ihrer zu verbinden. Und das hatte eine enorme Wirkung. Nach der Geburt bekam ich Nachrichten direkt aus dem Kreißsaal oder Geburtshaus – Fotos von den frisch geborenen Babys, begleitet von Worten wie: *»Ich habe die ganze Zeit deine Stimme in mir gehört« oder »Mein Partner wusste genau, was zu tun war – ich hatte das Gefühl, du warst bei uns.«*

Es war, als hätte meine Arbeit mit ihnen einen Klangteppich gewebt, der sie durch die Geburt getragen hat.

Frédéric Leboyer hat mit seinem Buch »Geburt ohne Gewalt« eine revolutionäre Sichtweise auf den Geburtsprozess eröffnet. Er sprach nicht nur darüber, wie wichtig es ist, dass Babys in einer ruhigen, respektvollen Umgebung auf die Welt kommen, sondern auch über die Bedeutung von Klang, Licht und Berührung während der Geburt. Sein Ansatz betont, dass Babys in Klang geboren werden. Nicht in Worte, sondern in Schwingungen.

Babys hören den Herzschlag der Mutter, das Strömen des Blutes, die Resonanz der Stimme – lange bevor sie geboren werden. Und genau deshalb ist es so kraftvoll, die Stimme während der Geburt bewusst einzusetzen. Leboyer erkannte, dass ein Baby, das sanft empfangen wird, ein ganz anderes Geburtserlebnis hat als ein Baby, das in grelles Licht, laute Geräusche und hastige Hände hineingeboren wird. Die Stimme der Mutter kann ein Anker sein – nicht nur für sie selbst, sondern auch für ihr Kind.

POWER FACTS

Baby Tunes and Mommy Tunes

Für Babys

- Tiefe, vibrierende Töne schaffen Sicherheit, weil sie dem Baby vertraut sind.
- Sanftes Summen oder Singen kann den Übergang aus dem Mutterleib erleichtern.
- Bewusster Klang kann das Nervensystem der Mutter regulieren – und damit auch das des Babys.

Leboyers Ansatz lehrt uns, dass Geburt nicht nur ein physischer Vorgang ist: Sie ist ein Klangraum. Ein Übergang, der mit Respekt und Bewusstsein gestaltet werden kann – durch Licht, Berührung und vor allem durch Stimme.

Für Mütter

Hier schließt sich der Kreis zu meiner Arbeit: Denn wenn Frauen lernen, ihre Stimme bewusst für sich zu nutzen, dann nutzen sie sie auch für ihr Kind. Geburt ist keine Trennung. Sie ist ein geteiltes Erleben, in dem die Stimme zur Brücke wird – zwischen Mutter und Kind, zwischen Innen und Außen, zwischen Angst und Vertrauen.

Wenn Frauen gebären, gibt es zwei Bereiche im Körper, die untrennbar miteinander verbunden sind: den Kehlkopf und den Muttermund.

Beide sind Schließmuskeln. Beide können sich verkrampfen oder entspannen – und das eine beeinflusst das andere. Deshalb sagen Hebammen oft:
»Offener Mund, offener Muttermund.«

Wenn eine Frau ihre Kiefermuskulatur entspannt, wenn sie tönt oder summt, kann sich auch ihr Muttermund leichter öffnen. Dazu kommt:

- Tiefe, vibrierende Töne (z. B. ein lang gezogenes »Aaaah«) helfen dem Körper, sich zu entspannen.
- Hohe, schrille Töne können Stress auslösen und das sympathische Nervensystem aktivieren – deshalb fühlen sich Frauen, die beim Gebären »jammern« oder »schreien«, oft angespannter.

Wenn eine Frau während der Wehen summt oder brummt, stimuliert sie ihr parasympathisches Nervensystem – sie bleibt geerdet, ihr Körper öffnet sich natürlicher.

Es ist kein Zufall, dass traditionelle Geburtsgesänge in vielen Kulturen tiefe, durchdringende Töne nutzen.
Frauen haben seit Jahrtausenden gewusst, was heute erst langsam wissenschaftlich belegt wird: Die Stimme bringt uns durch die Geburt.

Für Schwangere

- Nicht nur unter der Geburt, sondern schon in der Schwangerschaft ist die Stimme ein machtvolles Werkzeug.
- Babys hören ab der sechzehnten Woche – aber sie hören nicht Worte, sondern Frequenzen.
- Wenn eine Mutter in der Schwangerschaft summt oder singt, verbindet sie sich auf tiefer Ebene mit ihrem Kind.
- Wenn sie regelmäßig mit ihrer Stimme arbeitet, kann sie unter der Geburt leichter in diesen Zustand eintauchen.

Pränatales Tönen ist nicht kompliziert.
Es bedeutet einfach, mit deinem Kind zu sprechen,
aber nicht in Worten, sondern in Klängen:

- Summ für es.
- Töne für es.
- Lass es wissen, dass es sicher ist.

Diese Vibration wird für dein Kind
zur ersten Erinnerung an die Welt.

HOLISTISCHE ÜBUNG

Schwangerschaft und Geburt

Der »offener Muttermund«-Atem

- Setze dich bequem hin, entspanne den Kiefer.
- Atme tief durch die Nase ein.
- Beim Ausatmen lasse ein lang gezogenes »Aaaah« oder »Ooooh« erklingen.
- Spüre nach: Fühlt sich dein Becken anders an?

Das pränatale Summen

- Lege eine Hand auf deinen Bauch.
- Summ ein tiefes »Mmmm« und stelle dir vor, dass dein Baby die Vibration spürt.
- Experimentiere mit verschiedenen Tönen – manche Babys reagieren stärker auf tiefe, andere auf höhere Frequenzen.

Das Partner-Tönen

- Setzt euch einander gegenüber.
- Beginnt, gemeinsam zu summen oder zu tönen.
- Fühlt, wie sich eure Klänge vermischen, wie sich eure Atemzüge synchronisieren.
- Wenn dein Partner oder deine Partnerin bei der Geburt dabei ist, kann die Person so für dich da sein.

GEBURT IST SELBSTERMÄCHTIGUNG – DIE STIMME IST DEIN WERKZEUG.

Die Geburt meiner Kinder, die Frauen, die ich begleitet habe, die Geschichten meiner Mutter – sie alle haben mir eines gezeigt:

- Geburt ist keine Sache, die uns »widerfährt«.
- Geburt ist eine Fähigkeit, die in uns angelegt ist.

Und die Stimme ist der Schlüssel dazu. Deswegen ist die Art, wie wir geboren werden, so wichtig, es ist nicht egal! Es ist unser erster Eindruck vom Leben. Unsere Geburtserfahrung prägt unser Nervensystem, unser Urvertrauen, unser Gefühl von Sicherheit oder Misstrauen. Und auch wenn wir uns nicht bewusst daran erinnern – unser Körper erinnert sich.

Es gibt so viele Geburtstraumata, die weit über das hinausgehen, was unser Verstand erfassen kann. Schon vor der Geburt nimmt das Baby die Welt durch die Mutter wahr:

- wie sie sich fühlt.
- ob sie Angst hat oder entspannt ist.
- ob sie sich sicher oder ausgeliefert fühlt.

Das alles wird im Körper gespeichert.

Kinderwunsch – Angst transformieren, Leben empfangen

Die Kraft der Stimme beginnt nicht erst in der Schwangerschaft. Ich habe Frauen begleitet, die sich lange ein Kind wünschten – doch ihre Angst hielt sie zurück. Sie fühlten sich körperlich bereit, aber emotional blockiert. Der Kinderwunsch kann unglaublich sensibel sein. Und oft liegt unter der biologischen Ebene eine tiefere, unbewusste Schicht:

- »Kann mein Körper das halten?«
- »Was, wenn es nicht klappt?«

Die Stimme ist ein direkter Weg, um diesen Ängsten sanft zu begegnen. Ich habe mit Frauen gearbeitet, die durch Stimmarbeit ihr Nervensystem beruhigen konnten – die mit ihren eigenen Blockaden in Kontakt kamen, sie langsam lösten und schließlich bereit waren, sich für eine Schwangerschaft zu öffnen. Und dann geschah das, was sie sich so sehr gewünscht hatten. Ich erinnere mich an eine Frau, die nach Jahren des Wartens schwanger wurde. Und nicht nur das – sie bekam Zwillinge, mit über vierzig. Die Stimme hatte ihr geholfen, sich selbst genug zu vertrauen, um Leben zu empfangen.

Geburt als gesellschaftlicher Wandel

Wenn ein Baby in eine Umgebung voller Stress, Druck und Angst hineingeboren wird, dann trägt es dieses Gefühl oft unbewusst mit sich. Wenn ein Baby sanft empfangen wird, in einem Raum, in dem seine Mutter in ihrer Kraft ist, in dem ihre Stimme nicht von Schmerz, sondern von Präsenz begleitet wird – dann wird es mit einem anderen Grundgefühl in diese Welt eintreten. Wie wir unsere Kinder zur Welt bringen, ist nicht nur eine persönliche Entscheidung. Es ist eine Entscheidung für unsere Gesellschaft. Wenn Frauen ihre Geburt bewusst erleben dürfen – wenn sie sich sicher, verbunden und respektiert fühlen – dann senden sie eine Botschaft an die nächste Generation:

- Du bist willkommen.
- Du bist sicher.
- Du darfst dich mit deiner Stimme zeigen.

Doch wenn wir Geburt als etwas behandeln, das einfach »überstanden« werden muss, als etwas, das von außen kontrolliert wird, als einen Prozess, bei dem Frauen sich abgeben und ihre eigene Kraft vergessen – dann tragen wir dieses Muster weiter.

Wenn wir beginnen, Geburt zu ehren, wenn wir beginnen, Frauen in diesem Moment zu stärken, dann tun wir mehr, als nur gesunde Babys auf die Welt zu bringen. Wir heilen ein kollektives Trauma. Ein Trauma der Kontrolle, der Angst, der Abtrennung von weiblicher Kraft. Denn Geburt ist nichts, was »passiert«. Geburt ist gelebte Selbstermächtigung. Und wenn wir das ehren – als Frauen, als Gesellschaft –, dann verändern wir nicht nur die Art, wie wir gebären. Wir verändern die Art, wie wir leben.

Egal, ob du gebären wirst, ob du eine Geburt begleitest oder ob du dieses Wissen einfach in deinem Körper speichern möchtest – erinnere dich daran:

DEINE STIMME IST DEINE KRAFT. NUTZE SIE.

Ich erinnere mich daran, wie ich nach der Geburt meines ersten Kindes auf eine intensive Reise ging. Ich suchte nach Antworten, nach Heilung, nach Verbindung. Und ich fand sie in der Stimme. Ich las alles, was ich in die Hände bekam, sog Bücher auf wie Luft zum Atmen. Ich wollte verstehen, was Klang mit uns macht, warum sich meine eigene Stimme nach der Geburt so verändert hatte, warum es sich anfühlte, als wäre sie tiefer, geerdeter, weiter. Warum meine Stimme mein größtes Werkzeug wurde, um mich selbst zu heilen.

Diese Reise ist noch lange nicht vorbei. Es war meine Mutter, die mir das Buch »Nada Brahma« schenkte. Und da ich zu dieser Zeit schon mein zweites Kind auf die Welt gebracht hatte und nicht mehr dieselbe Ruhe und die Zeit fand, um zu lesen, hörte ich mir stattdessen das Hörbuch dazu an.

Ich erinnere mich genau: Ich saß im Kinderzimmer meines Sohnes, während er spielte, und ließ mich von diesen Klängen und Erkenntnissen durchfluten. Eine CD nach der anderen. Jede einzelne öffnete mir eine neue Tür – Klang ist etwas, das wir sind.

Mehr dazu teile ich im letzten Teil des Buches, in dem es um noch konkretere Tools geht, die dich auf deiner Vulva-Voice-Reise unterstützen können.

Dein Business ohne Zurückhaltung

Die Art, wie du sprichst, wie du klingst, wie du in einem Raum existierst, erzählt eine Geschichte über dich – und über das, was du dir erlaubst.

DEINE STIMME IST DEIN STATEMENT.

Was deine Stimme verrät

Hör genau hin, wie du sprichst.*

- Die süße, piepsige Stimme
- Sanft, gehaucht, fast kindlich
- Eine Stimme, die gefallen will, die nicht zu viel Raum einnehmen darf

→ **Die typische Good-Girl-Energie**

- Die überdominante, aufgesetzte tiefe Stimme
- Kontrolliert, hart, fast emotionslos
- Eine Stimme, die demonstrieren will: »Ich bin nicht weich, ich bin nicht schwach.«

→ **Die Gegenbewegung zum Good-Girl-Stereotyp**

* Natürlich sind das sehr vereinfachte Beispiele und unsere Stimme hängt logischerweise auch von unser Tagesverfassung sowie ganz vielen anderen Faktoren ab, aber die meisten von uns tendieren in die eine oder andere Richtung. Das ist auch total okay, doch wir sollten uns dessen bewusst sein.

Sichtbarkeit beginnt mit deiner Stimme

Ich schaue mich um und sehe Frauen, die nicht nur reden, sondern tun. Frauen, die Mütter sind, die Singles sind, die keine Lust mehr haben zu warten, dass etwas passiert – sondern die ihre Chancen selbst in die Hand nehmen. Frauen, die ambitioniert sind.

Und doch ist »ambitioniert« für Frauen oft ein Wort mit bitterem Beigeschmack. Während ein ambitionierter Mann als zielstrebig, durchsetzungsstark und bewundernswert gilt, wird eine ambitionierte Frau schnell als »zickig« oder »fordernd« abgestempelt. Dabei ist sie nichts anderes als inspirierend.

Besonders Mütter haben ein hervorragendes Zeitmanagement. Sie wissen, wann und wie sie Dinge erledigen. Frauen, die ihr eigenes Business führen, schaffen neue Möglichkeiten – für sich und für andere. Wir brauchen Frauen, die ihr eigenes Geld verdienen, um selbst Entscheidungen treffen zu können. Raus aus der Abhängigkeit – rein in die Selbstermächtigung. Ich habe mich oft mit Müttern aus der Kita unterhalten, die mich gefragt haben: Wie machst du das? Wie hast du dich getrennt, bist selbstständig geworden und gehst deinen eigenen Weg? Meine Antwort: Ich habe mich getraut. Ich habe meiner Inspiration und meiner Intuition vertraut.

Und ich habe eine Vision: Frauen in ihre Kraft zu begleiten. Frauen ihre Stimme näherzubringen, damit sie ihren Raum einnehmen – auf allen Ebenen ihres Lebens. Ob du selbstständig bist oder angestellt, ob du eine CEO oder eine Stimme in einem Team bist – du bist wichtig. Deine Stimme ist wichtig.

Das unsichtbare Business-Tool

Wir Frauen wurden viel zu lange auf unser Äußeres reduziert. Doch tatsächlich ist es unsere Stimme, die in den ersten Sekunden einer Begegnung entscheidet, ob uns Menschen sympathisch finden oder nicht. Studien zeigen, dass bis zu fünfzig Prozent unseres ersten Eindrucks von der Stimme beeinflusst werden – mehr als von Mimik oder Gestik.

Warum? Weil die Stimme eine emotionale Information transportiert, die wir nicht bewusst steuern können. Sie geht direkt ins limbische System, das für unsere tiefsten Gefühle und Erinnerungen verantwortlich ist – ähnlich wie ein vertrauter Duft, der uns in Sekunden in die Vergangenheit katapultiert. Wir vergessen eine Stimme nicht.

Und wenn wir mit einer Stimme eine positive Erfahrung verbinden, werden wir immer wieder daran zurückdenken. Das ist Stimmcharisma. Und das bedeutet: Es ist nicht nur wichtig, was du sagst, sondern wie du es sagst. Denn selbst wenn du das beste Produkt der Welt hast – wenn deine Stimme nicht überzeugt, wird niemand zuhören.

Deine Stimme ist also das unsichtbare Werkzeug für Erfolg.

Im Privaten und im Business.

Kennst du das? Du hörst eine Person sprechen und denkst dir: Oh mein Gott, bitte nicht diese Stimme! Nicht weil du diese Person nicht magst – sondern weil ihre Stimme in dir Stress auslöst. Manche Stimmen wirken unruhig, gehetzt, zu hoch, zu schrill oder zu monoton. Sie haben zu wenig Resonanz, was bedeutet, dass ihnen entweder Tiefe, Wärme oder Brillanz fehlt. Das kann ganz unbewusst dein Nervensystem stressen. Und das passiert auch im Business, im Verkauf, in Meetings oder bei Präsentationen.

- Du willst, dass Menschen sich wohlfühlen, wenn sie dir zuhören.
- Du willst, dass deine Stimme Ruhe, Sicherheit, Klarheit und Offenheit ausstrahlt.
- Du willst Präsenz zeigen, ohne dich verstellen zu müssen.

Um deine Stimme kraftvoll, authentisch und überzeugend im Business-Kontext zu nutzen, kannst du mit gezielten Übungen arbeiten. Hier sind drei einfache, aber wirkungsvolle Tools – easy, good and quick.

HOLISTISCHE ÜBUNG

Mit deiner Stimme zum Erfolg

Die Warmes-Wasser-Stimme

- *Ziel:* einen beruhigenden, vertrauensvollen Tonfall finden, der Empathie ausstrahlt
- *Atmung:* Setze dich aufrecht hin, atme tief durch die Nase ein und langsam durch den Mund aus. Wiederhole das fünfmal. Das beruhigt dich und verlangsamt deine Sprechgeschwindigkeit.

- *Ton finden:* Stelle dir vor, du sprichst mit jemandem, den du trösten möchtest. Sprich einen Satz langsam und mit sanfter Betonung (z. B. »Ich bin hier, um zu helfen.«). Experimentiere mit einer leicht abgesenkten Stimme, die Ruhe vermittelt.
- *Anwendung:* Verwende diesen Ton bei Verhandlungen, schwierigen Gesprächen oder in Situationen, in denen du Vertrauen und Sicherheit ausstrahlen willst.

Stimme und Blickkontakt verbinden

- *Ziel:* Empathie und Präsenz in Gesprächen verstärken
- *Spiegel-Arbeit:* Stelle dich vor einen Spiegel oder arbeite mit einer Freundin/Kollegin. Stell dir vor, du möchtest ehrlich zuhören.
- *Satzwahl:* Sprich einen Satz wie »Ich verstehe, dass das für Sie wichtig ist« und variiere deine Betonung.
- *Technik:* Hebe deine Stimme leicht am Anfang des Satzes, um Interesse zu zeigen, und senke sie am Ende sanft, um Sicherheit zu vermitteln.
- *Beobachte:* Wie verändert sich die Wirkung, wenn du den Satz unterschiedlich betonst? Welche Variante wirkt am authentischsten?

Resonanz und Bodenständigkeit aktivieren

- *Ziel:* eine volle, resonierende Stimme nutzen, um Vertrauen und Klarheit auszustrahlen
- *Resonanz finden:* Brumme leise »mmm« (wie ein genussvolles »Hmm«) und spüre die Vibration in Brust und Hals.
- *Textarbeit:* Lies einen kurzen Text laut vor, aber langsam und artikuliert.
- *Check:* Achte darauf, dass dein Klang in der Brust bleibt, dein Po locker ist und du nicht in eine angespannte Stimme wechselt.

Eine meiner Klientinnen war bereits in einer Führungsposition, wunderschön und kompetent, aber sie hatte Schwierigkeiten, sich in Meetings durchzusetzen und sicher zu fühlen. Obwohl sie fachlich brillant war, nahm man sie nicht ernst – ihr wurde oft ins Wort gefallen, sie wurde überhört.

Ihr Problem? Ihre Stimme war zu dumpf, zu zurückhaltend, zu unsicher. Ein paar Monate nachdem wir zusammengearbeitet hatten, sagte sie mir: »*Gwen, ich kann es selbst kaum glauben – seitdem ich an meiner Stimme gearbeitet habe, hören mir die Leute einfach zu. Ich werde nicht mehr übergangen. Ich spreche, und die Menschen stoppen – sie hören hin. Und plötzlich ist meine Stimme genauso kraftvoll wie mein Wissen.*«

Sichtbarkeit beginnt mit deiner Stimme.

Frauen neigen dazu, sich in Meetings oder Präsentationen zurückzuhalten, leiser zu sprechen oder Sätze mit einem fragenden Ton zu beenden. Aber warum fragst du? Wenn du als Frau mit Klarheit, Präsenz und Resonanz sprichst, setzt du ein Statement. Denn es geht nicht darum, lauter zu sein. Es geht darum, gehört zu werden, und das passiert mit einer frei schwingenden Stimme.

Stell dir vor, du betrittst einen Raum für ein wichtiges Meeting. Vielleicht ist es eine Präsentation, ein Gespräch mit deinem Team oder eine Verhandlung. Dein erster Impuls? Du hältst den Atem an. Dein Kiefer wird fest. Deine Schultern spannen sich an. Vielleicht stellst du dein Gewicht auf ein Bein oder ziehst unbewusst den Bauch ein, um »aufrechter« zu wirken. Dein Körper sagt: Achtung! Jetzt musst du funktionieren! Aber was, wenn du stattdessen in diesem Moment nach innen gehst?

HOLISTISCHE ÜBUNG

Erste Hilfe für Meetings

- Atme tief in deinen unteren Bauch.
- Checke, ob dein Kiefer locker ist.
- Spüre, ob dein Po entspannt ist.
- Nimm deinen Damm wahr.
- Lass deine Knie weich in einer Mikrobeugung – nicht steif, sondern flexibel.
- Steh nicht auf einem Standbein, sondern hüftbreit, geerdet.

Bevor du sprichst, beginnt deine Stimme in deinem Körper. Dein Körper spricht mit dir – und mit deinem Publikum. Wir unterschätzen oft, wie sehr unsere Haltung unsere Stimme beeinflusst. Wenn du deine Schultern hochziehst, klingt deine Stimme angespannter. Wenn du den Atem flach hältst, wirkt deine Stimme unsicher oder stockend. Wenn dein Körper steif ist, fehlt deiner Stimme Resonanz und Wärme und dein Nervensystem bekommt die Information, dass es nicht sicher ist, zu sprechen.

Was passiert aber, wenn du deinem Körper Raum gibst? Deine Arme sind locker und sprechen mit und deine Mimik drückt mit aus, was du fühlst. Dein Atem ist frei, deine Stimme schwingt – mit Tiefe, mit Authentizität. Denn wir wissen, Sprache ist mehr als Worte.

Subkontext – die Energie hinter deinen Worten

Stell dir vor, du gehst in ein Meeting – aber nicht einfach nur so. Du verbindest dich mit einer inneren Vision. Als Beispiel: *»Ich bin Gwen und ich bin eine wundervolle Frau. Ich strahle und ich helfe anderen Frauen, ihren Raum ein-*

zunehmen. Ich sehe mich auf einer großen Wiese. Ich strecke meine Arme aus. Ich bin frei.«

Du sprichst diesen Satz nicht laut aus. Aber du fühlst ihn. Du lässt dieses Bild in deine Zellen sinken. Und dann sagst du: *»Hi, ich bin Gwen.«*

Was passiert? Dieses Gefühl, diese Vision schwingt in deiner Stimme mit. Deine Energie fließt durch deine Worte. Du wirkst präsenter, verbundener – weil du es bist. Deine Message ist wichtig. Aber noch wichtiger ist, dass du daran glaubst und sie spürst. Dass du dir Raum gibst, mit deiner Stimme diesen Raum einzunehmen. Nicht indem du lauter wirst, sondern indem du tiefer wirst. Tiefer in deiner Präsenz. Indem du tiefer in deine Gefühle und in deine Energie eintauchst.

**STIMME IST VIBRATION.
UND VIBRATION SCHLÄGT WELLEN.
WELLEN, DIE DEINE VISION IN DIE WELT TRAGEN.**

HOLISTISCHE ÜBUNG

Stimme, Körper und Business verbinden

Wenn dir dein Vorgesetzter nicht zuhört

- Spüre deinen Damm.
- Lockere deine Knie, halte nichts fest.
- Stell dir vor, dass deine Stimme aus deiner Vulva kommt – dass du nicht nur »sprichst«, sondern aus deinem ganzen Körper heraus kommunizierst.

Wenn du dich unsicher fühlst

- Nimm einen tiefen Atemzug durch die Nase.
- Töne ein leises, vibrierendes »Mmmm« und spüre, wie es durch deinen Körper fließt.
- Lass den Ton nach unten sinken – in dein Becken, in deine Beine, in deine Füße.

Wenn du Raum für dich einnehmen willst, ohne Druck

- Stelle dich hüftbreit hin, verwurzele dich mit dem Boden.
- Atme tief in den Bauch.
- Sage laut: »Ich bin hier.«
- Wiederhole es – aber dieses Mal, als würdest du aus deiner Vulva sprechen.

Wenn du dich kleinmachst

- Schüttle deinen Körper aus, lockere deine Gelenke.
- Öffne deinen Mund weit und atme mit einem Seufzen aus.
- Stelle dir vor, dass du den Raum mit deiner Stimme füllen darfst – ohne dass du dich anpassen musst.

Ich wünsche mir, dass mehr Frauen sich sicherer in sich selbst fühlen. Nicht nur in ihrem Körper, sondern auch in ihrer Stimme. Denn wir brauchen mehr Frauen, die oben sind. Frauen, die ihre Stimme erheben – und zwar nicht indem sie sich anpassen oder männlicher klingen, sondern ganz als sie selbst. Keine Scham für eine höhere oder sanftere Stimme. Keine Angst, nicht ernst genommen zu werden, wenn sie nicht tief, druckvoll oder »autoritär« klingt, und kein Muss, sich lauter zu machen, um gehört zu werden.

Es geht darum, ehrlich mit dir selbst zu sein. Und Ehrlichkeit in der Stimme entsteht durch Verbindung mit uns selbst – auch im Business-Kontext.

Wir funktionieren nicht jeden Tag gleich. Unser Energielevel, unsere Stimmung, unsere Kreativität – all das verändert sich im Laufe unseres Zyklus. Wir sind zyklische Wesen. Punkt. Wenn du ein Business führst, wenn du in einer Führungsposition bist, wenn du sichtbar sein willst, dann ist es essenziell, dass du auch auf diesen Zyklus hörst, statt dich in eine lineare Struktur zu pressen, die für männliche Körper gemacht wurde.

POWER FACTS

Deine Zyklusphasen – kurz und knackig

Menstruation
tiefe und weiche Stimme, Rückzug und Intuition

Follikelphase
stabile und klare Stimme, kreative Energie

Ovulation
attraktive, offene Stimme, soziale Strahlkraft

Lutealphase
tiefere Stimme, Wahrheitsfindung und emotionale Intensität

NICHTS IST STARR. ALLES IST LEBENDIG. GENAU WIE DU UND DEINE STIMME.

Sichtbarkeit bedeutet nicht, dass du immer in »High Performance« sein musst. Sichtbarkeit bedeutet auch nicht, dass du dich männlich geben musst, um gehört zu werden.

Deine Stimme beginnt mit dir

Es gibt verschiedene Energien in dir. Wenn du sie bewusst wahrnimmst und mit ihnen arbeitest, wirst du nicht nur authentischer, sondern auch kraftvoller.

- Die Leaderin – diejenige, die Entscheidungen trifft, die mit Klarheit spricht, die eine Vision trägt
- Die Göttin – deine magnetische, sinnliche, intuitive, fließende Kraft
- Die Wilde – diejenige, die sich nicht anpasst, die laut lacht, laut lebt, sich nicht entschuldigt
- Die Weise – diejenige, die aus der Tiefe spricht, die zuhört, die Weisheit verkörpert
- Die Rebellin – diejenige, die Dinge hinterfragt, die Tabus bricht, die sich nicht zurückhält
- Die Liebende – diejenige, die Verbindung schafft, die Menschen zusammenbringt
- Die Bitch/die Schlampe – diejenige, die Grenzen setzt, die sich nicht mehr für ihre Sexualität schämt, die Besitz über ihren Körper nimmt

Deine Stimme trägt all diese Energien in sich. Denn du bist niemals starr. Aber etwas in dir ist unverrückbar – und das bist du.

Wenn du deine Stimme wirklich verkörpern willst, dann geht das nur über deinen Körper. Denn vom Körper zum Gehirn kommt mehr Information als umgekehrt. Wenn du dich sicher fühlst, klingt deine Stimme sicher. Wenn du dich verbunden fühlst, klingt deine Stimme authentisch. Wenn du präsent bist, klingt deine Stimme klar. Es be-

Wenn du deine wahre Stimme nutzt – in deiner vollen Resonanz, mit deiner vollen Essenz – dann wirkst du magnetisch.

fruchtet sich gegenseitig. Körperhaltung und Stimme sind die Basis für authentische Präsenz.

Meine Mindful Voice Practice ist hierfür ein Gamechanger. Wenn du deine Stimme wirklich entfalten willst, geht es nicht nur um das Sprechen. Es geht um deinen ganzen Körper. Wir arbeiten hierbei mit:

- Energie und Körperhaltung – deine Stimme beginnt in deinem Körper.
- Atem und Resonanzräumen – wie deine Stimme in dir schwingt, bevor sie nach außen geht.
- Meridianen und ganzheitlicher Stimmarbeit – basierend auf Prinzipien aus der TCM.
- Fluider Stabilität – der perfekten Balance zwischen Präsenz und Hingabe.

HOLISTISCHE ÜBUNG

Aus meiner Mindful Voice Practice

- Stelle deine Beine hüftbreit auseinander, spüre die Erdung.
- Deine Knie sind weich, nichts ist starr.
- Dein Damm zeigt zum Boden, wie eine Wurzel, die dich verankert.
- Deine Schultern sind entspannt, deine Wirbelsäule fluide und stabil zugleich.
- Dieses Gefühl nenne ich »Effortless Effort« – das Tun im Nicht-Tun.
- Du bist aktiv, aber nicht verkrampft. Du bist stabil, aber flexibel.
- Du stehst, aber du schwingst. Denn deine Stimme braucht Bewegung – nicht Anspannung.

Also erlaube dir, dich in deinem Business-Kontext genauso tief mit dir zu verbinden wie in allen anderen Bereichen deines Lebens. Erlaube dir, deine Stimme nicht zu formen, sondern sie zu entfesseln. Erlaube dir, nicht aufgesetzt zu performen, sondern zu fließen.

Stell dir vor, du treibst auf einem Floß durch das Wasser. Du bist mit dem Strom verbunden, du fließt, doch du bist auch präsent. Wenn ein Hindernis kommt – ein Felsen, ein Ast –, weichst du bewusst aus. Das ist deine Stimme.

- Sie ist nicht nur da – sie lebt und ist wachsam.
- Sie braucht Raum, um sich zu entfalten.
- Sie braucht Bewusstsein, um sich zu verbinden.
- Sie braucht Vertrauen, um sicher zu klingen.

Und dafür musst du sie nicht pushen.

Stell dir vor, deine Stimme ist ein Wassertropfen. Bevor sie nach außen klingt, fällt sie in deinen inneren See. Und wenn sie mit deiner Vision tief in dich hineinfallen kann, bevor sie nach außen schwingt, dann schlägt sie Wellen. Dann bewegt sie andere. Dann berührt sie dich und dein Umfeld. Dann inspiriert sie.

Die weise, alte Schildkröte

In meinem Studio hängt ein Bild. Ein Bild, das mich jedes Mal tief berührt, wenn ich es betrachte. Es zeigt eine alte, weise Schildkröte – mit sanften Augen, voller Tiefe, voller Geduld, voller Zeitlosigkeit. Dieses Bild ist das Geschenk einer Klientin, die mit mir – unter anderem – die Mindful Voice Practice gemacht hat.

Sie kam zu mir, weil sie sich nach einer Verbindung zu ihrer Stimme sehnte. Jahrelang hatte sie gesungen. Sie hatte in Chören mitgewirkt, Gesangsunterricht gehabt. Sie kannte die Technik, wusste, wie man atmet, wusste, wie man Töne formt. Und doch hatte sie ihre eigene Stimme nie wirklich gespürt. Denn seit ihrer Schulzeit war sie verspottet worden. Man hatte ihr gesagt, sie würde »falsch« singen. Sie hätte »keine schöne Stimme«. Ihre Gesangslehrer hatten gemeint, sie sei »nicht gemacht dafür«. Und so wurde sie immer leiser. So entfernte sie sich immer mehr von ihrer eigenen Stimme.

In einer unserer Sessions ließ sie zum ersten Mal seit langer Zeit ihre Stimme einfach sein. Ohne Druck und ohne Wollen. Kein Versuch, »schön« zu klingen. Sie ließ sie einfach fallen – wie einen Wassertropfen in ihren inneren See. Und in diesem Moment geschah etwas Magisches. Sie spürte eine Erinnerung, die nicht aus dem Kopf kam, sondern aus etwas viel Tieferem. Ihr Körper begann zu vibrieren. Ihre Augen füllten sich mit Tränen. Und vor ihrem inneren Auge erschien eine alte, weise Schildkröte.

Sie blickte sie an – ruhig, beständig, unerschütterlich. Die Schildkröte sagte: »Erinnere dich. Erinnere dich an deine Kraft. Erinnere dich an deine innere Weisheit. Erinnere dich an deine Stimme.«

Diese Schildkröte war ein Archetyp ihrer alten, weisen Frau. Ein tiefes Wissen, das immer in ihr gesteckt hatte – doch das sie vergessen hatte. Und in dem Moment, in dem sie ihre Stimme wirklich losließ, sie nicht mehr formen oder kontrollieren wollte, in dem sie sich einfach fallen ließ – fand sie sich selbst wieder.

Solche Erfahrungen zeigen mir jedes Mal, dass Stimme so viel mehr ist als Technik. Stimme ist Erinnerung. Stimme ist Urkraft. Stimme ist eine Brücke zu dem, was in uns steckt – und darauf wartet, freigelegt zu werden. Doch es braucht kein Pushen und kein Drücken, um sie zu befreien. Es braucht ein Loslassen in der Präsenz. Denn wenn du deine Stimme einfach sein lässt, ohne Druck, wenn du ihr und somit dir erlaubst, von innen nach außen zu fließen, dann kommt etwas zum Vorschein, das größer ist, als du denkst. Dann kommt deine Essenz zum Vorschein.

Die Frage ist nicht, wie laut du bist. Die Frage ist, wie echt du bist.

POWER FACTS

Nervensystem und Stimme – die untrennbare Verbindung

Die Stimme ist direkt mit dem autonomen Nervensystem verbunden.

Reguliert (ventraler Vagus-Zustand, »Social-Engagement-System«)

- Die Stimme klingt warm, klar, rhythmisch und resonant.
- Menschen hören dir gerne zu, fühlen sich sicher und verbunden.
- Präsenz und Selbstsicherheit sind hörbar.

Kampf-oder-Flucht-Modus (Sympathikus-Aktivierung)

- Stimme wird instabiler, unruhiger oder angespannt.
- Sprechtempo erhöht sich, Pausen fehlen, die Atmung ist flach.
- Zuhörer*innen empfinden unbewusst Stress oder Anspannung.

Erstarrung und Unsichtbarkeit (dorsaler Vagus, »Shutdown-Modus«)

- Stimme klingt monoton, brüchig oder kraftlos.
- Schwierigkeiten, die eigene Meinung klar zu äußern.
- Reduktion der Resonanzräume – die Stimme klingt »eng«.

Deine Stimme ist deine Souveränität

Wenn ich Frauen im Business begleite – sei es in 1:1-Sessions, Gruppen oder Ausbildungen –, geht es selten nur um Strategie, Positionierung oder Reichweite. Es geht immer auch um den Raum, den du dir nimmst. Und den du dir (noch) nicht nimmst. Viele Frauen betreten die Business-Welt mit einem zarten Funken in sich. Sie tragen eine Vision, ein inneres Leuchten, ein tiefes Wissen darum, dass sie etwas bewegen möchten. Und dennoch ist da oft dieser Moment: Die Stimme zittert, die Brust wird eng, die Haltung fällt zusammen. Sie haben so viel zu sagen – und trauen sich nicht, es laut auszusprechen. Sie haben so viel zu geben – aber spüren, dass sie sich noch selbst kleinhalten. Und da beginnt die Arbeit. Nicht mit dem Business-Plan. Sondern mit der Stimme. Mit der verkörperten Stimme.

UNSERE GESCHICHTEN

Ich erinnere mich an eine Klientin, die selbst als Business-Coachin arbeitet. Eine sehr strukturierte, erfolgreiche Frau. Sie kam zu mir, weil sie spürte, dass etwas fehlte – etwas, das nicht mit Zahlen und To-do-Listen zu greifen war. In unserer Session arbeiteten wir mit somatischen Stimmübungen. Keine komplizierten Tools. Einfach atmen. Tönen. Fühlen. Klingen. Und plötzlich geschah etwas: Sie begann zu weinen und gleichzeitig zu lachen. Dann sagte sie einen Satz, der sich in mir eingebrannt hat: »Ich habe mich noch nie so lebendig gefühlt. So echt. Wie ein Kind. Und wie ein Tier zugleich. Wild. Frei. Ohne mich zu verlieren.« Das ist es. Das ist der Moment, in dem Stimme nicht mehr nur Werkzeug ist. Nicht mehr nur Mittel zum Zweck. Sondern Rückverbindung. Heimat. Verkörperte Wahrheit. Authentizität.

Genau das fehlt in der Business-Welt oft. Viele Frauen versuchen noch immer, in Strukturen zu funktionieren, die sie nicht für sich gemacht haben. Sie denken, sie müssen wie »erfolgreiche Männer« klingen, sachlich und gefasst sein, rational argumentieren. Aber was ist mit ihrer Weichheit? Was ist mit ihrer Wucht? Mit ihrer Intuition, ihrem inneren Puls? Was ist mit ihrer Kraft, die nicht laut, aber tief ist? Die nicht logisch, aber wahr ist?

Wir brauchen eine neue Definition von Erfolg. Einen Erfolg, der durch die Stimme geht. Der nicht nach außen geformt wird, sondern von innen nach außen schwingt. Erfolg, der Resonanz erzeugt – nicht durch Lautstärke, sondern durch Wahrheit. Wenn du deine Stimme findest – deine echte, verkörperte Stimme – verändert sich alles. Du brauchst nicht mehr zu performen. Du brauchst nicht mehr zu überzeugen. Du bist.

DU BIST DEINE VISION. DU BIST DEIN BUSINESS. DU BIST DEIN AUSDRUCK.

Das ist so viel mehr als irgendein Business-Tool. Deine Stimme ist kein Add-on. Sie ist nicht nur für Podcasts oder Präsentationen da. Sie ist der Kanal deiner Wahrheit. Und deine Wahrheit ist dein Kapital. Deine Stimme ist deine Souveränität, dein inneres Leuchten, das nach außen klingt. Und wenn du in Kontakt mit deiner Stimme bist, dann bist du nicht manipulierbar. Du kennst deine Grenzen. Deine Bedürfnisse. Deine Wahrheit.

Das bedeutet, dass du dich hörst, deine innere Stimme nicht übergehst. Dass du den Mut hast, auch dann zu sprechen, wenn es unangenehm ist. Dass du weißt, wann du Nein sagst. Wann du losgehst. Und wann du bleibst. Es bedeutet auch, dass du dich nicht mehr vergleichst. Denn wenn du in deiner Stimme angekommen bist, brauchst du keine Kopie zu sein. Du bist keine Strategie. Du bist eine Frequenz. Und die, die zu dir passen, werden dich fühlen.

Ich glaube fest daran, dass wir genau das jetzt brauchen: Frauen, die sich trauen, sich in ihrer Ganzheit zu zeigen. Die nicht nur sprechen, um zu gefallen, sondern weil sie wissen, was sie zu sagen haben. Frauen, die mit ihrer Stimme nicht nur verkaufen, sondern verändern. Und ja, manchmal bedeutet das, unbequeme Dinge zu sagen. Grenzen zu setzen. Klar zu sein. Oder einfach nur Raum einzunehmen, ohne dich erklären zu müssen. Manchmal bedeutet es, still zu sein – aber in dieser Stille vollständig anwesend. Und manchmal bedeutet es, mit zitternder Stimme trotzdem das Wort zu erheben. Denn jede Stimme, die sich erhebt, bewegt. Jede Frau, die sich nicht länger zurückhält, inspiriert andere, das Gleiche zu tun. Es ist ein Dominoeffekt. Ein Aufwachen. Ein kollektives Erinnern. Und genau darum geht es: Nicht darum, perfekt zu sein. Sondern echt. Nicht darum, dich anzupassen. Sondern dich zu befreien. Nicht darum, dich zu verkaufen. Sondern dich zu verkörpern.

Deine Stimme ist der Beginn von allem, was du erschaffen willst. Und vielleicht – der Beginn einer Welt, in der Frauen nicht länger um Raum kämpfen müssen. Sondern ihn ganz selbstverständlich einnehmen.

Was passiert, wenn wir im Business aufhören, »nett« zu sein? Wenn wir als Frauen im Business wirklich präsent sind – in unserer Stimme, in unserem Ausdruck, in unserer Intention –, dann verändert sich alles. Wir treten nicht mehr auf, um gemocht zu werden, sondern um zu verbinden. Nicht, um zu gefallen, sondern um zu bewegen. Und das ist eine ganz andere Frequenz. Die Stimme spielt dabei eine zentrale Rolle. Denn sie ist nicht nur Informationsträgerin – sie ist Schwingung, Resonanz, Wahrheit. Deine Stimme erzählt, ob du wirklich bei dir bist. Ob du glaubst, was du sagst. Ob du dich selbst spürst – oder ob du dich anpasst.

Wir wissen heute aus der Stimmforschung und Neurokommunikation: Menschen kaufen nicht, weil ein Produkt perfekt klingt. Sie kaufen, weil du in dir stimmig bist. Das limbische System – also das Zentrum für Emotion, Intuition und Beziehung – entscheidet in Sekunden, ob etwas für uns wahrhaftig ist oder nicht. Und dabei spielt deine Stimme eine entscheidende Rolle.

Was also passiert, wenn du wirklich sprichst – aus deinem Körper heraus, aus deinem unteren Bauch, aus deiner Essenz? Dann schwingt Wahrheit mit. Dann spürt dein Gegenüber: Diese Frau ist echt. Und das ist anziehend. Nicht weil du laut bist. Sondern weil du verbunden bist. Nicht weil du eine perfekte Verkaufsstrategie hast. Sondern weil deine Energie trägt, was du gibst. Authentisches Charisma entsteht nicht durch Perfektion. Es entsteht durch Präsenz. Präsenz ist das, was bleibt, wenn du aufhörst, etwas darstellen zu wollen. Wenn du aufhörst, dich selbst zu bewerten, zu kontrollieren, zu formen. Wenn du dich zeigst – in deiner Unvollkommenheit, in deiner Lebendigkeit, in deiner inneren Wahrheit. Deiner verkörperten Wahrheit. Das ist Resonanz. Das ist Business mit Seele.

Was du nicht vergessen darfst: Nicht jeder Ort ist dafür gemacht, dich in deiner vollen Größe zu empfangen. Wir Frauen – und ganz besonders Frauen mit Vision, mit Tiefe, mit einer starken, freien Stimme – haben oft das Gefühl, uns beweisen zu müssen. Als müssten wir noch ein bisschen klarer formulieren, noch ein bisschen netter klingen, noch ein bisschen mehr Haltung zeigen. Dabei kämpfen wir oft gegen uns selbst. Gegen unser Nervensystem. Gegen unser Gefühl, das uns längst zeigt: Hier wirst du nicht gehört.

Und genau das ist ein Teil deiner Befreiung: zu erkennen, dass es nicht deine Aufgabe ist, überall zu wirken. Dich in Räume zu pressen, in denen du dich eng fühlst. Es ist nicht deine Aufgabe, mit deiner Stimme Mauern einzureißen, wo Menschen nicht bereit sind, hinzuhören. Du darfst gehen. Du darfst aufhören, dich zu verbiegen. Du darfst aufhören, deine Stimme festzuhalten, um anderen nicht zu viel zu sein. Und du darfst spüren – du bist nicht falsch. Diese Umgebung ist es, und dein Körper weiß das. Dein Hals zeigt es dir, dein Atem zeigt es dir. Wenn du nicht tief atmen kannst, wenn dein Klang stockt oder deine Kehle eng wird – dann ist das kein Zufall. Manchmal bedeutet das, dass du noch tiefer bei dir ankommen darfst. Aber manchmal – und das ist genauso wichtig – bedeutet es, dass dieser Raum nicht für dich gemacht ist. Und das gilt nicht nur fürs Business. Es gilt für Bühnen, Teams, Netzwerke. Für Freundschaften. Für Partnerschaften.

Deine Stimme weiß, was stimmt. Sie ist der Kompass in deinem Körper. Sie wird dir sagen, wenn du dich sicher fühlst. Wenn du empfangen wirst. Wenn deine Energie wirklich wirken darf. Kämpf nicht in Räumen, in denen Menschen nicht hören wollen. Wo sie ihre Ohren, ihre Augen und ihr Herz vor dir verschließen.

Suche die Umgebung, in der du atmen kannst. Die dein Strahlen nicht nur aushält, sondern feiert. Dort wirst du gehört. Dort wird deine Stimme nicht als zu viel empfunden – sondern als genau richtig. Und dort wirst du erleben, wie viel leichter es ist, mit deiner Vision zu wirken, wenn du nicht kämpfen musst, sondern einfach du selbst sein darfst. Und glaub mir: Diese Räume gibt es. Und die richtigen Menschen werden dich finden – wenn du dich selbst nicht mehr verarschst.

POWER FACTS

Eine kleine Erinnerung

Menschen kaufen nicht nur dein Produkt.

- Sie kaufen deine Energie.
- Sie kaufen deine Wahrheit.
- Sie kaufen dein Vertrauen in dich selbst.

Verkaufe nicht aus der Angst, nicht gut genug zu sein. Sprich aus dem Wissen, das du bereits trägst, was andere berühren wird. Vulva Voice im Business heißt:

- Ich muss nicht laut sein, um gehört zu werden.
- Ich muss nicht brav sein, um Vertrauen zu schaffen.
- Ich muss nicht angepasst sein, um erfolgreich zu sein.
- Ich darf echt sein – und das ist meine größte Kraft.

Die Wissenschaft zeigt uns längst, dass du dein volles Potenzial nur dann entfalten kannst, wenn du dich nicht ständig zurückhältst, aus falsch verstandener Bescheidenheit. Wenn du nicht kleiner wirst, damit sich andere wohlerfühlen. Wenn du aufhörst, deine eigene Größe zu verstecken – aus Angst, zu laut, zu viel, zu selbstbewusst zu wirken. Denn was passiert, wenn du dich zurücknimmst?

Du nimmst dir selbst die Möglichkeit, erfolgreich zu sein. Und ja – Erfolg sieht für jede Frau anders aus. Vielleicht ist es ein gut laufendes Herzensbusiness, vielleicht ein Team, das dich erfüllt. Vielleicht ist es finanzielle Unabhängigkeit, kreative Freiheit oder die tiefe Verbindung zu deinen Klientinnen.

Was auch immer Erfolg für dich bedeutet: Du wirst ihn nie ganz erreichen, wenn du dich aus Angst kleinermachst, als du bist. Wenn du über dich selbst sprichst – mit Klarheit, mit Stolz, mit Freude – dann verändert sich dein Gehirn. Du aktivierst Zentren, die mit Motivation, Lust, Kreativität und Selbstwirksamkeit verbunden sind. Du erzeugst echte innere Stärke. Und das hat nichts mit Ego zu tun – sondern mit Verbindung.

Du tust also niemandem einen Gefallen – vor allem nicht dir selbst –, wenn du dich zurücknimmst. Wenn du deine Stimme nicht erhebst. Wenn du nicht sichtbar wirst. Ich habe auch gelernt – wie so viele Frauen –, dass Bescheidenheit eine der größten Tugenden sei. Dass es das Ideal sei, sich nicht zu sehr zu zeigen. Und auf keinen Fall zu sehr zu strahlen. Doch wenn ich heute auf meinen Weg schaue, weiß ich:

Falsche Bescheidenheit ist nichts anderes als ein stilles Gift. Ein System-Tool, das Frauen über Generationen hinweg beigebracht bekommen haben, damit sie sich kleinhalten. Ein Mantel, der wie Demut aussehen soll, in Wahrheit aber Kontrolle bedeutet. Ich habe nichts gegen Demut. Demut ist, wenn ich mich in Verbindung bringe – mit etwas Größerem, mit dem Leben, mit dem, was durch mich hindurchfließt. Ich empfinde Dankbarkeit. Ich bin berührbar. Ich weiß, dass ich ein Teil von etwas bin, das größer ist als ich. Aber falsche Bescheidenheit ist nicht Demut, sondern Selbstverrat. Wenn du dich ständig zurücknimmst, um ja nicht als »zu viel« wahrgenommen zu werden. Wenn du dich kleinhältst, weil du denkst, das sei respektvoll oder höflich. Wenn du deine eigene Größe dimmst, damit andere sich wohlerfühlen … Dann verlierst du dich!

Und vor allem verlierst du deine Verbindung zu dir. Du fällst zurück in alte Muster des People Pleasings. Du beginnst, wieder im Außen zu leben. Dich selbst nur noch durch die Augen der anderen zu betrachten. Was wollen sie von mir? Wie muss ich sprechen? Wie muss ich wirken? Doch hier ist die Wahrheit: Bescheidenheit ist nur dann echt, wenn sie nicht zu deinem Käfig wird. Du darfst voller Strahlkraft sein und Demut empfinden. Du darfst in deiner vollen Präsenz stehen und anerkennen, dass da etwas durch dich wirkt. Du darfst auf der Bühne deines Lebens stehen – in High Heels, barfuß oder im Jogger – und sagen: »Das bin ich. Und ich bin stolz auf mich.« Denn das ist keine Arroganz. Das ist ein Akt der Verbindung. Ein Zeichen dafür, dass du dich erinnerst, wer du bist – und dass du nicht mehr bereit bist, dich für irgendwen kleinerzumachen. Falsche Bescheidenheit ist nicht ehrenwert. Sie ist leider nur ein Echo des Patriarchats. Und du bist hier, um frei zu werden. Um deine Wahrheit zu spüren. Und um sie durch deine

Stimme, deinen Körper, deine Arbeit in die Welt zu bringen. Mit allem, was du bist. In Fülle. In Klarheit. In deiner ganzen Schönheit.

HOLISTISCHE ÜBUNG

Sei gut zu dir

Sag dir die folgenden Sätze leise in deinem Kopf oder laut in den Spiegel, immer wenn du dich ein bisschen verloren fühlst.

- Ich darf gut über mich sprechen.
- Ich darf Freude empfinden.
- Ich darf Erfolg genießen.
- Ich darf Lust empfinden – auch in meinem Business.
- Ich darf meine Stimme nutzen.
- Ich darf meinen Raum einnehmen.

Bitte rede gut über dich. Verlieb dich in deinen Selbstausdruck. Komm immer wieder in deine Stimme zurück. Greif immer wieder auf dieses Buch zurück. Mach die Übungen. Erforsche deine Grenzen. Spür, was stimmig ist – und was nicht. Gib dir die Erlaubnis, so richtig du selbst zu sein.

Denn genau um das zu tun, bist du hier. Für dich. Für uns. Für all die Frauen, die du damit inspirierst.

**Es ist an der Zeit,
dass wir uns nicht mehr
kleinermachen.**

Dass wir uns nicht mehr entschuldigen.
Dass wir uns den Raum nehmen,
der immer schon unser war.

DEINE STIMME
DEINE TOOLS

V

Vulva Voice – der Klang deines Lebens

Stell dir vor, was passiert, wenn du regelmäßig mit deiner Stimme arbeitest. Wenn du lernst, dich selbst in Resonanz zu bringen. Wenn du den Klang in dir befreist. Du wirst freier, lauter, lebendiger, präsenter. Deine Stimme ist nicht nur Ausdruck – sie ist ein Weg zur Heilung, zur Lust, zur Kraft. Wenn du beginnst, diesen Raum bewusst einzunehmen, dann verändert sich etwas:

- Dein*e Chef*in hört dir plötzlich zu, weil deine Stimme aus dem Körper kommt und nicht nur aus dem Kopf.
- Dein Nein wird nicht mehr hinterfragt, weil du es nicht entschuldigend aussprichst, sondern mit deiner ganzen Präsenz.
- Dein Ja fühlt sich tiefer an, weil du es mit deinem ganzen Körper spürst – nicht nur mit deinen Worten.

Das bedeutet, dass deine Stimme Heilung sein kann. Sie kann Dissonanzen in deinem Körper ausgleichen, dein Nervensystem beruhigen und deine Energie in eine klare, kraftvolle Richtung lenken. Und das geht über Worte hinaus – auch das Summen, Tönen oder das bewusste Schwingenlassen deiner Stimme ist eine Frequenz, die deine Zellen beeinflusst. Wenn du also das nächste Mal merkst, dass dein Körper sich verspannt anfühlt oder du in einem negativen Gedankenkreislauf festhängst, nutze deine Stimme. Töne. Singe. Flüstere dir selbst Worte zu, die dich nähren.

Wie du mit dir sprichst, formt dich.

POWER FACTS

Folgen unterdrückter Stimmenergie

Schilddrüse und Hormonsystem

Die Schilddrüse ist eng mit dem Halschakra und dem Ausdruck der eigenen Wahrheit verbunden. Unterdrückte Emotionen und mangelnder Ausdruck können langfristig zu hormonellen Dysbalancen, Hashimoto oder Schilddrüsenunterfunktionen führen.

Atem und Nervensystem

Ein blockierter Ausdruck kann sich in einem flachen Atem, Kurzatmigkeit oder dem Gefühl äußern, »nicht richtig Luft zu bekommen«. Der Vagusnerv, der maßgeblich für unsere Regulation zwischen Anspannung und Entspannung zuständig ist, wird dabei oft überaktiv oder dysreguliert.

Verspannungen und körperliche Blockaden

Der Kiefer, der Nacken und die Schultern speichern oft unterdrückte Wut oder Emotionen, die nicht ausgedrückt wurden. Das zeigt sich durch Bruxismus (Zähneknirschen), Kiefergelenkprobleme (TMJ), Verspannungen in den Stimmlippen und chronische Nackenprobleme.

Magen-Darm-Trakt und Verdauung

Der Darm wird als »zweites Gehirn« bezeichnet und ist stark mit unserem emotionalen Zustand verbunden. Nicht geäußerte Emotionen können sich in Verdauungsproblemen, Reizdarm-Syndrom oder chronischer Verstopfung äußern.

Herz-Kreislauf-System und Blutdruck

Unterdrückte Wut oder Scham erhöhen langfristig den Cortisol-Spiegel, was zu Bluthochdruck, Herzrhythmusstörungen oder einer verminderten Durchblutung führen kann.

Immunsystem und Autoimmunerkrankungen

Langfristig unterdrückte Emotionen können das Immunsystem schwächen oder zu überschießenden Reaktionen führen, wie es bei Autoimmunerkrankungen (z. B. Hashimoto, Lupus, Rheuma) häufig der Fall ist.

Menstruationszyklus und Libido

Eine unterdrückte Stimme und unterdrückte Emotionen beeinflussen den Hormonhaushalt, insbesondere Östrogen und Progesteron. Zyklusstörungen, PMS, schmerzhafte Blutungen oder eine verringerte Libido können Folgen davon sein.

Muskelspannung und Schmerzgedächtnis

Emotionale Unterdrückung führt oft zu einer unbewussten Dauerspannung der Muskulatur, insbesondere im Beckenboden, Kiefer, Zwerchfell und Nacken. Chronische Schmerzen können die Folge sein.

Psychosomatische Erkrankungen

Langfristige Stimmblockaden und emotionale Unterdrückung können zu psychosomatischen Beschwerden wie Migräne, Tinnitus, Schwindel oder chronischer Müdigkeit führen.

Neuroplastizität und Selbstbewusstsein

Das bewusste Nutzen der Stimme, das Lösen von Scham und Wut durch Sound und Ausdruck, stärkt nicht nur das Selbstbewusstsein, sondern hilft langfristig, das Nervensystem zu regulieren und mehr emotionale Resilienz zu schaffen sowie ein ganzheitliches Wohlbefinden zu stärken. Body, Mind, Voice Energy.

HOLISTISCHE ÜBUNG

Dein Sound-Ritual

Mit dieser Übung kannst du deine Stimme mit deinem Körper verbinden. Sie ist auch ein schönes Ritual, das du in deinen Alltag integrieren kannst.

- Setz dich oder steh bequem und bring deine Füße fest auf den Boden. Spüre, wie du gehalten wirst.
- Atme tief in dein Becken – als würdest du deinen Atem in deine Vulva, deinen Damm, deinen Schoßraum fließen lassen.
- Beginne mit einem langen »Aaaah« – töne aus deinem Beckenraum, spüre, wie sich dein Becken entspannt.
- Gleite in ein »Uuuuuh« – bring die Vibration in deine Brust, dein Herz.
- Ende mit einem sanften »Mmmmh« – spüre, wie dein Kopf vibriert, dein drittes Auge aktiviert wird.
- Wiederhole es drei- bis fünfmal und spüre nach. Vielleicht wird es wärmer in deinem Körper. Vielleicht fühlst du mehr Präsenz, mehr Verbundenheit.

Stimmenergie-Arbeit, Übungen und Affirmationen

In meinem holistisch stimmtherapeutischen Coaching ist die Verbindung von Stimme und Energie keine Technik, sondern ein lebendiger Prozess. Es geht darum, den Raum zu schaffen für das, was in uns wahr ist – und das beginnt immer im Körper. In dem Tempel, den wir so oft nur funktional betrachten.

GIVE YOUR BODY A VOICE.

Viele Frauen kommen mit einem bestimmten Thema zu mir – sei es, dass sie sich nicht gehört fühlen, sich kleinmachen oder einfach spüren, dass etwas feststeckt. Oft glauben wir, dass wir wissen, worum es geht. Unser Verstand wiederholt die gleichen Geschichten, dreht sich in bekannten Schleifen. Doch darunter liegt etwas viel Tieferes. Unser Körper weiß Dinge, die unser Kopf längst vergessen hat. Unser Körper erinnert sich. Er speichert. Er fühlt.

Die Arbeit mit Stimme und Energie beginnt mit dem Erspüren. Mit der Wahrnehmung. Mit der Verbindung zu unseren Sinnen. Denn unser Körper spricht in Sinneseindrücken – nicht in rationalen Erklärungen. Deshalb verbinde ich Stimmarbeit mit somatischer Emotionsarbeit, in der es darum geht, nicht nur über etwas zu sprechen, sondern es zu fühlen. Zu erkennen, wie sich eine Emotion körperlich anfühlt. Welche Farbe sie hat. Wo sie sitzt. Welche Temperatur sie hat. Ob sie eng oder weit ist. Schwer oder leicht.

Dabei unterscheide ich zwischen Gefühlen und Emotionen. Gefühle sind da. Immer. Sie wollen uns etwas sagen. Angst schützt uns. Scham – wenn sie nicht gesellschaftlich auferlegt ist – kann uns zeigen, dass etwas nicht gesehen oder gewürdigt wurde. Wut ist da, um uns zu helfen, Grenzen zu setzen. Freude zeigt uns, dass wir verbunden sind.

Aber wenn ein Gefühl mit einem alten, nicht verarbeiteten Erlebnis gekoppelt ist, wird daraus eine Emotion, die im Körper festsitzen kann. Wie eine eingesperrte Botschaft. Und dort setze ich an. Nicht mit Analyse, sondern mit Präsenz. Mit Stimme. Denn Stimme ist Ausdruck. Wenn wir unserer Stimme erlauben, in diese Gefühle hineinzutönen – ohne Druck, ohne Form –, dann beginnt Bewegung. Emotion in motion. Wut kann sich in Mut wandeln. Trauer in Annahme. Angst in Klarheit. Freude in Vertrauen. All das ist Energie – und Stimme ist das Werkzeug, das diese Energie in Bewegung bringt.

Das ist Stimmenergie-Arbeit. Das ist die Kraft der Schwingung, der Resonanz, der Frequenz. Unsere Stimme gibt dem, was in unserem Körper erlebt wurde, einen Kanal. Eine Sprache. Eine Vibration. Und sie hilft uns, aus der Starre in den Fluss zu kommen.

Was hier geschieht, ist keine spirituelle Flucht. Es ist ein tief bodenständiger Weg der Verkörperung. Denn wir kehren zurück – zu uns. Zu dem, was in uns schwingen möchte. Zu der Wahrheit, die durch unsere Stimme ans Licht möchte. Und dabei arbeiten wir mit dem, was jetzt da ist. Nicht mit einem Plan von A bis Z. Sondern mit der Frage: Was will gehört werden?

Wenn wir das regelmäßig praktizieren – nicht nur in Sessions, sondern auch im Alltag –, dann verändert sich etwas Grundlegendes: Wir fühlen uns wieder gesehen – von uns selbst. Gehört. Wahrgenommen. Und das verändert nicht nur unseren inneren Raum, sondern alles um uns herum.

HOLISTISCHE ÜBUNG

Somatisches Emotionscoaching – Praxis zur Selbstverbindung

Diese Übung ist ein Einstieg in das somatische Emotionscoaching – eine Methode, mit der du deinen Körper, deine innere Wahrnehmung und deine Stimme in Verbindung bringst. Du brauchst dafür nichts außer dich selbst, ein paar Minuten Zeit und die Bereitschaft, ehrlich mit dir zu sein.

1. **Nimm dir einen Moment**
   Setz oder leg dich bequem hin. Schließ deine Augen und spüre in deinen Körper hinein.

2. **Welches Thema ist gerade präsent?**
   Frag dich: Was beschäftigt mich gerade am meisten? Vielleicht kommt sofort eine Antwort – vielleicht zeigt sich etwas Körperliches.

3. **Spüre, wo im Körper du am meisten gerufen wirst**
   Wo ist gerade eine spürbare Sensation? Ein Kribbeln, ein Druck, Wärme, Enge, Flattern? Folge diesem Ruf – ohne ihn zu bewerten.

4. **Gehe tiefer in die Wahrnehmung und frage dich:**
   - Welche Farbe hat diese Empfindung?
   - Welche Form?
   - Welche Struktur (weich, rau, flüssig ...)?
   - Welchen Geruch nimmst du wahr?
   - Welchen Geschmack?
   - Und: Was hörst du innerlich, wenn du hier lauschst?

5. **Reise in deine Erinnerung**
   Erinnere dich – wann hast du dieses Gefühl zum ersten Mal so intensiv erlebt?
   Wie alt warst du? Welche Situation war das?

6. **Frag dich: Was hättest du in dieser Situation gebraucht?**
   Vielleicht Sicherheit. Vielleicht Berührung. Vielleicht einfach ein ehrliches Gesehenwerden.

7. **Würdige, was du wahrnimmst**
   Nimm alles wahr und lass es einfach da sein – ganz ohne es verändern zu wollen. Sprich innerlich:
   »Ich sehe dich. Ich höre dich. Du darfst da sein.«

8. **Gib dem Gefühl eine Stimme**
   Lass einen Klang entstehen. Einen Sound, der diesem Empfinden Ausdruck gibt. Vielleicht ist es ein Seufzer, ein Ton, ein Laut, ein Summen. Nutze hier deine Stimme als Kanal – als Brücke zwischen Innen und Außen.

Die Wirkung von Frequenz und Intention

Affirmationen werden oft als abgedroschen oder esoterisch abgetan und sie werden insbesondere in spirituellen Kreisen genutzt. Dabei sind sie eine kraftvolle Methode, um mit unserem Unterbewusstsein in Kontakt zu treten. Unsere Gedanken und Überzeugungen prägen maßgeblich, was wir ausstrahlen und wie wir von anderen wahrgenommen werden.

Ein bemerkenswertes Experiment des japanischen Forschers Dr. Masaru Emoto verdeutlicht die Wirkung von Worten auf Materie. In seinem »Reis-Experiment« füllte er gekochten Reis in drei Gläser:

1 **Positiv besprochen:**
täglich mit positiven Worten wie »Ich liebe dich« oder »Du bist wunderbar« angesprochen

2 **Negativ besprochen:**
mit negativen Ausdrücken wie »Du bist wertlos« oder »Ich hasse dich« bedacht

3 **Ignoriert:**
komplett unbeachtet gelassen

Nach einigen Wochen zeigten sich deutliche Unterschiede am Reis in den Gläsern:

- *Positiv besprochen:* Der Reis begann zu fermentieren und blieb weitgehend unverdorben.
- *Negativ besprochen:* Der Reis verfärbte sich schwarz und zeigte Anzeichen von Fäulnis.
- *Ignoriert:* Der Reis schimmelte und entwickelte eine grüne Verfärbung.

Dieses Experiment illustriert, wie Worte und Intentionen physische Materie beeinflussen können. Worte sind nicht nur einfache Klänge; sie tragen Schwingungen, die auf zellulärer Ebene Resonanz finden. Was wir zu uns selbst sagen, beeinflusst unser inneres Wohlbefinden und unsere Selbstwahrnehmung. Indem wir unsere Stimme bewusst einsetzen und positive Affirmationen nutzen, können wir gezielt positive Veränderungen in unserem Körper und Geist hervorrufen.

Affirmationen sind mehr als nur gesprochene Sätze; sie sind kraftvolle Werkzeuge, die, richtig angewendet, tiefgreifende Veränderungen bewirken können. Doch es ist dabei essenziell, sich mit den Gefühlen und der Intention hinter den Worten zu verbinden. Stell dir vor, wie es sich anfühlt, deine Affirmation bereits als Realität zu erleben:

- Wie fühlst du dich?
- Welche Bilder entstehen vor deinem inneren Auge?
- Welche Düfte oder Klänge assoziierst du damit?

Durch diese ganzheitliche Herangehensweise werden Affirmationen zu einem integralen Bestandteil des Seins und unterstützen dabei, Ziele und Wünsche authentisch zu manifestieren.

HOLISTISCHE ÜBUNG

Zwanzig kraftvolle Stimm-Affirmationen

1. Meine Stimme ist meine Kraft.
2. Ich nehme meinen Raum ein – lustvoll, selbstbewusst, frei.
3. Meine Stimme darf gehört werden.
4. Ich spreche aus meinem ganzen Körper heraus.
5. Meine Stimme ist mit meiner Essenz verbunden.
6. Ich töne, ich atme, ich klinge – weil es mein Geburtsrecht ist.
7. Mein Nein ist kraftvoll. Mein Ja ist voller Freude.
8. Meine Stimme ist sinnlich, klar und unaufhaltbar.
9. Ich erlaube mir, laut zu sein.
10. Meine Stimme kommt aus meinem Schoßraum – nicht nur aus meinem Mund.
11. Ich spreche mit meiner vollen Präsenz.
12. Meine Stimme ist kein Kompromiss.
13. Ich höre mich selbst – und das reicht.
14. Ich nutze meine Stimme, um mich zu zeigen, nicht um mich zu verstecken.
15. Ich bin Klang. Ich bin Schwingung. Ich bin pure Resonanz.
16. Ich spreche mit meiner ganzen Weiblichkeit.
17. Meine Stimme darf wild sein. Meine Stimme darf leise sein. Meine Stimme darf alles sein.
18. Ich kommuniziere aus meinem ganzen Körper.
19. Ich darf Töne nutzen, um mich zu entspannen, zu befreien, mich zu spüren.
20. Ich bin hier – und meine Stimme ist mein Ausdruck.

Deine Stimme ist dein Anker. Dein Kompass. Dein Resonanzraum. Erlaube dir, sie in jeder Facette zu spüren – und mit ihr zu spielen.

DU MUSST DICH NICHT ANPASSEN.
DU DARFST DICH HÖREN.

Du bist Sound. Wir alle sind es. Bevor wir über Sprache kommuniziert haben, bevor wir Worte hatten, gab es Klang. Bevor wir geboren wurden, waren wir von Musik umgeben – dem Rauschen des Blutes, dem Pochen des mütterlichen Herzens, den Frequenzen der Welt, die durch das Fruchtwasser zu uns drangen.

Dr. Masaru Emoto hat in seinen Wasserexperimenten auch nachgewiesen, dass Worte und Klänge die Struktur von Wasser verändern. Und da unser Körper zu etwa siebzig Prozent aus Wasser besteht, hat die Art, wie wir sprechen und tönen, direkten Einfluss auf unsere physische und emotionale Balance. Diese Erkenntnis ist also nicht nur spirituell oder philosophisch – sie ist wissenschaftlich fundiert.

Die Art und Weise, wie du mit dir selbst sprichst, ist wie eine Melodie, die deine Zellen orchestriert. Stell dir vor, jede Aussage, jeder Gedanke über dich selbst ist eine Schwingung, die durch deinen Körper fließt. Wie ein Tropfen im Wasser erzeugt sie Wellen, die sich ausbreiten. Negative Selbstgespräche und harsche Worte erzeugen chaotische Muster – ähnlich wie Rockmusik unter dem Mikroskop das Wasser wild tanzen lässt. Eine bewusste, liebevolle Sprache hingegen bringt Ordnung und Harmonie, wie klassische Musik, die das Wasser zu wunderschönen Mandalas formt.

Sound ist die Ursprache des Lebens.

Frequenzen beeinflussen uns demnach, und zwar sehr tief – auf Zellebene. Studien zeigen also, dass Musik unsere Biochemie verändert, unsere Emotionen reguliert, unser Gehirn in andere Zustände versetzt. Und wenn das mit Musik funktioniert, dann auch mit unserer eigenen Stimme. Unsere eigene Frequenz, unsere eigene Klangsignatur ist demnach vielleicht sogar der direkteste Zugang zu uns selbst.

A-U-M – der Urklang

Das OM, das oft in Meditationen gesungen wird, ist mehr als nur ein schöner Klang. Es ist eine Zusammenführung dreier Vokale:

A-U-M: der Urklang und seine Wirkung auf den Körper

Die drei Laute von A-U-M sind nicht nur symbolisch, sondern haben eine direkte physische und energetische Wirkung auf den Körper. Sie bringen unterschiedliche Bereiche in Schwingung und können gezielt genutzt werden, um Energie zu lenken und das Nervensystem zu regulieren.

»aaa« – Brustraum und Herz

- Die Vibration des »A« schwingt hauptsächlich im Brustraum, im Herzchakra.
- Sie öffnet den Herzraum, bringt Weite in die Atemräume und löst Verspannungen in der Brust.
- Energetisch steht das »A« für den Anfang, die Schöpfung, die Geburt neuer Ideen.

»uuu« – Schoßraum, Wurzel und Bauch

- Das »U« senkt die Vibration nach unten in den Bauch, das Becken und die Wurzel (Damm, Vagina und Vulva).
- Es verbindet mit der Urkraft, stabilisiert das Wurzelchakra und bringt den Körper in einen tieferen Entspannungsmodus.
- Die tiefe Frequenz des »U« stimuliert den Beckenboden und harmonisiert das Verdauungssystem.

M

»mmm« – Kopf, drittes Auge und Nervensystem

- Das summende »M« vibriert intensiv im Schädel, im dritten Auge (Stirn) und beruhigt das gesamte Nervensystem.
- Der summende Klang stimuliert den Vagusnerv, fördert Entspannung und reduziert Stress.
- »M« steht für die Integration, das Loslassen, die Stille nach dem Klang – einen Moment der tiefen Präsenz.

Wenn du also A-U-M tönst, bringst du deinen ganzen Körper in Schwingung. Du spürst die Vibration durch dein Becken, dein Herz, deine Stimme, deinen Schädel. Es ist eine ganzheitliche Aktivierung deines energetischen und physischen Körpers. Jeder dieser Laute spricht verschiedene Frequenzräume im Körper an und verbindet sie miteinander. Die bewusste Praxis von A-U-M bringt den Körper und Geist in Balance und hilft dabei:

- das Nervensystem zu beruhigen und zu regulieren.
- emotionale Spannungen und Blockaden zu lösen.
- die eigene Stimme mit dem Körper zu verbinden.
- Energie bewusst durch den Körper zu lenken.

Wenn du A-U-M regelmäßig praktizierst, wirst du merken, wie dein Körper immer durchlässiger für Schwingung und Energie wird – und wie sich deine Stimme natürlicher, freier und voller anfühlt. Simpel und ein wahrer Gamechanger für deine Stimm- und Körperarbeit. Es ist supereasy und lässt sich ganz einfach in den Alltag integrieren. Du musst keiner bestimmten Philosophie oder Religion angehören, um mit Klang zu arbeiten. Es geht hier nicht um eine bestimmte spirituelle Praxis, sondern um die Erfahrung deines eigenen Körpers. A-U-M ist kein Dogma, es ist ein Werkzeug – und du kannst für dich erforschen, wo du die Vibrationen des A, U und M in deinem Körper spürst.

Das ist das Entscheidende: Deine Stimme ist nicht einfach nur ein Ausdrucksmittel – sie ist eine Brücke zwischen Körper, Geist und Emotionen. Sie ist Energie in Bewegung, sie ist Frequenz. Und das macht sie zu einer inneren Medizin.

Nada Prana – die Welt ist Klang

In der vedischen Philosophie gibt es die Idee des Nada Brahma: Die Welt ist Klang. Alles ist Schwingung. Und wenn du darüber nachdenkst, macht es Sinn: Jedes Teilchen in deinem Körper schwingt in einer bestimmten Frequenz. Selbst fest erscheinende Materie besteht im kleinsten Teil aus bewegten Teilchen. Deine Zellen, deine Knochen, dein Gewebe – alles ist Schwingung und nichts daran ist esoterisch. Das bedeutet, dass Klang eine unglaubliche Kraft hat, auf dich einzuwirken, dich zu verändern, deine Selbstheilungskräfte zu stärken, dich zu befreien.

Und jetzt stell dir vor: Deine Stimme ist dein ganz eigener Sound. Dein einzigartiger Fingerabdruck in der Welt der Frequenzen. Dein Sound hat eine Resonanz, die nur du in genau dieser Form in die Welt bringen kannst. Und genau deshalb ist es so kraftvoll, mit der eigenen Stimme zu arbeiten, deswegen ist deine Stimme auch so wichtig.

Es gibt die Philosophie, dass die Welt aus einem Urklang entstanden ist. Noch bevor es Materie gab, war da Schwingung. A-U-M ist dieser Urlaut, die Urschwingung, aus der alles hervorgeht. Wenn wir das auf einer wissenschaftlichen Ebene betrachten, sind wir nichts anderes als schwingende, vibrierende Moleküle. Alles, was existiert, ist Energie in Bewegung. Wenn du tief genug in deine eigene Struktur zoomst, wirst du feststellen: Wir bestehen aus mehr Raum als aus fester Materie.

Was bedeutet das? Dass Klang und Vibrationen uns direkt beeinflussen können – physisch, emotional und energetisch. Die Stimme als innere Massage. Bei der Methode, die ich »Vocal Energetic Release« nenne, geht es darum, die eigene Stimme als Werkzeug zu nutzen, um den Körper von innen zu massieren, zu entspannen und zu befreien.

- Du stimulierst dein Nervensystem (insbesondere den Vagusnerv, der mit Heilung und Regeneration verbunden ist).
- Du löst emotionale Spannungen, die sich in deinem Körper festgesetzt haben.
- Du arbeitest mit den Faszien, die sich wie eine Art feines Netz durch deinen ganzen Körper ziehen und unglaublich sensibel auf Schwingung reagieren.
- Du harmonisierst deine Zellen, denn sie reagieren direkt auf Klang und Frequenz.

GIB DEINEM KÖRPER EINE STIMME.

In dem Buch, das meine Mutter mir zu Nada Prana schenkte, faszinierte mich Folgendes am meisten: Wir nutzen nur einen Bruchteil unseres Gehirns. Die meisten unserer kognitiven Prozesse laufen unbewusst ab. Laut Neurowissenschaftlern verarbeitet unser Gehirn täglich eine riesige Menge an Informationen – aber nur ein sehr kleiner Teil davon (ca. fünf bis zehn Prozent) wird bewusst wahrgenommen.

Es gibt also noch so viele unentdeckte Räume in uns, so viel mehr, als wir mit unserem Verstand greifen können. Wir schicken Raketen ins All, wir bauen neue Technologien, wir suchen nach Leben auf anderen Planeten – doch wir wissen so wenig über uns selbst. Über das Potenzial, das in unseren Körpern schlummert. Über die Kräfte, die wir in uns tragen. Und die Stimme ist eine dieser Kräfte.

Sie ist ein bioenergetisches Feld, ein unsichtbarer, aber spürbarer Ausdruck unseres Seins. Die Bioenergetik beschäftigt sich mit der Energie im menschlichen Körper und wie sie durch Bewegung, Atmung und Ausdruck – insbesondere über die Stimme – freigesetzt und reguliert werden kann. Biochemie ist eine Wissenschaft, die zu den Naturwissenschaften gehört und sie untersucht die chemischen Prozesse und Moleküle, die in lebenden Organismen ablaufen. Musik und Sound wiederum sind ja Schwingungen, die tief in unseren Körper eindringen und uns auf physischer, emotionaler sowie energetischer Ebene beeinflussen, und bioenergetische Therapien, etwa nach Alexander Lowen, zeigen, dass Emotionen sich im Körper als muskuläre Spannungen festsetzen.

Im Buch »Nada Brahma: Die Welt ist Klang« beleuchtet Joachim-Ernst Berendt die fundamentale Rolle des Klangs in unserem Universum und wie er als verbindendes Element zwischen Kulturen und Individuen dient.

Er beschreibt auch die Kommunikationsweise von Walen. Die Vorstellung, dass Wale über immense Distanzen hinweg durch Klang kommunizieren, zeigt, wie mächtig und universell Schwingungen sind. Obwohl wir Menschen diese Fähigkeiten nur ansatzweise verstehen, eröffnet uns die Arbeit mit Klang und Stimme ein enormes Potenzial. Klang ist frei von religiösen oder dogmatischen Grenzen und dient als universelles Medium, das Menschen über kulturelle und ideologische Unterschiede hinweg verbindet. Musik und Stimme berühren uns auf einer Ebene, die jenseits des Verstandes liegt, und ermöglichen eine tiefe, unmittelbare Verbindung.

POWER FACTS

Stimme, Körper und Gefühle

Hals und Becken als emotionale Speicherorte

- Frauen speichern emotionale Themen besonders im Hals und Becken, da beide Bereiche eng mit Selbstexpression und Sexualität verbunden sind.
- Der Hals steht symbolisch für Kommunikation, Authentizität und die Fähigkeit, Ja oder Nein zu sagen.
- Das Becken ist das Zentrum der Kreativität, Lebensenergie und Sinnlichkeit – unterdrückte Emotionen manifestieren sich hier häufig als Spannungen.

Die Verbindung zwischen Stimmlippen und Vulvalippen

- Stimmlippen und Vulvalippen entstehen aus demselben embryonalen Gewebe, was ihre enge anatomische und energetische Verbindung erklärt.
- Durch die Aktivierung der Stimme (z. B. durch Summen oder Tönen) werden gleichzeitig auch die Muskeln und Faszien im Beckenboden stimuliert.
- Bewusstes Tönen kann daher Verspannungen im Becken lösen und die sexuelle Energie freier fließen lassen.

Das Zwerchfell als Schlüssel für Atem, Stimme und Raumgefühl

- Das Zwerchfell ist der Hauptatemmuskel und beeinflusst direkt die Stimme, den Beckenboden und die emotionale Regulation.

- Ein blockiertes oder angespanntes Zwerchfell kann zu Atembeschwerden, Engegefühl im Hals und emotionalen Blockaden führen.
- Tiefes, bewusstes Atmen und Stimmarbeit helfen, das Zwerchfell zu entspannen und damit auch den Ausdruck der eigenen Stimme zu befreien.

Der Einfluss von Bioenergetik auf die Stimme

- Jede Emotion hat eine bestimmte Frequenz und verändert die Spannung im Körper – insbesondere im Hals und Beckenbereich.
- Unterdrückte Emotionen oder Traumata können zu chronischen Verspannungen und einem eingeschränkten Stimmfluss führen.
- Durch gezielte Stimmübungen und somatische Arbeit kann diese gestaute Energie freigesetzt und transformiert werden.

Der Beckenboden als Resonanzraum für Stimme und Lust

- Der Beckenboden ist nicht nur für die Körperhaltung und sexuelle Energie wichtig, sondern auch ein natürlicher Verstärker für die Stimme.
- Ein entspannter Beckenboden sorgt für eine volle, resonante Stimme, während ein angespannter Beckenboden oft mit einer dünnen, unsicheren Stimme einhergeht.
- Tönen, tiefes Summen und bewusstes Schwingen der Stimme helfen, den Beckenboden zu aktivieren und energetische Blockaden zu lösen.

Wie Stimme das Nervensystem reguliert und Trauma heilt

- Das Singen, Summen oder Tönen aktiviert den Vagusnerv, der für Entspannung, Regeneration und emotionale Verarbeitung verantwortlich ist.

Bevor ich mit der Vocal-Energetic-Release-Methode arbeite, beginne ich mit einer kurzen, aber kraftvollen Übung: den sechs energetischen Punkten.

Diese Methode habe ich ursprünglich von einem Coach kennengelernt, mit dem ich selbst gearbeitet habe. Es geht darum, sich mit der eigenen Herzfrequenz, mit dem eigenen Puls, mit der inneren Stimme zu verbinden – mit dem, was uns im tiefsten Inneren antreibt und bewegt. Die sechs energetischen Punkte sind wie kleine Tore zu deiner inneren Welt. Sie helfen, das Nervensystem zu regulieren, den Fokus nach innen zu richten und dich mit deinem Körper auf einer feinen, spürbaren Ebene zu verbinden. Manchmal ziehe ich diese Übung länger, wenn ich merke, dass eine Person Schwierigkeiten hat, wirklich in sich selbst anzukommen.

HOLISTISCHE ÜBUNG

Die sechs energetischen Punkte

1. **Die Fußsohlen**
   Spüre, wie deine Füße auf der Erde ruhen. Erlaube dir, mit jedem Einatmen mehr in deinen Stand zu sinken, dich geerdet zu fühlen.

2. **Die offenen Handflächen**
   Spüre die leichte Lebendigkeit in deinen Händen. Vielleicht kannst du ein sanftes Pulsieren wahrnehmen.

3. **Der Damm (Perineum)**
   Dein tiefster Punkt der Verwurzelung. Spüre, wie du hier sanft loslassen kannst, wie sich dein Becken entspannt.

4. **Die Zunge**
   Lass deine Zunge weich im Mundraum liegen. Entspanne sie bewusst, denn eine entspannte Zunge entspannt auch deinen Kiefer – und eine lockere Kehle öffnet deine Stimme.

5. **Die Augenlider und die Haut um die Augen herum**
   Schließe sanft die Augen und spüre, wie sich die Haut um die Augen weich anfühlt. Hier sitzt oft unbewusste Spannung.

6. **Das Innere der Ohren**
   Nimm wahr, wie sich deine Ohren von innen anfühlen. Nicht nur das Hören von außen, sondern das feine Lauschen nach innen.

Nachdem wir die sechs Punkte aktiviert haben, geht es darum, mit den inneren Ohren nach innen zu lauschen. Ich leite meine Klientinnen dazu an, bewusst über den Hals, den Vagusnerv und ins Herzzentrum zu spüren – dorthin, wo ihr eigener Rhythmus schlägt.

Spür den Pulsschlag deines Körpers. Deine Stimme folgt deinem Puls.

Für manche Menschen ist es anfangs schwierig, den eigenen Pulsschlag zu hören oder zu spüren. Aber das ist vollkommen in Ordnung. Dann hilft es, sich den Pulsschlag erst einmal vorzustellen. Vielleicht als sanfte Welle, als gleichmäßiges Pochen, als vibrierende Energie, die durch den Körper fließt.

Denn genau das ist deine Stimme: Rhythmus. Puls. Frequenz. Wenn du mit deinem inneren Rhythmus verbunden bist, dann beginnt deine Stimme, aus einer tieferen Quelle zu fließen. Nicht nur als Klang – sondern als Ausdruck deiner individuellen Lebendigkeit. Diese sechs energetischen Punkte sind der Einstieg in Vocal Energetic Release. Sie helfen, dich auf die Resonanz deines Körpers einzustimmen, bevor du mit deiner Stimme tiefer eintauchst.

**LASS DIR ZEIT. SPÜRE. LAUSCHE. UND DANN?
LASS DEINE STIMME FLIESSEN.**

Viele Frauen berichten, dass sie nach dieser Übung weniger Anspannung im Körper fühlen, mehr innere Ruhe und Klarheit haben und plötzlich Tränen fließen – als würde sich ein alter Schmerz lösen. Es ist eine Methode, die dir hilft, dich mit deiner ursprünglichen, authentischen Stimme zu verbinden.

Nada Yoga ist eine uralte Praxis der bewussten Verbindung mit Klang. Dabei geht es nicht darum, schön zu singen, sondern mit deiner Stimme den Körper in Resonanz zu bringen. Besonders in der tantrischen Stimm- und Energiearbeit wird Klang als Heilwerkzeug genutzt. Wenn du bestimmte Töne in bestimmte Körperregionen lenkst, kannst du Blockaden lösen und Energie in Bewegung bringen.

Ein einfaches Beispiel: Wenn du tiefe Vokale wie »O« oder »U« tönst, spürst du, wie dein Becken sich entspannt. Wenn du hohe Vokale wie »I« oder »E« tönst, spürst du, wie sich dein Kopf weitet, dein Gehirn vibriert. Und wenn du summst, spürst du, wie dein ganzer Körper durchpulst wird. Warum ist das wichtig? Weil deine Stimme die Brücke ist zwischen deinem physischen Körper und deiner Energie. Wenn du blockiert bist, wenn deine Emotionen festsitzen, wenn du dich abgeschnitten fühlst von deiner Lust, deiner

Sinnlichkeit, deiner Kraft – dann kann deine Stimme dich zurückbringen.

Dazu brauchst du keine komplizierten Techniken. Dein Körper kennt den Weg. Wenn du ihn hörst. Wenn du ihn tönen lässt. Wenn du ihm die Freiheit gibst, zu klingen.

HOLISTISCHE ÜBUNG

Vocal Energetic Release™

Diese Übung ist kraftvoll, wenn du dich blockiert fühlst, Schmerzen hast oder das Gefühl hast, dass dein Körper dir etwas sagen möchte.

1. Spüren – was will gehört werden?

- Setz dich an einen ruhigen Ort und nimm dir ein paar Minuten Zeit.
- Spüre in deinen Körper hinein. Gibt es eine Stelle, die sich verspannt oder »laut« anfühlt? Vielleicht dein Nacken, dein Bauch oder deine Brust?
- Stell dir vor, diese Körperstelle könnte sprechen. Was würde sie dir sagen?
- Gib dem Schmerz oder deiner Empfindung eine Stimme.

Jetzt wird es spannend

- Erlaube dir, einfach einen Ton oder ein Geräusch zu machen, das genau ausdrückt, wie sich diese Körperstelle anfühlt.
  → Klingt es dumpf, kratzig, hoch, tief, schmerzhaft, sanft?
- Erlaube dir, ungefiltert Geräusche zu machen – kein schönes Singen, kein Gefallen-Wollen. Lass einfach deine Stimme fließen.
  → Das mag anfangs ungewohnt sein, aber vertrau mir: Dein Körper liebt es, sich frei auszudrücken.

2. Reinigung und Klärung

Nachdem du deinem Körper Raum gegeben hast, geht es in die zweite Phase.

- Stell dir vor, deine Stimme ist ein reinigendes Werkzeug.
- Töne nun bewusst mit der Intention, diese Stelle zu »durchspülen«, mit Klang zu reinigen.
- Du kannst Summen, Vokale tönen oder sanftes Hauchen nutzen – folge deinem Gefühl.

Diese Phase bringt oft eine tiefe Erleichterung. Viele Frauen berichten, dass sich etwas »löst«, sich »durchgespült« oder »leichter« anfühlt.

3. Würdigung und Integration

Jetzt ist es Zeit für den letzten Schritt – die Wertschätzung.

- Leg deine Hand auf die betroffene Körperstelle und stell dir eine Farbe oder ein Licht vor, das dorthin fließt.
- Summ, töne oder singe sanft – als würdest du diese Stelle liebevoll in den Arm nehmen, als wäre deine Stimme Balsam.
- Es geht nicht darum, dankbar zu sein im Sinne von »Ich muss jetzt alles toll finden«, sondern darum, das, was ist, zu ehren.

Hören statt sehen – Stimmenergie und Selbstbewusstsein

Ich bin von klein auf in meiner Wahrnehmung geschult worden. Durch die Arbeit meiner Mutter mit Kontaktimprovisation und Körperbewusstsein habe ich früh gelernt, dass echte Verbindung nicht aus oberflächlichen Kategorien entsteht, sondern aus der Resonanz im Körper. Und dazu gehört auch die Anziehung.

Ich hatte nie ein klassisches »Beuteschema«. Denn das ist für mich nichts anderes als eine Ablenkung von dem, was tatsächlich in Verbindung gehen möchte. Ich erinnere mich aber noch gut daran, wie ich mit Freundinnen auf Partys war und sie immer wieder Männer auswählten, die in ihr optisches Beuteschema passten. Doch oft fehlte etwas – Tiefe, Resonanz, echte Chemie.

UNSERE GESCHICHTEN

Das erinnert mich an eine Situation vor Jahren: Ich hatte meinen ersten One-Night-Stand. Ein Mann sprach mich auf einer Party an – durchtrainiert, äußerlich attraktiv, genau das, was meine Freundinnen als »heißen Typen« bezeichnet hätten. Also probierte ich es aus. Doch während wir Sex hatten, musste ich plötzlich anfangen zu lachen. Es war so absurd. Ich stoppte ihn und meinte: »Lass uns aufhören, das ist so schlecht.« Er dachte, es läge an ihm, an seiner körperlichen Verfassung, an einer Sportverletzung. Aber das war es nicht. Es lag daran, dass ich überhaupt keine Verbindung spürte. Mein Körper war da, sein Körper war da – aber sonst nichts.

ECHTE RESONANZ GEHT TIEFER ALS DER BLICK.

Unsere Augen können nur eine begrenzte Menge an Informationen wahrnehmen. Unsere Ohren hingegen – sie haben einen Rundumblick.

Die unterschätzte Kraft des Hörens

Das erste Sinnesorgan im Mutterleib

- Bereits ab der sechzehnten Schwangerschaftswoche beginnt das Gehör des Fötus sich zu entwickeln.
- Es ist das erste vollständig funktionierende Sinnesorgan, lange bevor die Augen aktiv werden.
- Der Fötus hört zuerst die Geräusche des mütterlichen Körpers: den Herzschlag, den Atem, das Fließen des Blutes und die Stimme der Mutter, die durch das Fruchtwasser verstärkt wird.

Die Stimme der Mutter prägt uns vor der Geburt

- Die mütterliche Stimme ist der erste Klang, den wir bewusst wahrnehmen und mit Sicherheit und Geborgenheit verbinden.
- Studien zeigen, dass Neugeborene bereits kurz nach der Geburt die Stimme der Mutter von anderen Stimmen unterscheiden können.
- Selbst die Sprachmelodie der Mutter beeinflusst, wie das Kind später spricht und welche Laute ihm vertraut sind.

Hören als Verbindung zur Umwelt

- Schon im Mutterleib nimmt das Baby Umweltgeräusche und Musik wahr, wenn auch gedämpft.
- Dies beeinflusst später das musikalische und sprachliche Gehör des Kindes.
- Musik, die während der Schwangerschaft oft gespielt wird, kann nach der Geburt beruhigend wirken.

Schallwellen beeinflussen unser Gleichgewicht

- Unser Gehör ist nicht nur für das Hören da – es reguliert auch unser Gleichgewichtssystem (Vestibularsystem) im Innenohr.
- Ohne Schallwellen und Vibrationen könnten wir nicht stabil gehen, stehen oder unseren eigenen Körper im Raum orientieren.
- Menschen, die taub geboren wurden, haben oft auch eine beeinträchtigte Gleichgewichtswahrnehmung.

Ohne Hören keine Balance – akustische Orientierung im Raum

- Das Gehör ist unser 360-Grad-Sinn: Während die Augen nur nach vorne sehen, nehmen unsere Ohren Geräusche von allen Seiten wahr.
- Dies ermöglicht uns, uns im Dunkeln zu orientieren, Gefahren frühzeitig zu erkennen und uns in Räumen sicher zu bewegen.

Warum das Gehör tiefer mit unserem Nervensystem verbunden ist als die Augen

- Das Hören ist direkt mit dem Vagusnerv verbunden, unserem wichtigsten Nerv für Entspannung und Regulation.
- Klänge, insbesondere tiefe Frequenzen und sanfte Stimmen, können das Nervensystem beruhigen.
- Ein sicherer Klang – wie eine ruhige Stimme – aktiviert den Entspannungsmodus des Körpers (den parasympathischen Zustand).

Ohne Schallwellen kein Leben

- Unser Körper reagiert auf Vibrationen – selbst wenn wir sie nicht bewusst hören.
- Wasserexperimente zeigen, dass Schallwellen Strukturen in Flüssigkeit erzeugen – und unser Körper besteht zu über siebzig Prozent aus Wasser.
- Tiefe Frequenzen können sogar Organe in Vibration versetzen und Einfluss auf den Körper haben.

Was bedeutet das für uns?

- Hören ist unsere tiefste Verbindung zu uns selbst und unserer Umwelt.
- Die Stimme ist nicht nur ein Werkzeug der Kommunikation, sondern eine Brücke zwischen innerer und äußerer Welt.
- Wer hört, bevor er sieht, nimmt tiefer wahr.
- Wer bewusst mit Klang und Vibration arbeitet – durch Stimme, Musik, Summen –, kann sein Nervensystem regulieren und in Balance kommen.

Wir hören den Herzschlag unserer Mutter, die Vibrationen ihrer Stimme, lange bevor wir sehen können. Unsere Ohren nehmen Schallwellen wahr, bringen uns in Balance mit uns selbst und mit unserer Umgebung. Wenn wir hören – wirklich hören –, dann sind wir präsent. Wenn wir mit unseren Ohren »sehen« würden, mit ihnen spüren und lauschen würden, anstatt nur mit unseren Augen zu bewerten, dann wären wir als Gesellschaft an einem ganz anderen Punkt.

HOLISTISCHE ÜBUNG

»Sehen mit den Ohren«

Diese kleine Praxis hilft dir dabei, dein Selbstbewusstsein über deine Stimme und dein Hören zu stärken – nicht über das Sehen, sondern über das Spüren.

1. **Hinhören mit deiner Stimme**
   - Setze oder stelle dich bequem hin.
   - Schließe die Augen.
   - Nimm einen tiefen Atemzug und beginne, sanft in deine Ohren hineinzutönen.
   - Wähle ein Summen, ein sanftes »Mmmmmm« oder ein »Ng« (wie am Ende von »Song«).
   - Spüre, wie die Vibration dein Innenohr massiert.

Mache dies für ein paar Minuten und erlaube dir, deinen eigenen Klang zu genießen.

2. **Die Augen sanft öffnen – ohne Fokus**
   - Nach ein paar Minuten öffne langsam deine Augen.
   - Anstatt etwas Bestimmtes anzusehen, lasse deinen Blick weich bleiben.
   - Lasse deine Augen einfach »sehen«, ohne zu fokussieren.
   - Nimm wahr, wie sich der Raum jetzt für dich anfühlt.

Diese Übung schult deine Wahrnehmung für tieferes Hinhören und tieferes Sehen – sie stärkt dein Selbstbewusstsein aus dem Inneren heraus. Denn wer hört, bevor er urteilt, begegnet der Welt mit mehr Tiefe und Authentizität.

Meridian-Sound-Tapping-Methode

Eine meiner Methoden aus meinem Holistisch Stimmtherapeutischen Coaching ist die Meridian-Sound-Tapping-Methode. Sie verbindet Elemente aus der EFT (Emotional Freedom Technique), der TCM (Traditionellen Chinesischen Medizin) und der Stimmarbeit zu einer ganzheitlichen Praxis.

Inspiriert von Qigong basiert diese Übung auf der Haltung des Effortless Effort – dem Tun im Nicht-Tun. Das bedeutet, dass du bewusst arbeitest, aber ohne Anstrengung, ohne Druck, ohne das Bedürfnis, »etwas zu erreichen«. Du bist einfach in der Praxis. Die Meridiane sind energetische Bahnen, die sich wie eine unsichtbare Landkarte durch den Körper ziehen und die Lebenskraft, das Qi, fließen lassen. Durch Klopfen, sanfte Stimulation und gezielte Vokale und Klangvibrationen bringen wir diese Bahnen wieder in ihren natürlichen Fluss. Blockaden können sich lösen, der Energiefluss wird harmonisiert, und du erhältst ein tiefes, wahrhaftiges Raumgefühl. Denn genau darum geht es:

Die Wahrnehmung zu stärken. Denn das, was du spürst, ist wahr. Und du musst nicht immer hinterfragen, ob es »stimmt« oder ob es »richtig« ist. Sondern lernen, deiner eigenen inneren Wahrheit zu vertrauen.

HOLISTISCHE ÜBUNG

Meridian Sound Tapping

Nimm dir zehn bis fünfzehn Minuten Zeit und finde einen ruhigen Raum. Du kannst die Übung im Stehen oder Sitzen machen.

1. **Deine Körperhaltung als Grundlage**
   - Beine hüftbreit auseinander, Füße fest auf der Erde
   - Knie weich, nicht durchgestreckt
   - Damm Richtung Boden, als würde eine Wurzel von deinem Damm in die Erde wachsen
   - Schultern hochrollen und nach hinten sinken lassen
   - Brustraum geöffnet, aber ohne Druck – wie eine Blume, die sich sanft entfaltet
   - Kiefer locker, Atem entspannt ein- und ausströmen lassen
   - Atme nun tief über die Nase ein und doppelt so lange über den Mund aus. Lass deinen Atem einfach einfallen, ohne ihn zu forcieren.

2. **Die Meridian-Tapping-Sequenz mit Stimmvibrationen**

   Thymusdrüse (Herzraum, Mitte der Brust)
   - sanft mit weicher Faust klopfen
   - anschließend summen (»mmm«) – die Vibration fließt direkt in dein Brustzentrum

   Schädeldecke (energetisches Zentrum, kleines Kronenchakra)
   - Fingerkuppen sanft über die Schädeldecke klopfen
   - mit einem Summen (»mmm«) den Kopfraum durchfluten

   Stirn (drittes Auge, mentaler Fokus)
   - Klopfe sanft mit den Fingern
   - Sound: NG (»nnggg«) – lass den Klang in deine Stirn fließen

Wangenknochen (Gesichtsresonanz, Ausdruckskraft)

- mit Fingerkuppen klopfen
- Sound: NG-ANG (»nnng-anggg«) – wirf den Klang locker in dein Gesicht

Unter der Nase (Mundresonanz, Kommunikation)

- klopfen und den Klang nach vorne bringen
- Sound: N mit geschlossenen Lippen (»nnnmmm«) – spüre das leichte Vibrieren auf den Lippen

Kinnmulde (Körperresonanz, Erdung)

- klopfen mit den Fingerspitzen
- Sound: M (»mmm«), bewusst nach vorne getragen

Kieferknochen (emotionale Blockaden lösen)

- mit beiden Händen den Kiefer ausstreichen, nach unten und dann nach oben
- Lasse »die Maske« von deinem Gesicht abfließen

Seitlicher Hals (Vagusnerv beruhigen)

- sanft die Seiten des Halses ausstreichen
- den Vagusnerv mit weichen Händen massieren

Brustkorb (Stimmausdruck, Resonanzraum)

- mit weichen Fäusten sanft klopfen
- Sound: A – tief aus dem Brustkorb tönen

Solarplexus (Sitz der Kraft, innere Sonne)

- sanft mit kreisenden Bewegungen massieren
- Sound: O (offenes O wie in »Sonne«)

Unterer Bauch (Schoßraum, kreative Lebenskraft)

- Hände auf den Bauch legen
- mit sanften Bewegungen und hängendem Kiefer ein Seufzen aus dem unteren Bauch herauslassen (»aaa-ooo«)

3. **Abschluss – Energie freisetzen und nachspüren**
   - Schüttle nun deinen ganzen Körper aus – Beine, Arme, Hände, Gesicht
   - Stell dir vor, du schüttelst den Ton aus deinem Körper – lösend, befreiend
   - Spüre den Raum um dich herum, die Weite deines Ausdrucks

Wie fühlt sich dein Körper an? Wie nimmt sich deine Stimme jetzt wahr? Welche Energie strömt jetzt durch dich? Lass das nachwirken und vertraue darauf, dass dein Körper immer für dich arbeitet.

Warum diese Übung so kraftvoll ist: Diese Praxis verbindet Atem, Stimme, Berührung und Körperbewusstsein. Durch die gezielte Stimulation der Meridiane in Verbindung mit Sound bringst du dein energetisches System ins Fließen.

- Deine Stimme wird befreit.
- Deine Wahrnehmung wird geschärft.
- Deine Energie wird ausgeglichen.
- Du verbindest dich mit deiner inneren Wahrheit.

Meridian Sound Tapping ist mehr als eine Stimmübung – es ist eine Einladung, dich in deiner Ganzheit zu spüren und deiner Stimme Raum zu geben.

Vielleicht ist unsere Stimme die größte Entdeckung, die wir noch machen müssen.

Nicht da draußen. Sondern hier drinnen. In uns.

Stimme, Körper und Energie in Einklang

In meiner Arbeit geht es nicht nur darum, die Stimme für eine bestimmte Agenda zu nutzen – sei es für Gesang, Vorträge oder Präsentationen. Viel zu oft wird die Stimme funktional betrachtet, anstatt sie ganzheitlich als ein Werkzeug für Wohlbefinden, Selbstregulation und Energiearbeit zu erkennen. Dabei ist die Stimme unser direkter Zugang zu unserem Körper, unseren Emotionen und unserer Lebenskraft.

Eine Methode, die ich entwickelt habe, um genau diesen ganzheitlichen Ansatz erlebbar zu machen, ist die Vocal Embodiment Practice. Sie ist inspiriert durch meine eigene Forschungsreise, durch Begegnungen mit wundervollen Frauen weltweit, die ihre Stimme bereits als tiefgehendes, heilsames Tool nutzen. Eine dieser Lehrerinnen ist Alejandra Ortiz, die mit ihrer Voice-Embodied-Methode die Verbindung zwischen Stimme und Körper in die Welt trägt.

Vocal Embodiment zu praktizieren, bedeutet, Körper, Atem, Stimme und Intention miteinander zu verweben, um eine direkte energetische Erfahrung zu machen. Dabei arbeiten wir mit bestimmten Resonanzräumen im Körper – bekannt als Chakren oder Energiepunkte. Du kannst sie dir vorstellen wie Energiefelder entlang der Wirbelsäule, die durch die Vibration deiner Stimme stimuliert und harmonisiert werden. Die Resonanzräume, mit denen wir arbeiten, sind:

- Damm/Wurzelchakra
- unterer Bauch/Sakralchakra
- Solarplexus
- Herzraum
- Hals/Stimmzentrum
- Stirn/drittes Auge
- Schädeldecke/Kronenchakra

Indem du die Stimme in diese verschiedenen Bereiche lenkst und mit bewusster Bewegung verbindest, aktivierst du dein gesamtes Energiesystem und kannst dich in kurzer Zeit kraftvoller, zentrierter und präsenter fühlen.

HOLISTISCHE ÜBUNG

Vocal Embodiment Practice

Bevor du beginnst, nimm dir einen Moment, um dich bewusst mit deinem Körper zu verbinden.

- Stelle dich hüftbreit hin, deine Füße fest auf dem Boden.
- Dein Damm zeigt zum Boden, dein Becken bleibt locker, beweglich.
- Schultern entspannt, dein Brustraum leicht geöffnet.
- Dein Kopf in einer Linie mit deiner Wirbelsäule, das Kinn parallel zum Boden.
- Atme tief durch die Nase ein und lass den Atem sanft durch den Mund ausströmen.

Anders als üblich stellst du dir deine Erdung nicht durch eine Wurzel aus deinen Füßen vor, sondern durch eine flexible, weibliche Wurzel aus deinem Damm, die sich tief in die Erde senkt, während dein Becken weiterhin sanft und frei in Bewegung bleibt.

- Stelle dir vor, du stehst in einem See, dein Becken bewegt sich in einer sanften, wellenförmigen Bewegung – wie eine liegende Acht.
- Lass die Arme mitschwingen, als würdest du das Wasser sanft mit deinen Händen bewegen.
- Spüre den Widerstand des Wassers, die Energie zwischen deinen Fingern.

Nun beginnst du mit den Klang-Resonanzen für die einzelnen Energiepunkte.

1. Damm / Wurzel

Laut: U

Bewegung: Stelle dir vor, du sendest die Vibration tief in deinen Beckenboden. Dein Mund ist rund, dein U schwingt nach unten.

Intention: Sinnlichkeit, Lust, Verkörperung

→ Stell dir vor, du siehst eine Person, die du unwiderstehlich findest. Dein Körper vibriert mit einem genussvollen »Uuuuh«.

2. Unterer Bauch und Solarplexus

Laut: O

Bewegung: Deine Hände kreisen um deinen Bauchraum wie eine strahlende Sonne.

Intention: Kreativität, Selbstbewusstsein, innere Kraft

→ Stell dir vor, du bist überrascht, jemanden zu sehen, den du magst. Dein »Ooooh!« drückt diese Freude aus.

3. Herzraum

Laut: A

Bewegung: Deine Hände fließen wie ein Springbrunnen aus deinem Herzraum nach außen.

Intention: Liebe, Leichtigkeit, Öffnung

→ Stell dir vor, du verstehst plötzlich eine Wahrheit: »Aha!« – ein befreiendes, weit werdendes »Aaaaah«.

4. Hals / Stimme

Laut: E

Bewegung: Deine Hände umkreisen sanft deinen Hals.

Intention: Selbstausdruck, klare Kommunikation

→ Stell dir vor, du feuerst ein Kind oder einen Freund liebevoll an: »Jaa, du schaffst das!« – ein ermutigendes »Eeeeh!«

5. Stirn / drittes Auge

Laut: I

Bewegung: Ziehe imaginäre Fäden mit deinen Fingern aus deinem dritten Auge und setze sie gezielt irgendwo ab.

Intention: Klarheit, Vision, Fokus

→ Stell dir vor, du webst deine Zukunft, präzise, bewusst, scharf – »iiiiih«.

6. Schädeldecke / Krone

Laut: Mmm

Bewegung: Deine Hände spüren die feine Vibration oberhalb deines Kopfes.

Intention: Weite, Verbindung, universelles Bewusstsein

→ Stell dir vor, du hast einen köstlichen Bissen im Mund. Dein Summen schwingt durch deine Schädeldecke.

Abschluss: die energetische Dusche

Zum Abschluss duschst du dich energetisch ab.

- Streiche mit den Händen von oben nach unten über deinen Körper.
- Lass die Anspannung los mit einem entspannten Lippenflattern (»brrr«).
- Spüre, wie sich dein Körper jetzt anfühlt – durchlässig, präsent, aufgeladen.

Diese Übung kannst du täglich praktizieren, um dich mit deinem Körper, deiner Stimme und deinem energetischen Feld zu verbinden. Sie bringt dich raus aus dem Kopf, rein in den Körper und hilft dir, bewusst mit deiner eigenen Frequenz zu spielen.

Hör auf deine Stimme – sie kennt den Weg.

Vulva Voice Activation – deine Stimme, deine Lust

Ich liebe es, mit meinen Klientinnen Vulva-Voice-Übungen zu machen – Übungen, die nicht nur die Stimme befreien, sondern auch die Libido aktivieren.

UNSERE GESCHICHTEN

Eine der eindrücklichsten Erfahrungen in einem meiner Vulva Voice Retreats war die Geschichte einer Frau, die Ende fünfzig war. Sie kam zu mir ins Studio, gemeinsam mit acht weiteren Frauen – ein intimes, dreitägiges Retreat nur für uns.

Am dritten Tag saßen wir im Kreis, nach einer Klangreise mit Stimmarbeit und Atem – ein Raum, der so weich und sicher war, dass sich etwas Tiefes öffnen konnte. Und da erzählte sie uns: Seit ihrer Menopause hatte sie kaum noch Feuchtigkeit gespürt. Alles sei trocken. Sex schmerze. Der Arzt verschrieb ihr eine hormonelle Creme – sie half nicht. Und obwohl sie früher unglaublich feucht gewesen war, saftig, verbunden mit ihrem Becken – war dieses Kapitel in ihrem Leben nun scheinbar abgeschlossen. So dachte sie. Doch an diesem Wochenende geschah etwas. Ohne dass ihr Mann dabei war. Ohne Dildo. Ohne körperliche Stimulation. Nur durch Atem. Durch Klang. Durch ihre Stimme.

Sie sagte danach: »Ich habe zum ersten Mal seit Jahren Feuchtigkeit gespürt. Richtig gespürt. Ich hätte stundenlang weitermachen können. Ich war kurz vorm Orgasmus, ohne irgendetwas von außen. Nur ich, mein Körper, meine Stimme. Keine Schmerzen. Keine Scham. Keine Creme.« Und das ist die Kraft von Vulva Voice. Die Kraft, die nicht von außen kommt. Sondern von innen.

Feuchtigkeit ist nicht nur körperlich. Sie ist ein Ausdruck von Lebendigkeit. Und diese Lebendigkeit kann zurückkehren – über Klang, über Präsenz, über echte Verbindung mit uns selbst. Denn ja, du kannst in eine sexuelle Ekstase kommen, ohne dich selbst zu berühren – nur durch deine Stimme. Es ist eine energetische Form des Orgasmus, die sich anfühlt, als hättest du Sex mit deiner eigenen Essenz.

Wenn ich meine Vulva Voice Retreats gebe, erlebe ich immer wieder, wie Frauen sich nach und nach mehr in das Vertrauen fallen lassen. Anfangs ist da oft noch Zurückhaltung. Doch wenn die Vibration sich durch ihren Körper bewegt wie eine innere Klangmassage, dann beginnt die Magie. Die Stimme öffnet den Raum. Über Hals, Herz, Brustraum und Schoßraum hinaus – bis hin zu den Vulvalippen. Die Urkraft kann freier fließen. Die Stimme befreit die Lust.

Übungen für Stimme und Schoßraum

HOLISTISCHE ÜBUNG

Kiefer lösen – Arsch lockern, Stimme befreien

1. Finde deine Basis

- Stelle deine Füße hüftbreit auseinander.
- Lass deine Knie weich, nicht durchgedrückt.
- Dein Damm zeigt zum Boden, du spürst deine Verwurzelung.
- Stell dir vor, dass du durch deinen Damm ausatmest, tief in die Erde hinein.

2. Den Kiefer entspannen

- Mache sanfte, weiche Fäuste mit deinen Händen.
- Streiche mit den Fäusten deinen Kiefer aus:
- Nach unten, von den Ohren zum Kinn.
- Seitlich, sanft die Muskeln massieren.
- Dann nach oben und an den Seiten deines Halses, wo dein Vagusnerv sitzt.

Ass-Shake und Voice Release

Jetzt kommt der Spaß!

- Beginne, mit deinem Po zu wackeln – als würdest du twerken oder einfach nur deine Hüften locker shaken.
- Währenddessen lass deine Stimme fließen – töne, seufze, summe oder brumme aus deinem Po heraus.
- Stell dir vor, deine Stimme kommt nicht aus deinem Hals, sondern aus deinem Becken.

- Spüre, wie sich dein ganzer Körper lockert.
- Lass es messy sein! Kein Druck, keine Kontrolle – nur Loslassen.

Dein Körper als Resonanzraum der Ekstase

Wenn du spürst, dass deine Libido gerade nicht aktiviert ist – vielleicht steckst du in einer Phase fest, in der du dich unverbunden fühlst, oder du gibst dir die Schuld, dass du in deiner Partnerschaft weniger Lust empfindest – probiere diese Übung aus. Spüre, ob sich etwas bewegt. Vielleicht nicht beim ersten Mal. Vielleicht aber doch. Vielleicht auch erst beim fünften Mal, wenn du sie wiederholst. Lass dich überraschen.

1. Schaffe einen sinnlichen Raum für dich
Lege dich auf den Boden, die Beine hüftbreit auseinander. Mach es dir bequem – vielleicht mit einer Decke oder einem flachen Kissen unter deinem Kopf. Wenn du möchtest, bedecke deine Augen mit einem Schal oder einem Augenkissen. Schließe die Welt für einen Moment aus.

2. Atme dich in deinen Körper hinein
Nimm dir fünf bis sechs Minuten Zeit, einfach nur zu atmen. Spüre, wie die Luft in dich einströmt, wie du mit jedem Ausatmen schwerer wirst und dich vom Boden tragen lässt. Lass die Schwerkraft für dich arbeiten.

3. Öffne deinen inneren Klangkanal
Stell dir vor, dein Hals ist weit und durchlässig. Dein Atem fließt frei. Spüre deinen Pulsschlag. Dein Körper beginnt zu summen. Töne ein tiefes U und stelle dir vor, wie die Vibration über deine Stimmlippen nach unten strömt – über dein Herz, deinen Bauch, deinen Schoß, deinen Damm.

4. Zieh die Energie nach oben
Beim Einatmen ziehst du sanft deinen Damm, deinen Beckenboden hoch – höher, höher, über deine Wirbelsäule bis hin zu deinem dritten Auge zwischen den Augenbrauen. Halte die Energie dort für einen Moment. Dann atmest du mit einem vibrierenden U aus und lässt sie wieder nach unten strömen. Wiederhole das einige Male.
Spürst du das Knistern? Die feine Erregung, die sich ausbreitet? Vielleicht ganz subtil. Vielleicht schon intensiver.

5. Aktiviere dein Becken
Stell deine Beine auf, die Füße nah am Gesäß. Dein Becken bekommt nun mehr Bewegungsfreiheit. Dein Atem fließt weiter – mit jedem Einatmen ziehst du deinen Beckenboden nach oben, mit jedem Ausatmen lässt du die Energie über deine Vulva nach unten strömen.
Stell dir dabei goldenes Licht vor, das du mit deiner Stimme durch deinen Körper lenkst.

6. Lass deine Stimme frei
Beginne nun intuitivere Töne zu machen – Laute, die aus deinem Schoß kommen. Lass deine Stimme aus dem Becken herausfließen, aus deinen Vulvalippen. Spüre, was sich verändert.

7. Vertiefe die Erfahrung
Wenn du möchtest, kannst du jetzt warmes Öl nehmen und deine Vulva massieren. Berühre deinen Damm. Erkunde deine Yoni mit sanften Händen. Spüre, ob du die Vibration des U im Damm wahrnehmen kannst. Vielleicht magst du einen Spiegel nehmen, dich betrachten, dich kennenlernen. Vielleicht magst du dir Zeit für dich nehmen, dich selbst erregen – mit Stimme, Atem, Präsenz.
Lass diese Übung für dich wirken. Lass sie Teil deines sinnlichen Ausdrucks werden. Deine Stimme deine Lust, dein Körper, deine Ekstase.

Das »verbotene« Tönen – Scham transformieren

Viele Frauen haben gelernt, ihre Lust zurückzuhalten – sei es durch gesellschaftliche Prägung oder persönliche Erfahrungen. Diese Übung hilft, Scham in Lust zu verwandeln und sich mit der eigenen sexuellen Stimme vertraut zu machen.

Dein Set-up

- Setze dich aufrecht hin oder lege dich mit angewinkelten Beinen auf den Boden.
- Lege deine Hände auf dein Becken, den unteren Bauch oder in die Nähe deiner Vulva, um die Verbindung herzustellen.
- Atme tief durch den Mund ein und aus, ohne den Atem zu kontrollieren.

Durchführung

- Mache kleine, fast unangenehme Geräusche, die du normalerweise unterdrücken würdest.
- Gähne laut, schmatze, seufze tief – alles, was unkontrolliert klingt, ist willkommen.
- Danach tönst du mit einem weichen »Mmmhhh« und lässt den Ton nach unten in den Schoßraum fließen.
- Spiele mit dem Klang: Lass ihn vielleicht erst mal schüchtern beginnen, dann lauter, freier, tiefer werden.
- Wenn du Lust hast, bewege dabei dein Becken – als würdest du die Energie durch dich durchschwingen lassen.

Warum das hilft

- Dein Körper erinnert sich daran, dass Lust und Stimme verbunden sind.
- Es löst Blockaden, die durch gesellschaftliche Scham entstanden sind.
- Es trainiert dich, deine Stimme in intimen Momenten freizulassen – ohne Angst, zu viel zu sein.

Deine Stimme. Dein Raum. Deine Wahrheit.

Deine Stimme ist der erste Schritt – zurück zu dir. Zu deiner Selbstbestimmung. Zu deinem Raum. Zu deiner Lebendigkeit.

Wenn du beginnst, deiner Wahrnehmung zu vertrauen – innerlich wie äußerlich – und wenn du dich mit deiner Stimme verbindest, entsteht etwas Magisches:

PRÄSENZ. WAHRHAFTIGE VERBINDUNG. ECHTSEIN.

Ich wünsche mir, dass du die Übungen und Impulse aus diesem Buch mitnimmst – nicht als starre Methode, sondern als Einladung. Eine Einladung, dich ganzheitlich zu sehen: deinen Körper, deine Energie, deine Emotionen, deine Geschichte – und deine Stimme als Kanal für all das.

Deine Stimme ist kein Werkzeug, um besser zu funktionieren. Sie ist ein Tor in dein Innerstes. Ein Resonanzkörper für deine Wahrheit. Ein lebendiger Ausdruck deiner Freiheit. Und ja – sie ist dein Schlüssel zu mehr Sichtbarkeit. Zu mehr Sicherheit in dir. Zu mehr Echtheit in deinen Beziehungen – in der Liebe, im Beruf, in der Familie, unter Frauen, in der Welt. Weil du dich nicht mehr anpasst. Weil du dich nicht mehr zurückhältst. Weil du weißt, wer du bist. Und weil du dir erlaubst, genau das zu zeigen. Nicht perfekt – sondern lebendig.

UNGEZÄHMT UND SANFT. MUTIG UND VERWURZELT. FREI.

Dein Atem fällt in dich hinein. Deine Stimme schwingt in deinem Körper. Du nimmst Raum ein. Und du beginnst, die Welt mit deiner Wahrheit zu berühren – so wie nur du es kannst. Für dich. Für die Frauen vor dir. Für die, die nach dir kommen.

Vulva Voice!
Das ist nicht nur erlaubt.
Es ist nötig.

Epilog von Sofia Tsakiridou

Ich weiß ehrlich gesagt gar nicht, wie man so einen Epilog schreibt – aber vielleicht passt genau das am allerbesten zu dir, Gwen. Weil du eben auch keine bist, die Dinge so macht, wie »man« sie eben macht. Du machst sie, wie du sie fühlst. Und das ist auf jeder Seite dieses Buches spürbar. Diese Arbeit kommt nicht aus dem Kopf. Sie kommt aus deinem Körper, aus deinem Leben, aus all dem, was du wirklich erfahren hast. Sie ist roh, weich, ehrlich, wild – und manchmal unbequem. Sie hinterfragt all das, was wir als Frauen so lange mitgetragen haben, weil wir dachten, es muss eben so sein. Aber dieses Buch ist wie ein klares, warmes, kraftvolles »Nein« zum Leiserwerden – und gleichzeitig ein »Ja« zu deiner echten Stimme. Nicht lauter, als du bist. Sondern genau so, wie du bist.

Ich kenne Gwen jetzt schon viele Jahre. Und sie überrascht mich immer wieder. In dem, wie sehr sie sich selbst erlaubt, sich auszudehnen – immer wieder neu, immer wieder tiefer.

Dieses Buch ist eine Einladung. Nicht dazu, besser zu werden oder etwas Neues zu werden. Sondern dazu, dich zu erinnern. An das, was längst in dir lebt. An das, was sich zeigen will. Denn seien wir ehrlich: Jede Frau hat – ganz subtil oder ganz laut – schon mal gespürt, dass sie »zu viel« ist. Oder zu weich. Zu direkt. Oder einfach irgendwie zu sehr. Dieses Buch ist eine Einladung, nicht kleiner zu werden – und auch nicht künstlich größer. Sondern echt. Ganz. Da. Und Gwen ist dabei nicht nur tiefgründig – sie ist auch lustig, frech, direkt, berührend und auf eine ganz eigene Art unfassbar charmant. Dieses Buch ist eine Reise – die informiert, inspiriert, manchmal wachrüttelt und gleichzeitig umarmt.

»Vulva Voice« ist nicht nur ein Buch. Es ist ein Nach-Hause-Kommen. Zu deiner Stimme. Zu deinem Körper. Zu deinem Raum. Für dich. Für mich. Für uns.

Ich bin dankbar, dieses Werk begleiten zu dürfen. Als Freundin. Als Wegbegleiterin. Als Schwester im Feld. Und ich wünsche jeder Frau, dass sie sich durch dieses Buch ein Stück mehr an sich selbst erinnert. An das, was sich bewegt. An das, was längst da ist.

Mit Liebe
Sofia

@iam.sofiatsakiridou

Danksagung

Ich möchte all den Frauen danken, die bereit sind, ihren Raum einzunehmen. Die ich in meiner Arbeit begleiten darf – und die mir täglich zeigen, was es bedeutet, mutig und ehrlich zu sein, zu fühlen, zu klingen und zu wachsen.

Jede einzelne Frau, die ich bezeugen darf, ist ein Spiegel für mich – so wie ich ein Spiegel für sie bin. Ihr seid Resonanz. Ihr seid Erinnerung. Ihr seid Kraft.

Ich danke all den Versionen von mir, die durch Schmerz, Zweifel, Lust und Licht gegangen sind. Die gestolpert, gefallen, wieder aufgestanden sind. Die leise waren. Laut wurden. Sich verloren haben, um sich wiederzufinden. Ohne sie gäbe es dieses Buch nicht. Ich lege ihnen Blumen zu Füßen. Ich ehre sie. Ich danke ihnen.

Ich danke meiner wundervollen Mutter, Genoveva Johanna Reck Thomas.

- Für ihren Mut, an sich und ihren weiblichen Ausdruck zu glauben.
- Für ihre Kunst. Ihre Kraft. Ihre Treue zu sich selbst.
- Für ihre Vision.
- Für ihren Widerstand gegen ein System, das Frauen kleinhalten wollte.

Sie war mein erstes Vorbild. Und ist es noch immer. Danke, Mama – du hast mir gezeigt, wie frei frau sein kann. Danke für deine Kraft. Für deinen Schoßraum. Für deine Stimme.

Ohne dich wäre ich im wahrsten Sinne des Wortes nicht hier. Nicht auf diesem Weg. Ohne dein Vorbild würde ich heute diese Arbeit nicht tun, hätte ich dieses Buch nicht geschrieben.

Ich danke meinem ersten Kind, meinem Sternenkind Remy. Ohne dich wäre all das nicht entstanden. Du warst mein Seelenwecker, mein Ruf zurück zu mir, mein Ruf in den Schoßraum, in meine Wahrheit. In meine Tiefe. Danke, dass du mich gerufen hast.

Ich danke meinem Sohn Amado. Du bist mein größter Lehrer. Mein tägliches Herz. Ich hoffe, dass ich dir eine gute Mutter bin und dich inspiriere, ein Mann zu sein, der die weibliche Kraft ehrt. Der hinhört. Der fühlt. Der sich erinnert, dass die Kraft des Lebens dort beginnt, wo wir alle herkommen: im Schoßraum einer Frau.

Ihr habt mir gezeigt, worauf es ankommt: hinzuschauen, zu spüren, zu verkörpern. Mich selbst zu befreien, um Raum zu öffnen. Für andere Frauen, für unsere Stimmen, für das, was gesagt und gefühlt werden will. Dieses Buch ist Teil meiner Vision. Teil meiner Arbeit. Teil meines Mutterseins. Teil von euch.

Ich danke meinen Freundinnen.

- Für die Tiefe, die Klarheit, das Mitfühlen, das Spiegeln
- Fürs Halten, Lachen und Weinen
- Für nächtelange Gespräche, kreative Prozesse und gemeinsame Visionen
- Für das gemeinsame Erinnern an unsere Kraft

Ich danke meinem Mentor Jimmy Rivers. Jimmy war für mich wie ein Engel auf Erden. Ein Mensch, der an mich geglaubt hat, lange bevor ich es selbst konnte. Ich war vierzehn Jahre alt, als er begann, mir Gesangsstunden zu geben.

Als meine Mutter die Stunden nicht mehr zahlen konnte, kontaktierte er meine Tante und sagte: »Sie soll trotzdem kommen.«

Ab diesem Moment begleitete er mich über viele Jahre hinweg. Mehrmals die Woche, oft stundenlang, mit unendlicher Geduld, Hingabe und Liebe zur Musik. Durch ihn kam ich zum Musical, lernte ich Disziplin und die Essenz stimmlicher Präsenz.

Die Übungen, die heute das Fundament meiner Arbeit bilden, habe ich durch ihn verinnerlicht. Jimmy wollte nichts von mir – nur dass ich leuchte. Dass ich meine Stimme finde. Dass ich meinen Weg gehe. Und genau das tue ich heute. Ich gehe diesen Weg, und ich trage ihn in meinem Herzen. Immer.

Und ich danke mir – dieser Version von mir. Die heute hier sitzt und dieses Buch vollendet. Die an sich glaubt. Die sich zeigt. Die weiß, dass Vulva Voice wichtig ist. Nicht nur für mich. Für uns alle.

Ich danke meiner Stimme. Meinem Körper. Meiner Wahrheit. Und dir.

- Danke, dass du dieses Buch liest.
- Danke, dass du bereit bist, deiner weiblichen Stimme Raum zu geben.
- Danke, dass du dich erinnerst, wer du bist.

DANKE DIR. FÜR DICH. FÜR UNS.